中央高校基本科研业务费专项资金资助项目
Fundamental Research Funds f

中国低碳经济发展的体制机制研究

王君彩 等著

雾霾锁国，折射出发展低碳经济刻不容缓。本书着眼于国际先进的碳交易经验，结合我国经济发展需要，聚焦于碳解锁、碳交易、碳金融、碳绩效、碳会计以及碳审计等体制机制，问政于现实态势，并分别对企业、政府提出了针对性建议。

中国财经出版传媒集团
经济科学出版社
Economic Science Press

图书在版编目（CIP）数据

中国低碳经济发展的体制机制研究/王君彩等著. —北京：经济科学出版社，2018.11
ISBN 978 – 7 – 5218 – 0120 – 0

Ⅰ.①中… Ⅱ.①王… Ⅲ.①中国经济 – 低碳经济 – 经济发展 – 研究 Ⅳ.①F124.5

中国版本图书馆 CIP 数据核字（2018）第 298669 号

责任编辑：王 娟　张立莉
责任校对：王肖楠
责任印制：邱 天

中国低碳经济发展的体制机制研究
王君彩 等著
经济科学出版社出版、发行　新华书店经销
社址：北京市海淀区阜成路甲 28 号　邮编：100142
总编部电话：010 – 88191217　发行部电话：010 – 88191522
网址：www.esp.com.cn
电子邮件：esp@esp.com.cn
天猫网店：经济科学出版社旗舰店
网址：http://jjkxcbs.tmall.com
北京季蜂印刷有限公司印装
710×1000　16 开　15.25 印张　260000 字
2019 年 2 月第 1 版　2019 年 2 月第 1 次印刷
ISBN 978 – 7 – 5218 – 0120 – 0　定价：68.00 元
（图书出现印装问题，本社负责调换。电话：010 – 88191510）
（版权所有　侵权必究　打击盗版　举报热线：010 – 88191661
QQ：2242791300　营销中心电话：010 – 88191537
电子邮箱：dbts@esp.com.cn）

前　　言

走出一条适合中国经济新常态环境下的低碳经济发展之路，是一种时代的科学选择，也是一种历史的必然趋势。我们这一阶段的学术研究便由此而来，本书聚焦低碳经济发展模式的框架形成及其相关机制设计与制度安排而推进。

当我国经历了长达三十多年的高速经济增长之后，时不时显现的"雾霾锁国"[①] 等环境污染与资源失调问题迫使我们重新考虑我们的未来经济之路。放眼全球，21世纪是追求全面可持续发展的新时代，如何发展低碳经济已引起了全社会的广泛重视，《联合国气候变化框架条约》《京都议定书》《巴黎协定》等协议的颁布表明全世界已经开始将对环境问题的深度关注转化为实际行动。理性面对我们的现实，中国目前仍然以粗放型经济增长方式为主，传统能源在中国发展经济过程中占据能源消耗的80%以上，[②] 高耗能、高排放、高污染、低效率的情况使中国经济的可持续发展面临严峻的挑战。因此，换一种思维来审视中国的经济运行方式，探索适合中国低碳经济的推进架构已迫在眉睫。

正所谓：这是最好的时代，这也是最坏的时代。好在上下终于认知了低碳经济的使命所在，坏在依然还在破坏本已脆弱的环境；这是光明的季节，也是黑暗的季节。光明来自众多探索者带来了低碳经济的希望之春，失望源于许多方面从自身短期利益出发而没有断臂求生般地勇于担当导致大众停留在失望之冬。本书试图站在低碳经济发展的全新视角上，从技术转化特征分析入手，对低碳经济发展模式的政策制度与机制进行理论与实证分析，探寻低碳经济发展的规律性，探讨低碳经济衍生的金融创新与低

[①] 近年来，自入冬后，中国北方主要的几个城市常被笼罩在雾霾之中，北京、天津、石家庄、太原这些雾霾较多的都市，市民出门能见度很低，连呼吸都是一种痛，被戏称为"雾霾锁国"。

[②] 刘玉洲：《法利赫：未来20年传统能源消耗占比仍超80%》，搜狐财经，2010年3月22日。

碳经济的互动机理。根据内容结构与逻辑安排,本书共有九章,各章的内容安排如下。

第一章是导论。清晰界定本书所要研究的具体问题,即探寻一条合适的低碳经济发展道路,确认低碳经济发展的体制机制问题成为本书研究的核心主题。然后通过对相关概念的剖析,界定本书的核心概念,再确定研究目标和研究方法。本章仅对低碳经济作精简扼要的概括性介绍,旨在为后续专业研究引路。

第二章是低碳经济领域文献和理论基础。"历史是一面镜子",本章也将在回顾现有学者研究低碳经济发展相关文献的基础上,经整理、融合、评述,以期为本书研究提供学术研究的基础与借鉴,对中国低碳经济演进的动力机制的探索性研究是一个渐进进程,研读关于碳的文献综述是整个研究工作的重要一环。通过对相关文献的梳理与研究,可以使我们站在巨人的肩膀上,走得更远,看得更清。既有文献和理论的梳理显然能够为研究中国低碳经济的机制设计与制度安排奠定理论基础。

第三章是低碳经济演进的技术经济特征分析。技术分析是一个基础设施,本章全力解读技术领域的风险集聚与导向转移特征,首先分析高碳化对经济和社会的"碳锁定"难题,从技术锁定、组织锁定、产业锁定、制度锁定、社会锁定等相互强化、共同演化而成为一种经济社会系统的魔咒;之后深入分析技术通道上如何打破"碳锁定",发展低碳经济的关键在于建立"碳解锁"治理体系,多元主体参与,系统性政策和演化性效应。这同样是我们应该掌握的理性之举。

第四章是低碳经济发展的中国行为态势。从粗放经济的"痛并快乐着"到低碳经济的"痛定思痛换思路",启动初期的思路与措施如何呢?我们在低碳经济战略部署与落地方面的基本格局与态势趋向,包括政府在低碳方面的措施、效果以及尚存的不足之处等。

第五章是碳排放权交易的国际经济探路。本章选取发达国家中的美国、日本、欧盟,以及发展中国家碳金融发展较快国家的代表——印度和中国,作为考察对象,清晰梳理这些国家碳金融发展的现状,进而总结其先进经验并进行充分借鉴,以期从中获得启示。

第六章是碳排放权交易设计的中国尝试。如何进一步吸收国际先进理念与经验,如何进一步形成更加科学、更加有效、与低碳经济发展导向更加匹配的体制机制,通过比较分析各种工具对经济发展的不同传导机理,在结合当前低碳经济发展需要的基础上,研究了中国支持低碳经济发展的体制机制选择。

  第七章是低碳经济发展的核算监督分析。在低碳经济发展的主旋律之下，基于碳排放权交易之大势所趋，这事实上已经成为一种特殊的金融商品，碳金融活动也将成为一个政策、企业和社会全方位关注的交易系统。作为商业语言的会计，务必通过对碳排放权的取得、持有、处置等环节的分析研究，依照《企业会计准则》的相关指导思想，进行排放权的确认、计量、转换以及列报等会计处理；碳业绩效评估如何建立健全一个科学的体系；同时，与之相关联的审计监督也势必需要随之跟踪实施。

  第八章是低碳模式信息披露的实证研究。通过实证分析来研究低碳领域的信息披露，以剖析企业对社会公众的社会责任披露义务。同时，通过实证分析来揭示企业低碳行为信息披露主要受哪些因素的制约与影响，并对企业低碳行为信息披露的价值相关性进行研究。

  第九章是研究结论与政策建议。根据研究的结果，进一步提炼研究结果所蕴含的学术意义和实践价值，分别针对不同层面而提出相应的政策建议和策略建议，也同时指出今后研究工作可以进一步探讨的问题。

  学术研究着眼于经济管理、服务于经济建设，低碳经济关乎你我与未来，本书也属于低碳经济的现实问政，期待能够在这一时空中划破一道耀眼的闪光线。

目 录

第一章 导论 ·· 1
　第一节 问题的提出 ··· 1
　第二节 碳的学理解读与概念界定 ····································· 8
　第三节 研究的目标与思路 ··· 13

第二章 低碳经济领域文献和理论基础 ································· 16
　第一节 文献综述 ··· 16
　第二节 理论基础 ··· 39

第三章 低碳经济演进的技术经济特征分析 ·························· 44
　第一节 "碳锁定"的涵义与演进 ···································· 44
　第二节 "碳解锁"的过程与因素 ···································· 57
　第三节 低碳技术之创新机制 ··· 62

第四章 低碳经济发展的中国行为态势 ································· 72
　第一节 政府层面的低碳行动 ··· 72
　第二节 取得的低碳成效与不足 ······································ 86

第五章 碳排放权交易的国际经验探路 ································· 98
　第一节 碳与金融的联姻 ·· 98
　第二节 碳金融定价机制之分析 ···································· 105
　第三节 国际碳金融发展现状及实践经验 ······················· 108

第六章 碳排放权交易设计的中国尝试 ······························· 122
　第一节 碳排放权的认知与辨析 ···································· 122

第二节 碳排放权交易环境的形成 …………………… 123
  第三节 中国碳金融发展现状 ………………………… 126
  第四节 中国碳排放权交易市场机制设计 …………… 136

第七章 低碳经济发展的核算监督分析 ………………… 145
  第一节 碳主题的经济解决思路 ……………………… 145
  第二节 碳会计探讨 …………………………………… 146
  第三节 碳绩效评价 …………………………………… 154
  第四节 碳审计探讨 …………………………………… 167

第八章 低碳模式信息披露的实证研究 ………………… 172
  第一节 企业低碳行为信息披露现状 ………………… 172
  第二节 企业低碳行为信息披露的影响因素研究 …… 183
  第三节 企业低碳行为信息披露的价值相关性研究 … 197

第九章 研究结论与政策建议 …………………………… 212
  第一节 研究结论 ……………………………………… 212
  第二节 政策建议 ……………………………………… 217

参考文献 …………………………………………………… 225
后记 ………………………………………………………… 232

第一章

导　论

雾霾锁国，折射出大气污染治理刻不容缓。粗放型经济增长模式已经使我们体会到了其不可持续的真真切切、凄凄惨惨。从高层到民众、从学术到实务，已经被"满目污浊"呛得大呼：必须尽快探寻一条合适的低碳经济发展道路。深度解读碳的桎梏与突围在技术上、理论上、实战中的态势，全面分析低碳行动在中国的轨迹，进一步研究低碳体制机制设计的中国尝试与核算监督，测度既有绩效，获取改进启迪。这既是我们致力于此项研究、撰写此书的使命所在，也是我们作为中国学者的现实使命和长期利益驱动。本章仅对低碳经济作精简扼要的概括性介绍，旨在为后续专业研究引路。

第一节　问题的提出

当我们面对粗放型经济增长方式所带来的种种问题和烦恼而理性思考去潜心寻找转型之路时，低碳经济发展模式成为我们不得不面对的现实选择。技术经济的封锁与突破、前人研究获取的成果、我国已经迈出的步伐、发达国家久远以来所经历的磨炼、中国如何借鉴与创新、中国如何进行相应的核算与监督，等等，都将成为本书研究的关联节点。能够揭示其核心精华所在的，无疑就是一个与政府、与企业、与市场之间的体制机制问题，这就是本书研究的主题所在。因此，本章将引出项目所阐述的转变经济增长方式、实现低碳经济发展主题，并对现实经济模式转变、低碳经济发展等相关概念进行相应地辨析与梳理，并框定出本书选定的主要目标、分析思路以及形成报告框架的基本结构安排。

一、低碳经济发展问题的紧迫性

(一) 中国的能源与环境状况

气候是我们生存的基本环境，无论是生产还是生活，无时无刻都与气候好坏息息相关。古往今来，概莫能外。应对气候变化将成为未来几十年乃至上百年人类可持续发展的关键主题之一，各国需要共同采取应对行动。是否认真采取减缓气候变化的举措也已经逐步衍变成国际社会衡量一个国家是否对全球全人类真正负责的重要标尺，成为影响一个国家形象和软实力的重要因子。应对气候变化将在很大程度上引领各国未来社会经济发展的方向，重塑各国经济结构乃至世界的经济格局，决定各国未来的核心竞争能力。近年来，中国连续出现了全国性暖冬、极端天气、气候事件与灾害的频率和强度明显增大、损失增加，水资源短缺和区域不平衡加剧、生态环境恶化，农业生产损失巨大、粮食安全压力增加、海平面持续上升、沿海地区经济社会发展受到威胁，凡此种种，无一不和环境变异所关联，而其直接的诱因则是能源的过度消费所导致的环境污染。正是基于这种无可选择的生存现实，到 20 世纪末，包括中国在内的整个国际社会都认定，中国在未来数年内将成为世界上最大的碳排放国。在"共同但有区别的责任"的原则下，中国以对全球环境事务负责任的大国态度，在可持续发展的框架下，积极制定并实施了减缓气候变化的国家对策。

鉴于中国发展低碳经济的主要制约，根据现实和长期国情与低碳经济发展模式的内在要求，中国发展低碳经济将面临来自"能源结构、发展阶段、技术水平"方面的三大挑战。尽管中国发展低碳经济面临较大的挑战，但通过认真发掘并切实实施，中国也具有在不影响实现既定社会经济发展目标的前提下发展低碳经济的巨大潜力。以煤为主的能源结构是中国向低碳发展模式转变的长期制约因素，中国目前所处的发展阶段与发展低碳经济之间存在着比较尖锐的矛盾，总体技术水平落后是中国发展低碳经济的严重障碍，建立有利于低碳经济发展的政策法律体系和市场环境。

(二) 中国发展低碳经济的政策建议

发展低碳经济是应对气候变化对中国挑战的战略性选择，应当成为中国可持续发展政策的重心和新型工业化道路的重要内涵，需要及早做出明确的战略判断和全面部署。同时，低碳经济的核心依然是发展，发展低碳经济是一个长期的、渐进的过程，不可能"一蹴而就"，需要紧密结合中国国情和发展阶段，兼顾国家长远和现实利益，有计划、有步骤地实施，要通过不断地探索和实践，走出具有中国特色的低碳发展之路，确保国家长远的战略利益。

1. 适时提出国家低碳经济发展战略。

面对严峻的气候变化形势，部分发达国家已经制定出发展低碳经济的国家长远战略。我国向低碳经济转型，也迫切需要在认真分析各国低碳发展的经验和走向的基础上，结合中国的国情和未来发展的需求，在适当的时机提出国家低碳经济发展战略，并将其作为国家可持续发展的重大战略，将实现低碳发展作为中国社会经济中长期发展的战略目标之一，对中国的低碳经济发展进行全面规划、部署和推动。同时充分认识中国的发展阶段和国情特点，走出具有中国特色的低碳发展道路。一个战略的提出是具有划时代意义的长远选择，也是未来一个全新时代的郑重宣告。

2. 建立有利于低碳经济发展的政策法律体系和市场环境。

随着与《可再生能源法》《中华人民共和国循环经济促进法》相配套的法律法规的出台实施，我国发展可再生能源产业与低碳经济需要的法律法规体系逐步完善，发展新能源产业开始成为国家基本法的要求。一系列法律法规的出台保证了低碳经济发展的法制环境，为国家低碳经济的发展奠定了法律保障与支持。虽然在我国发展低碳经济的法制环境才慢慢形成，但《可再生能源法》与《中华人民共和国循环经济促进法》及其配套法规的执行与实施却成效不明显。政府、企业和社会公众对这些法律有很高的期望值，但由于法制尚不健全、低碳能源市场发展不成熟等客观原因，法律颁布实施后的实际执行效果并不明显。依法促进低碳经济的发展，必须使有关可持续发展的法律法规得到有效的实施。

要通过政府对新能源产业的引导，发挥市场对资源的基础性配置作用，加快建立有利于低碳经济发展的市场环境。对中国现有的可持续发展政策、规划进行认真梳理，把低碳经济作为各项相关政策的重要内容，融合"成本—收益"的政策规制，从经济政策、产业政策、财税政策、环境政策、贸易政策和科技政策等全方位地支持低碳经济的发展，用立法保障市场机制。通过政策的引导、扶持、刺激、抑制等效应，对不利于低碳经济发展的政策进行调整，对有利于低碳经济发展的相关政策结合具体情况在政策强度、涉及面和时间进度上进行调整，进一步根据市场经济规律，运用价格、税收、财政、信贷、收费、保险等经济手段对市场主体进行调节，推动有利于低碳发展市场机制的进一步建立、有利于低碳经济发展的政策法律体系和市场环境。

3. 加快能源结构和产业结构调整。

我国现阶段以煤为主的能源结构是实现向低碳经济过渡的最大"拦路虎"。受到"多煤炭、少油气"这种资源享赋的制约和保障能源安全的需要，中国以煤为主的能源结构在未来相当长的一段时间不会发生根本性的改变。因此，我国在向低碳经济发展模式转变的过程中，可能需要付出比其他国家更多、更复杂的努力和更多的代价。这就要求我们必须切实改变一直以来以消耗促增长的经济增长方式，走出一条清洁发展、低碳环保的经济发展之路。

4. 加强低碳技术研究与开发。

低碳技术的发展涉及国家未来的核心竞争能力。发展低碳经济必须依靠科学技术的发展。要落实《国家中长期科学和技术发展规划纲要》的总体要求，对低碳技术研发及时进行超前部署，充分发挥科技对经济的引领作用，加快构建支持中国低碳经济发展的技术体系。如何着手呢？要增强本国的技术吸收能力与自主创新能力，完善相关体制，充分发挥制度环境的激励作用；要完善人力资本开发与管理体制，加强人才培养和人才基地建设，切实加大对适合中国低碳发展道路的技术研究与开发力度；要建立适当的人才激励机制，重视新能源科技人才的培养与储备，并通过创造吸引科技人才的企业氛围，有利于实现科技人才自身价值的研发环境以及适当的薪酬刺激等措施；当然，更要大力开展有关新能源的基础性研究工作，加快新能源和可再生能源技术的研发和促进技术进步，强化自主创新能力，培育具有自主知识产权的核心技术。

5. 充分调动利益相关者的积极性，深化全民节能减排活动。

低碳不可能局限在实验室或生产车间，"空气无孔不入"就决定着节能减排是一种群体现象。加大节能减排的宣传，全民动员、人人参与，发挥中国制度的优越性，使节约能源，减少排放成为公民的自觉行动。向社会公众宣传科学文明的消费模式和生活方式，在能源消费的最后一环把关。进一步完善节能减排的公众参与和社会监督机制，使每一个公民深刻理解节能减排对国家发展低碳经济的重要性，同时依靠科学技术，使全民参与节能减排在全社会蔚然成风。发动社会公众参与节能减排，围绕衣、食、住、行、用等全民节能减排潜力量化指标，切实将节能减排的要求落实到社会公众日常的生活、消费行为中去。要通过宣传，让更多的人明白节能减排，既是促进经济社会可持续发展的需要，也是保护我们生存环境、提高生活质量、维护中华民族长远利益的需要。

二、基于体制机制视角解决低碳经济问题的切入点

（一）体制机制的逻辑传导

1. 体制机制的基本内涵。

体制与机制是一个相互关联的词语，就政治、经济、组织、管理视角而言，体制和机制的中心语和使用范围不一样："体制"指的是有关组织形式的制度，限于上下之间有层级关系的国家机关、企事业单位，如领导体制、政治体制等；"机制"由有机体喻指一般事物，重在事物内部各部分的机理，即各部分之间的相互关系。体制是管理机构和管理规范的结合体或统一体。不同的管理机构和不同的管理规范相结合就形成了不同的体制。总之，体制是国家机关、企事业单位的机构设置，隶属关系和权利划分等方面的具体体系和组织制度的总称。如经济体制则是指具体的组织，管理和调节国民经济运行的制度、方式、方法的总称。

在中国，体制主要指将权力委派给各级政府，委托各级政府为其代理区域事务管理的一种权力运作体系。经济体制是指在一定区域内（通常为一个国家）制定并执行经济决策的各种机制的总和。通常是一国国民经济的管理制度及运行方式。是一定经济制度下国家组织生产、流通和分配的具体形式或者说是一个国家经济制度的具体形式。社会的经济关系，即参与经济活动的各个方面、各个单位、各个个人的地位和他们之间的利益关系，就是通过这样的体系表现出来。经济体制除了指整个国民经济的管理体制外，还包括各行各业如农业、工业、商业、交通运输等各自的管理体制，此外，各个不同企业的管理体制也属于经济体制的范围。

机制是基于"人性"和"物性"的洞察，为引导和激励组织与系统内成员自动自发地采取行动为实现组织目标的过程而采取一定的措施。第一，这些措施是为了实现组织目标由管理层设立的，这些目标需要管理者（即系统内的部门和人员）的行动才能达成；第二，这些措施可以引导和激励系统内成员自动自发地行动，而且这些行动和组织期望是趋同的；第三，趋同的背后，因为这些措施是基于组织或系统内的人的特点和物（有

形或者无形,如信息系统)的特点而制定的;第四,这些特点具有普遍性、基础性和核心性,不同类别、不同时期、不同环境下的特点不同。对人而言,"趋利避害""懒""爱面子""追求价值实现"是普遍存在的特点,但不同的人群、不同的年龄段存在较大的差异。对物而言,则各有不同。例如,信息化的特点:信息传递迅速,信息共享实时,可以有效解决"信息不对称";流程和职责的执行刚性比较强等。机制从建立目的上来划分可以分为三大类:运行机制、动力机制和约束机制。机制就像汽车的架构,有发动系统和制动系统。机制能让监督模块有效运行,发挥整体优势。其中,系统设计是理念,执行力是关键。

2. 体制机制对接低碳经济的逻辑传导。

面对严峻的低碳经济发展困惑,相应的理论分析与研究发展也很快,并取得了一定的成果。通过比较全面地回顾,我们能够收集与检索的相关文献和资料,总体来看,已有的企业低碳经济发展研究可分为三类:描述性/实证性研究、规范性研究和对策性研究。其中,描述性/实证性研究主要用来描述、解释或预测低碳经济发展行为的特征与规律;规范性研究主要从道德准则或哲学原则的角度探讨低碳经济发展的台前幕后,即低碳经济发展的内在原因与外在诱因;而对策性研究主要从政府层面和企业层面来讨论应如何应对和防范低碳经济的发展现象。归结起来,这三类研究所回答的问题分别是"是什么"(what)、"为什么"(why)和"怎么办"(how)。"是什么—为什么—怎么办"是一个有机的逻辑链条。在研究早期,"为什么"问题一直是研究的主流。围绕这个问题,学术界进行了旷日持久的激烈争论。目前,争论的结果已初见分晓:推崇低碳经济发展的观点已经越来越多地被企业界和学术界所接受。主流研究的重点开始转向"是什么"问题,"是什么"的研究主要针对企业的微观载体,探讨企业低碳经济发展行为的特征描述、状态表现、社会后果等。分类来看现有方面,已有文献主要集中在低碳经济发展的一般性研究方面,而基于数据测度的低碳经济发展态势研究则非常缺乏。关于"怎么办"的研究,近年来,也取得了相当大的进展,主要集中在寒冷体制机制的规范性程序、制定企业低碳经济发展防范战略、强化管理体系等制度安排方面。

在"是什么—为什么—怎么办"研究的整体链条中,针对"为什么""怎么办"这方面的研究已经比较多,但是却缺乏"是什么"研究成果的有力支撑。因此,有必要加强"是什么"问题的研究。因此,项目组确定在进一步深化"为什么""怎么办"研究的同时,认为理应加重对"是什么"的深度研究，至少还应对以下几个问题作进一步的系统研究，这也构成了本书的切入点。

（二）本书研究的主要切入点

1. 低碳经济发展的行为表现是什么？

了解低碳经济发展的行为表现非常重要，从已有文献来看，国内这方面的研究虽然已经有了一定的基础，但是，仍然显得深度不够。如何系统地识别企业低碳经济发展的行为表现？这些形式为什么会对相关利益领域产生影响？它们分别影响相关利益领域的哪些方面？影响的方向和程度如何，等等，都没有得到很好的回答。只有对这些问题进行深入研究，才能从行为机理角度为促进低碳经济发展提供针对性强的建议措施和可靠的改进方案。

我们只是在感性认识上觉得企业低碳经济发展问题比较严峻，但不具体、不全面、不透彻，而且缺乏具有统计普查意义的证据。经验告诉我们，并不是所有的社会主体尤其是企业在低碳经济发展问题上存在相同的"症状"与"病理"。而事实上，不同利益群体，对低碳经济发展方面的行为表现是有差异的，有的做得好一些，有的做得差一些。即使在企业这一类主体中，究竟哪些企业做得好一些，哪些企业做得差一些？企业在哪些方面做得好一些，哪些方面做得差一些？不同规模、不同性质、不同产业的企业，在低碳经济发展行为表现上有没有差别？在企业成长的不同阶段，企业的低碳经济发展行为表现有没有变化？如果有变化，是什么样的变化，等等，还不是特别清楚。如果这些问题不清楚，"怎么办"的对策和措施就显得比较盲目，缺乏针对性。从研究方法上来说，这个问题属于企业低碳经济发展行为表现的测量和描述问题。

2. 低碳经济发展的生成诱因是什么？

通过主流的低碳经济理论、可持续发展理论和企业产权理论，自然可以衍生出关于碳排放的许可权交易理论、碳排放权的会计确认与计量制度、碳审计制度安排，显然可以解释低碳经济发展的深刻背景，当然，利用这些理论从不同视角为我们认识低碳经济发展现象提供了有力武器。我们需要具体分析，是什么力量导致了大量的低碳经济意识在实际生产生活中被丧失殆尽？

是纯粹的技术故障吗？还是法律、规章等政策的本身存在重大缺陷？我们虽然制定出台了一些红头文件，但一直缺乏权威、合理、稳定的法律规定，缺乏权威、合理、稳定的监督管理部门。

政策执行的各个环节和方面也存在着相当严重的问题吗？典型案件大多涉及相关主管部门、企业领导者的失职渎职、违法乱纪行为。所有这些诱因，值得我们全面而冷静地解剖分析。

3. 低碳经济发展的促进措施是什么？

企业低碳运行是整个国家和社会实现低碳运行和发展的一个内在基础和核心位置，企业生产与经营能够实现低碳排放和高效产能，是社会对企业的期望。在市场经济条件下，企业作为独立的市场主体和利益主体，有自己的利益要求，企业短期效益与成本效益、短期成本与长期发展、局部利益与整体利益、经济利益与社会责任之间也会有各自的利益诉求。在这些冲突面前，社会期望和追逐利润之间的冲突，使企业自然而然地关心这样的问题：低碳既是一种社会责任，更是一种优良的发展路线。企业承担社会责任对企业绩效有没有影响？如果有，是哪些管理措施与交易行为产生的影响？这种影响是正面的还是负面的？是短期的还是长期的？影响的强度如何，等等。对这些问题的回答直接影响企业承担社会责任的积极性和持久性。尽管已有文献对这些问题的研究比较丰富，但长期以来结论不一致。其主要原因有两方面：一是研究方法，二是研究情境。这正是本书要着力改进的地方。

在经济全球化和中国快速转型的大背景下，面对企业低碳经济发展问题的紧迫形势，要找到改进企业低碳经济发展行为表现的有效措施，必须对上述问题进行系统、深入的研究。运用国际主流的研究规范和方法，结合中国背景，对以上问题进行理论分析和实证研究，是本书的使命所在。简言之，本书所要探讨的是企业低碳经济发展行为的表现及其前因后果，以及所蕴含的政策意义和策略价值。

第二节 碳的学理解读与概念界定

一、碳与碳排放的学理解读

碳，即活性炭，英文名为 carbon。它是一种非金属元素，在大气、地壳和生物之中广泛存在着。它对于生物的存活是不可缺少的，可以说，没有碳生命就无法存活。我们平常所说的"碳排放"是温室气体排放的简称，因为温室气体中的主要气体成分是二氧化碳，因此，我们用"碳排放"来作为代表。我们生活中的任何活动都会产生碳排放，比如做饭点火、燃烧的废气、汽车尾气、工厂对碳基能源的消耗等过程。

碳是一种常见的非金属元素，它以多种形式广泛存在于大气、地壳与生物之中。碳对于现有已知的所有生命系统都是不可或缺的，生命没有碳就不可能存在。当然，除食物和木材以外的碳的主要经济利用是烃（最明显的是石油和天然气）的形式。原油由石化行业在炼油厂通过分馏过程来生产其他商品，包括汽油和煤油。我们的日常生活一直都在排放二氧化碳，而如何通过有节制的生活，例如，少用空调和暖气、少开车、少坐飞机等；更加严重的是，各种各样的企业在生产经营活动中所产生的碳排放，成为21世纪初最重要的环境污染物。

如何降低二氧化碳的减排，在技术上，可采取化石能源的替代技术，如清洁能源替代技术、可再生能源技术、新能源技术；可提高能效进而通过减少能耗与碳排放等。不过，对于一个经济组织而言，如何通过经济措施激励和约束企业理性而自觉朝着低碳经济的轨道前进，则拥有非凡的价值。

二、低碳经济的概念界定

在低碳经济发展体制机制研究的纵深领域，理应对两个层面的众多相关概念进行梳理和明确。第一个层面是有关低碳经济发展的基础性概念，如低碳经济、低碳技术等；第二个层面是在此基础上针对本研究主题而衍生与界定的主题性概念，如低碳会计、低碳金融、低碳审计等。本书首先对这些基础概念进行辨析，在此基础上对本书的核心概念进行了明确界定。

本书所涉及基础概念与核心概念如图1-1所示。

（一）关于低碳经济发展的基础性概念

能源是经济发展的必然动力，在能源产生效能的过程中碳排放是一种伴随现象，而这种碳排放则是一种有害无益的排放。自改革开放以来，我国经济得到了高速发展，取得举世瞩目的成就。但是，经济过快增长付出的代价却是能源的过度消耗和二氧化碳等温室气体的大量排放。显然，碳

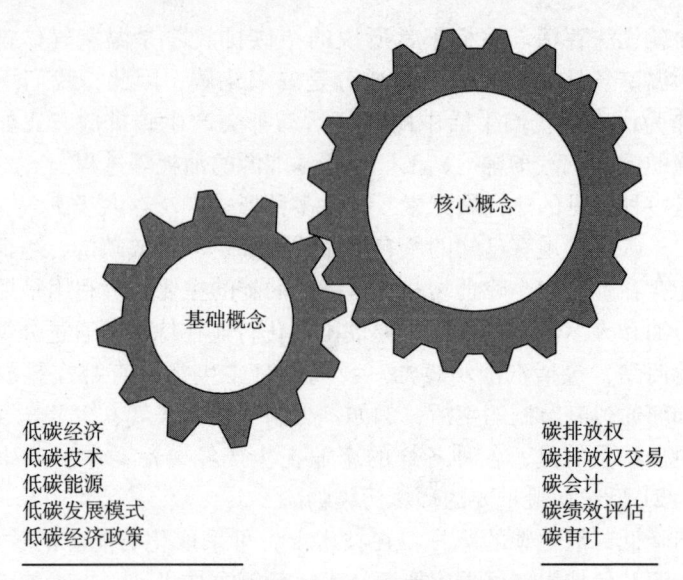

基础概念：
低碳经济
低碳技术
低碳能源
低碳发展模式
低碳经济政策

核心概念：
碳排放权
碳排放权交易
碳会计
碳绩效评估
碳审计

图1-1　本书所涉及的基础概念与核心概念

排放零成本的时代一去不复返了。为实现可持续发展，必须协调能源消费，即安排好经济增长和碳排放之间的关系，因此，一个完全不同于以往的经济时代与发展模式正在成为一种必然。这就是努力实现低碳排放的能源与经济匹配之间的关系。

1. 低碳经济。

低碳经济（low-carbon economy），是相对原有态势而言，通过采用技术创新和政策措施，实施一场能源革命，建立一种减少排放温室气体的经济发展模式，以减缓气候变化。低碳经济的实质是如何提高能源效率和改善清洁能源结构，核心是如何进行技术创新或制度创新，目标是要通过减缓气候变化，促进人类社会的可持续发展。为了建立低碳经济，我们要从低碳产品、低碳技术和低碳能源开发三个方面着手，建立一个鼓励低碳发展的政策、法律或市场机制，促进低碳技术研发、低碳产业结构调整，促使人们改变生活方式或生产方式，适应低碳时代带来的挑战，最终实现清洁能源利用比率和利用效率。

2. 低碳技术。

低碳技术（low-carbon technology），又称为清洁能源技术，该技术旨在能够提高现有能源的利用效率，让人们减少对碳基能源燃料的依赖程度，最终稳定能源需求。清洁能源技术可以运用在多个产业或部门，如电力、交通、建筑、冶金、化工、石化等，清洁能源技术具备包括：可再生能源及新能源或煤炭的清洁高效使用、油气资源和煤层气的勘探开发、二氧化碳捕获与埋存等领域开发的有效控制温室气体排放的新技术。

3. 低碳能源。

低碳能源（low-carbon energy），是指对气候变化的作用或影响力不是很大的替代能源，如核电能源、天然气能源或可再生能源等。在低碳经济时代，我们必须大力发展低碳能源，因为它是低碳经济实现与否的关键与基本保证。低碳能源意味着清洁无污染的、效率较高的、可持续利用的能源。由于我国长期以来以煤炭作为主要能源结构，长期的产业结构偏重，因此，我国必须大力发展低碳能源，发展节能减排技术，提高煤炭的洁净高效利用。

4. 低碳发展模式。

低碳发展模式（low carbon development model）是相对而言的创新模式。长期以来，我国经济建设虽然取得了较大的成就和发展，但付出的代价也是巨大的，环境污染问题日益突出，PM2.5逐渐攀升，雾霾天数日益增多，如果一味坚持这种粗放型发展模式，单位产值能源消耗远远高于世界平均水平，这样长此以往，多年来的成果可能被恶化的生态自然环境所毁灭。因此，我们必须破除现有的黑色发展模式，在低碳城市、低碳交通、低碳家居、低碳建筑、低碳技术、低碳产品、低碳供应链等领域发展新的低碳发展模式，走绿色的可持续发展道路，强调生态文明建设，强调低能耗、低污染和低排放，注重高效能、高效率和高效益，走理性的低碳发展道路。

5. 低碳经济政策。

低碳经济政策（low carbon economy policy），是指我们为了促进低碳经济的发展所采取的系列政策措施。主要包括以下几个方面：第一，提高能源使用效率，进一步提高可再生能源比重。不断采用较高的产品标准，将低碳能源技术运用在我国的发电行业中。第二，建立适合碳排放交易的市场机制，为企业制定排放上限，企业多排放就要额外支付费用；反之，少排放可以获得收入，激励企业提高产品能效，进行清洁技术开发。第三，成立碳金融管理体制，如碳基金、碳财政政策等，通过扶持企业的低碳技术研发行为，来促进企业加快低碳技术研发。

（二）关于低碳经济体制机制的主题性概念

与本书研究相关联的主题性概念也是沿着碳这一事物的聚焦、管制、市场化操作而逐步产生、逐步发展的,包括碳排放权、碳排放权交易、碳会计、碳审计等。

1. 碳排放权。

是企业可以排放碳的一种权利,企业拥有碳排放权,相当于拥有一项有价值的资产,这项资产可以在公开市场中进行交易或买卖,也就是说,碳排放过多的企业需要在市场中购入这项权利,反之,碳排放很少的企业可以将自身的这项权利出售,获得经济利益。

2. 碳排放权交易。

在初始权力公平对等的原则下,既然碳排放权拥有了内在价值,就自然可能通过市场实现其价值,这便形成了碳排放权的交易,久而久之,这种交易衍化成为金融产品。这就是"碳排放权交易"或称之为"碳金融"。既然碳排放权可能体现其经济价值与交易成本,那么通过转让并形成金融产品就自然水到渠成了[①]。

3. 碳会计。

碳会计是以能源环境法律、法规为依据,货币、实物单位计量或用文字表达的形式对企业履行低碳责任,节能降耗和污染减排进行确认、计量、报告和考核企业自然资源利用率,披露企业自然资本效率和社会效益的一门新兴会计科学。碳会计的提出能科学地衡量国民生产总值和企业的经营利润,更合理地评价国民经济的发展状况和企业经营业绩。碳会计是指在碳交易市场常常被忽视的一大需要,即公司财务报表中碳排放单位的会计计量的标准化问题。详细制定这些标准,需要投入更多精力,并且要尽快完成。为碳财务会计建立跨国标准发挥显著作用,推动全球碳交易市场的最终发展。

4. 碳审计。

碳审计作为环境审计的一部分,简单地说,是由独立的审计机构对政府和企业在履行碳排放责任方面所进行的检查和鉴证,是对碳排放管理活动及其成果进行独立性监督和评价的一种行为。碳审计就是针对生产过程、生活过程所产生的温室气体排放对环境影响的审计行为。

[①] 早在2002年,英国就自发建立了碳交易体系,从事碳排放交易的公司企业早就联合在一起了。碳排放价格一直处于波动状态,2006年交割的碳排放价格约为每吨16.50欧元(约合人民币165元),而2007年交割的碳排放价格则为17欧元。除英国外,欧洲各国目前都有活跃的碳排放交易市场。

第三节 研究的目标与思路

一、本书研究目标

诺斯认为,"制度是个社会的游戏规则"。现在我们对此拥有共同的认知,那就是一个好的制度可以使坏人变成好人,一个坏的制度使好人变成坏人。因此,本书着力于中国低碳经济建设中的体制机制问题作为研究对象,尤其是聚焦于相应的碳排放权交易、碳会计、碳审计为核心主题。本项目的整体推进是在经济发展模式全面转型的新常态背景下,本着促成和保证企业低碳经济体制机制理念、制度设计和匹配措施的指导思想,分步、有序地进行。研究的直接目标是:取得样本对象范围内关于低碳经济发展的基本态势;揭示新常态下中低碳经济发展的规律性,理性梳理其主要成因,基于"行为表现(manifestation form)—衍生成因(derivative causes)—体制机制(A relative mechanism)"的思路进行,终极目标是为成熟的低碳经济运行找到一种适合中国国情的交易、会计、审计制度安排。

二、本书研究的主要方法

为完成以上任务,本书采用以下研究方法。

第一,实行以定性分析为主,适当结合定量分析。任何社会经济活动应是质与量的统一。在经济活动中,量积累到一定的程度会发生质变;质在一定时期内有相对的稳定性。本书在对节能减排的发展现状以及未来发展预测进行了定量分析的同时,注重定性讨论节能减排的发展中遵循的系统观以及实践应用性。定性分析是为了揭示事物质的规定性及其运动或变化的规律性;定量分析是为了认识事物在规模方面的具体特征。本书的主要任务是揭示我国企业在低碳制度转制前后经济发展的规律性,所以定性分析是关键和重点,但是,企业低碳经济发展的规模可以用货币单位进行计量,所以适当的定量分析是必要的,它对揭示企业低碳经济发展的规律性是有帮助的。因此,既要定性分析,又要尽可能的数量分析。

第二,实行案例分析和实证分析相结合。实证分析是研究事物发展的内在规律,并根据有些规律的分析预测企业的行为,回答了"是什么"的问题。规范分析研究的是一种价值判断,提出处理标准,解决的是"应该是什么"的问题。本书运用了这两种方法,全面总结了我国节能减排的发展现状与理论发展模式的差异,指出了我国节能减排发展面临的实际困难,并对此提出了具体对策建议。通过实证分析从客观上对事物的现实情况进行描述、分析和归纳,以说明规范分析的结论能否经受实践的检验。低碳经济发展问题是一个现实性很强的问题,所以对该问题的研究应将规范分析和实证分析结合起来。本书通过调查确定相关群体对低碳经济发展问题的认识和关注程度,进一步挖掘造成低碳经济发展的深层次原因和影响因素,通过建立数学模型进行统计分析和实证检验。

第三,战略研究与政策研究相结合。本书在分析我国节能减排现状基础上,总结归纳了节能减排发展中存在的问题,对此,从战略高度提出了对策建议;在随后的章节中,又在整理分析大量数据资料的基础上,将理论观点运用到分析中,对各战略对策提出具体的政策建议,使提出的政策更有战略依据,提高了课题研究的科学性。整个研究项目的论证始终处于经济发展观念转变转型框架下,低碳经济发展的现实困境、背景基础,有针对性地提出在不同结构、不同阶段更加富有效率、统筹推进、科学发展地促进低碳经济发展的财税、金融、会计审计等的扶持与监管模式,对于构建理性、规范、效率、和谐的企业低碳经济发展的体制机制,具有特别重要的理论意义和实践价值。

三、本书的研究逻辑与结构安排

本书通过文献分析、深度访谈、案例分析和政策解读,通过识别低碳经济发展行为的相关表现、利用测度技术来获取流失的定量化数据;利用相应的统计分析技术,检验低碳经济发展的维度结构,归纳各维度的统计特征;检验各影响因素对低碳经济发展行为表现的影响方向与强度;最后根据实证分析的结果,对低碳经济发展提出了针对性的政策建议。这种思路在各章之间的逻辑关系如图1-2所示。

第一章 导 论

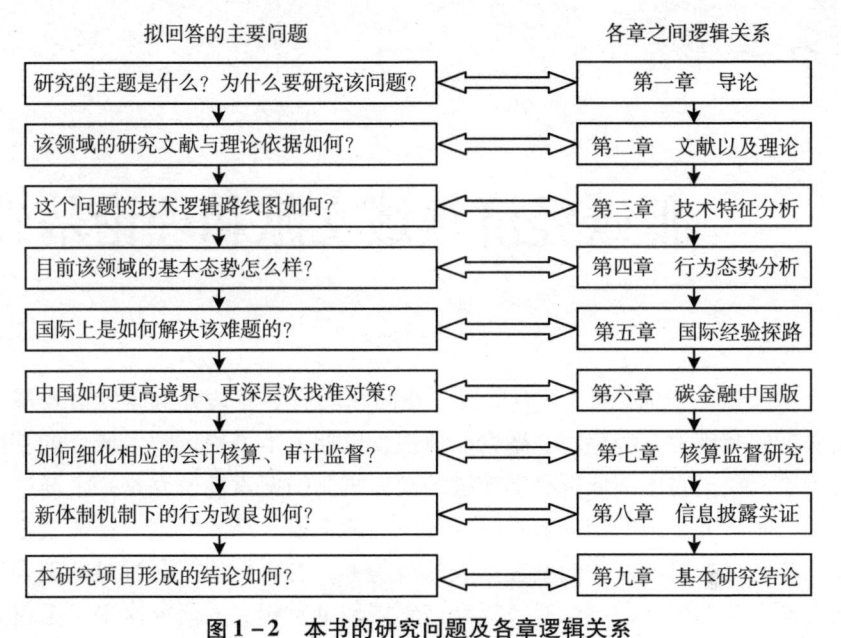

拟回答的主要问题		各章之间逻辑关系
研究的主题是什么？为什么要研究该问题？	⇔	第一章 导论
该领域的研究文献与理论依据如何？	⇔	第二章 文献以及理论
这个问题的技术逻辑路线图如何？	⇔	第三章 技术特征分析
目前该领域的基本态势怎么样？	⇔	第四章 行为态势分析
国际上是如何解决该难题的？	⇔	第五章 国际经验探路
中国如何更高境界、更深层次找准对策？	⇔	第六章 碳金融中国版
如何细化相应的会计核算、审计监督？	⇔	第七章 核算监督研究
新体制机制下的行为改良如何？	⇔	第八章 信息披露实证
本研究项目形成的结论如何？	⇔	第九章 基本研究结论

图1-2 本书的研究问题及各章逻辑关系

根据本书的内容结构与逻辑安排，共有九章，分别阐述各个重要观点与逻辑节点。详细内容如图1-3所示。

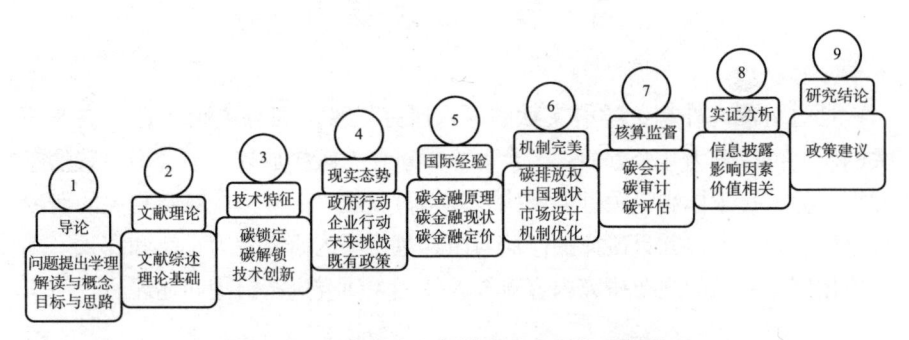

1 导论	2 文献理论	3 技术特征	4 现实态势	5 国际经验	6 机制完美	7 核算监督	8 实证分析	9 研究结论
问题提出 学理解读与概念 目标与思路	文献综述 理论基础	碳锁定 碳解锁 技术创新	政府行动 企业行动 未来挑战 既有政策	碳金融原理 碳金融现状 碳金融定价	碳排放权 中国现状 市场设计 机制优化	碳会计 碳审计 碳评估	信息披露 影响因素 价值相关	政策建议

图1-3 本书各章之间的研究主题与逻辑关系

第二章

低碳经济领域文献和理论基础

"历史是一面镜子",本章也将在回顾既有学者研究低碳经济发展相关文献的基础上,经整理、融合、评述,以期为本书提供学术研究的基础与借鉴,我们对中国低碳经济演进的动力机制的探索性研究是一个渐进的过程,研读关于碳的相关文献是展开研究的重要一环。通过对相关文献的梳理与研究,可以使我们站在巨人的肩膀上,看得更清。通过对低碳领域国内外文献的梳理,可以有效提高该领域理论及相关的研究水平。不仅如此,作为低碳经济演进,也同样遵循着基础理论的指导,因此,对这些一般规律或主要规律的精准理解与科学应用势在必行。

第一节 文献综述

通过对国内外相关学科文献的深入研究发现,围绕"碳"这一主题相关的研究可以分为几个方面:碳会计、碳审计、碳排放权、碳金融、碳信息披露、低碳技术体制等关键词所代表的学科领域。国外学者对碳相关的研究要早于国内学者,并且研究的范畴与内容也比国内研究较为广泛和深入。本章将按照该领域的主要研究内容对国内外相关研究进行梳理和述评。

一、碳会计相关的文献综述

(一)国外碳会计相关的研究综述

1. 碳会计信息披露与市场反应。

巴斯(Barth)等在2001年发表的论文中指出,如果企业价值与碳排放信息相关并能够可靠计量,则市场将会对企业碳排放水平的高低做出相关的反应。克拉克森(Clarkson)等在2004年基于1989年起的11年间纸张制造业的数据,对企业环境支出的市场反应进行了经验研究,发现市场对低污染企业与高污染企业的环境支出的反应具有差异,具体而言,对于低污染企业的环境支出给予正面反应,而高污染企业的环境支出没有明显的反应。约翰斯顿(Johnston)等在2008年的文章中指出,市场及投资者认为碳排放权是企业的一项重要资产,企业购买额外的碳排放权有助于获得正面的市场评价。松村(Matsumura)等在2013年认为市场对企业自愿披露碳信息的行为给予正面反应,与此同时给予没有披露碳信息相关的企业一定的惩罚,此外,松村等指出企业的自愿披露行为取决于披露收益是否大于披露成本。

通过对以上文献的数量,我们发现,企业的价值与碳排放信息披露存在相关性,此外,相关研究表明社会责任报告的质量与企业的资本成本具有显著的负相关关系,报告质量越高,资本成本越低(Dhaliwal et al.,2011)。因此,研究碳排放信息披露并建立完善的相关披露机制有助于市场及投资者更加了解企业,从而提高其投资效率并降低企业的资本成本,提升企业价值。

2. 碳排放权交易的会计处理。

贝宾顿和拉里纳加(Bebbington and Larrinaga, 2008)深入探讨了世界范围内气候变化带来的风险等不确定因素,并讨论了碳会计中关于排放权资产与负债确认及相关问题。拉特纳加尔(Ratnatunga, 2007)在文章中指出,各界人士对碳会计存在问题的焦点在于如何将碳排放权作为资产处理。瓦姆斯甘斯和桑福德(Wambsganss and Sanford, 1996)在文章中对企业如何对碳排放权进行会计处理进行了研究,他们指出应将碳排放权作为一项资产处理,并将从企业外部购买的碳排放权所支付的成本作为一项费用处理。此外,作者认为,这样的处理有助于降低企业污染的外部性影响。贝宾顿(Bebbington, 2008)等对碳排放权作为资产与负债的确认问题进行了研究,认为碳交易市场可以对企业的碳排放权定价。此外,贝宾顿等指出,在世界范围内的气候变化问题中,会计和财务报告也以不同的形式参与其中:首先是对碳排放权的相关会计处理问题;其次是全球气候变化(globle climale change, GCC)的风险与财务会计;最后是与全球气候变化带来的不确定性财务与会计报告问题。我们举一个与碳排放权会计处理相关的例子,如果每个企业一年从国家获得的碳排放权的配额是固定的，当企业所需排放权额度低于配额时，是否可以将剩余配额确认为一项资产与其他企业进行交易；另外，当企业所需排放权额度高于配额时，是否可以将所需额外配额所支付的资金作为一项负债处理，此时，我们需要考虑碳排放权相关的资产与负债的相关会计确认与处理问题。

实务界以及学术界针对如何对国家分配给企业的或者是企业从碳交易市场获得的碳排放权进行会计处理存在许多疑问，如何对碳排放权定价并最终将其计入企业的财务报表是一项艰巨的任务。拉特纳加尔（2011）在文章中建立了一个对企业碳排放权进行定价的模型（ECEA，environmental capability enhancing asset），该模型不仅考虑了企业确认碳排放权为一项资产的情况，而且考虑了企业确认碳排放权为一项负债的情形，此外，作者指出，该方法或许可以结合传统的财务报告形成新的报告体系，有助于将现有的美国公认会计准则（generally accepted accounting principle，GAAP）框架进行延伸。

综合对上述国外文献的梳理，发现关于如何将企业的碳排放权进行会计处理以及报告尚未得出结论，另外，是否应将碳排放权作为金融衍生工具计量也没有得到一致的结论。除此之外，当企业将碳排放权作为一项资产处理时，企业实际排放时，如何处理账务问题也没有得出结论。

（二）国内碳会计研究综述

相比于经验证据丰富的国外研究而言，国内关于碳会计的研究多以规范研究的形式出现，实证研究较少。纵观已有的国内学者关于碳会计的研究，研究视角多是关于碳信息披露项目（carbon disclosure project，简称为清洁发展机制），主要是分析清洁发展机制在我国的发展状态以及一些存在的问题，并结合我国的实际情况，通过借鉴国际先行国家的经验与方法建立适合我国实际情况的碳信息披露机制与体系（张彩平等，2010）。周志方（2009）在文章中梳理了国外一些研究机构以及学者对碳会计相关问题的研究，并在此基础上为我国的碳会计体系的不断完善与发展提供了新思路。张鹏（2010）通过对CDM项目的分析，研究了碳减排量在会计中应当如何确认和计量的问题。通过CDM项目在我国的实施情况进行分析，发现碳排放量其实是"认证的排放减少量"，提出将碳排放量改为碳减排量。同时研究分析了碳减排量的会计处理问题，根据会计准则的要求以及实际情况，认为将碳减排量作为存货进行相应的会计处理要优于将其作为金融资产的会计处理。王艳和李亚培（2008）则指出，碳排放权是企业持有的一种稀缺性经济资源，能为企业带来相关的经济利益，同时提出企业持有碳排放权的目的是短期内变现的，并且相关交易是双方按照公允的价格进行的，因此碳排放权应当确认为企业的金融资产中的交易性金融资产，并认为其相关的会计确认与计量的方法也应当按照交易性金融资产相关的会计准则的要求处理。彭敏（2010）通过对CDM项目分析，同时结合国内外学者关于碳排放权的会计处理的研究，指出由于目前我国金融市场发展尚不完善以及缺乏碳排放权交易的相关法律法规的约束，将碳排放权确认为金融资产欠妥，并提出按照碳排放权的本质特征（一种权利而无实物形态；可交易等），可以将碳排放权确认为企业的一项低碳经济，并按照低碳经济的相关会计处理要求进行账务处理。邹武平（2010）通过对碳排放权相关研究的分析与研究指出，将企业碳排放权作为一项金融资产进行确认具有一定程度的可行性，但是考虑碳排放权的性质与低碳经济中土地使用权的性质相似（不具有实物形态但可交易），同时参考许多国外的企业将排放权以及进口配额等作为企业的低碳经济进行确认，随之提出在我国应当将企业的碳排放权作为一项低碳经济进行确认，相关的账务处理也依照低碳经济的准则要求进行。

通过以上国内外的碳会计研究综述，我们发现，整体而言，国外的研究较为前沿，目前我国的碳排放权交易机制处于起步阶段，较国外其他国家及地区尚处初步发展阶段，还需要借鉴其先进经验不断完善我国的交易机制，与此同时，国内学者通过对碳排放权相关国际研究的介绍以及评价，并结合我国情况，不断地发展和完善我国的碳会计准则体系。例如，目前我国已经具备碳排放权交易的客观条件，因此，可以开始探讨是否应当将碳排放权作为一项金融衍生工具计入财务报表，此时需要结合我国的实际情况，建立碳会计准则体系，以便进一步完善我国的会计准则及财务报告体系。此外，在碳排放信息披露方面的国内研究，则主要是基于对国际上碳排放信息披露的研究进行总结与分析，并结合我国的实际情况，建立并完善我国的碳排放信息披露机制。

二、碳审计相关的文献综述

（一）国外研究现状

哈金斯（Huggins，2011）在文章中提出未来关于全球气候变化相关的审计市场会非常大，目前该项服务是由现有的会计从业人员以及其他相关的业务机构提供服务，作者分析了提供该项审计服务所需的业务技能，并指出了不同职业团体具有的优势，在此基础上，作者指出需加强会计师对该市场的重视与了解。通过对国外研究的分析，我们发现，国际四大会计师事务所中的毕马威（KPMG）在2008年的报告中指出，世界上22个国家中排名前100的公司，独立发布温室气体（Greenhouse Gas，GHG）报告的公司占45%，并且指出其中39%的报告经过了专业审计机构的鉴证。值得一提的是，65%已鉴证的报告是由专业的会计师提供的，其他的报告则是由其他领域的专家鉴证的。此外，西姆内特（Simnett，2009）等人在文章中通过对2002~2004年两年中获得的2113份已鉴证的GHG报告，作者调查发现，上述报告中的43%是由国际四大会计师事务所中的专业会计师提供的鉴证服务。达丽瓦尔（Dhaliwal，2011）等人在文章中搜集了1990~2007年17年间的7004份GHG报告，指出这些报告中的27%是被鉴证过的，但是并没有明确指出是由谁提供的鉴证服务。

国际四大会计师事务所之一——普华永道在2007年的报告中以及西姆内特（2009）的文章中均指出，经过独立鉴证的GHG报告有助于提高企业的信息可靠性，同时提高了公司的决策效率。格雷（Gray，2000）在文章中提出，经过专业会计师审计过的会计及相关信息的信息质量较高，有助于提高决策效率。此外，拉什和惠灵顿（Lash and Wellington，2007）在文章中指出，市场及投资者要求企业提供鉴证后的环境信息，考虑了企业所面临的气候风险与潜在的法律责任是直接相关的。

西姆内特等（2009）在文章中指出部分学者通过研究发现，企业为了获得更高的社会声誉以及增加企业相关信息的可靠性，企业有强烈动机提供经过鉴证的企业环境信息报告。莫罗尼盖尔（Moroney，2012）等人在文章中以利益相关者的研究视角研究了企业环境信息披露的情况，发现环境信息披露质量与是否经过第三方鉴证呈显著正相关关系，该关系与独立审计有效提高财务信息质量相似（Becker et al.，1998；Franciset et al.，1999；Healy and Palepu，2001；Krishnan，2003；Francis，2004；Hay and Davis，2004）。奥尔森（Olson，2010）指出，由于社会公众越来越意识到环境问题的严重性，因此对于企业披露的相关财务与非财务信息提出了更高水平的独立审计报告的要求。社会大众对企业GHG排放与自然资源消耗的独立审计的重视程度会越来越高，但必须意识到财务会计与审计的相关经验会对未来的GHG排放等自然资源相关的独立审计起到至关重要的作用。该研究提出，随着上市公司自愿披露环境信息的数量不断增加，这就要求相关立法及监督机构应及时地提出相关的法律法规；同时也应当出台相应的碳会计及碳审计准则。综合分析国际环保组织的研究发现，许多国家及地区已经开始建立低碳审计相关的准则体系及鉴证标准，总体可以分成两大类型：一是一系列的明确低碳行为的标准与规范的提出，如碳排放标准、低碳产品及企业低碳行为的认定，国际标准化组织发布的温室气体 ISO14064-66 系列标准，世界资源研究所与世界可持续发展工商理事会联合公布的《公司量化并报告其温室气体排放量的指导》以及丹麦政府提出的针对建筑物的碳核算与低碳审计标准；二是依据可持续发展理论提出的相关标准，如英国环境审计委员会在 2009 年提出进行企业低碳审计可以将环境、资源以及经济的可持续发展体系作为主要的参考依据。

通过全面梳理上述研究，我们发现，独立第三方鉴证企业的环境信息报告的市场非常庞大，已有的经验研究证据表明，经过独立第三方鉴证的 GHG 报告的可靠性得到了广大投资者的认可，同时有效地提高了企业披露环境信息的质量。此外，环境信息披露相关的鉴证市场虽然可观，但是通过对国外研究的分析发现，目前尚未提出完善的环境及资源相关的审计准则体系以及鉴证标准。因此，未来的研究可以提出并建立环境审计、碳审计等相关独立审计准则以及标准作为主要的研究内容与方向。

（二）国内研究现状

相对于国外文献来看，国内关于碳审计以及环境审计相关的研究相对较少。李兆东和鄢璐（2010）的研究初步提出了低碳审计的主要动因来源与低碳政策的执行以及碳交易机制的建立，执行政策或交易机制需要独立的第三方提供专业的审计鉴证服务，作者同时指出了碳审计的主要业务内容：企业对国家低碳政策的执行情况；对低碳相关的资金使用情况进行审计；对低碳行为以及低碳产品的认定提供鉴证服务。

陈燕燕和彭兰香（2010）通过分析我国目前碳审计存在的问题后发现，缺乏统一的碳审计标准、碳审计数据获取以及核实的困难和缺乏专业审计人才是我国碳审计业务存在的主要问题。此外，该研究以中国香港建筑物碳排放审计为例，通过分析提出了对我国企业进行碳审计的相关建议。王爱国（2012）在对国外碳审计研究进行系统分析后，提出了我国碳审计业务的基本涵义、特征以及内在特性。刘惠萍和王爱国（2013）将碳审计与传统审计业务从审计主体、客体、审计总体目标与具体目标、审计内容、程序、方法和报告等方面进行了全面的比较，引申提出了碳审计的发展需要从意识到行为、从民间到政府相关部门等方面建立的支撑体系。钱纯、苏宁和孟南（2011）基于我国大力提倡低碳经济发展模式的前提条件下，研究碳审计的产生与发展成为碳金融市场发展的必要条件，分析了碳审计主体的建议与思路，认为碳审计的主体可以分为以政府审计、社会审计和公司内部审计的三种类型，并提出了应当建立以政府审计以及社会审计为主导的碳审计体系，以便为低碳经济发展以及我国碳金融市场稳步前进保驾护航。何雪峰和刘斌（2010）研究了全球范围内气候变化导致的一系列环境、社会以及经济危机后提出进入低碳经济的发展模式，在此基础上认为碳审计能够在一定程度上保证达到碳减排目标，碳审计可以从技术、生产过程中识别能源使用的情况，并对碳排放相关事项进行监督，是实现低碳经济发展的重要保证。此外，作者对碳审计的职能、目的、主体及客体、程序等方面进行了探讨，为我国建立完整的碳审计体系提出了建议。

此外，国内部分学者尝试构建企业的低碳绩效评价体系。杨博（2013）提出，将经济增加值（economic value added，EVA）与平衡计分卡两种企业绩效评价方法结合起来，在其中加入低碳等相关指标，建立了企业低碳绩效评价体系。张彩萍和肖旭（2011）从静态和动态两个视角提出了碳绩效评价指标，其中静态指标包括碳强度指标与碳暴露度指标；动态指标包括碳依赖度指标与碳风险指标。

通过梳理国内外与碳审计及鉴证服务相关的研究，我们发现，碳审计鉴证服务的市场很大，为我国相关的专业会计人员提供了新的机会，因此，为了抓住这一可观的市场机会，相关人员应当及时补充和提高相关的专业知识及专业技能。另外，碳审计的行业准则以及评价标准的缺失是未来亟待解决的问题。

三、碳排放权交易相关的文献综述

（一）国外研究现状

在理论模型的研究中，欧洲地区最早完成初始配额后就开始了理论模型的研究，较为常用的模型有能源仿真模型、能源均衡模型、能源投入产出模型等。许多学者通过使用上述模型分析企业在各自国家中不同交易规则的约束下，其边际减排的成本及其影响。碳排放权交易相关的模型主要分成四大类：整体评估模型、一般均衡模型、碳排放权交易模型、能源系统模型。对于整体评估模型，其代表学者为卡努马（Kainuma）等，他们的研究指出，在不同碳排放权交易的规则下，其碳排放的边际成本则不同，并且研究发现在亚洲地区，日本的碳排放边际成本最高，减排需求也是最高的。相似的情况在全球交易背景下，碳排放交易的边际成本会更低。对于一般均衡模型，以卡普斯和布米奥克斯（Capros et and Bumiaux）等学者的研究为代表，卡普斯（2000）等研究分析提出碳排放权交易可以采用一个系统分析模型，如 PRIMES 模型，是一个市场均衡模型，该模型可以很好地解决在涉及多个地区和国家的复杂系统中进行碳排放权交易以及碳排放配额的分配问题。对于碳排放权交易模型，乔尔巴（Ciorba，2001）等人研究针对能源产品使用"几乎理想需求系统模型"（almost ideal demand system model）估计每个国家碳减排的边际成本，并对碳排放权交易进行分析。对于能源系统模型，卡努迪亚和洛卢（Kanudia and Loulou，1998）提出使用一个多阶段随机规划的方式建立一个灵活的能源计划，作者通过分析发现，使用套期保值策略可以降低系统整体的碳减排成本，同时对电力供应、天然气以及能源、石油供应等行业的减排成本进行了分析。

除理论研究不断深化外，针对碳排放权的实际交易价格的经验研究也日益增多。博拉克（Borak，2006）等对二氧化碳欧盟排放配额（european union allowance，EUA）合约的价格行为、汇率波动率期限结构以及相关性进行了实证研究分析，发现在《京都议定书》生效之后，期货合约在现货市场产生了非常显著的溢价，作者认为这样的溢价收益可能是由于市场对二氧化碳排放权的价格风险以及对欧盟分配碳排放配额的不确定性的体现。保罗拉和塔斯奇尼（Paolella and Taschini，2008）指出，世界范围内的能源以及天然气市场与全球碳排放权交易市场存在着必然的联系，具体表现为美国的清洁空气修正法案（U. S. clean air amendments）以及欧盟的排放交易机制（EU‑ETS），作者使用相关数据对解决排放权价格在回归分析中的非条件尾部行为以及异方差进行了深入分析。赛弗特（Seifert，2008）等通过研究发现，二氧化碳排放权的价格不随着季节变化波动，同时指出一项有效的二氧化碳排放权的价格机制应该是时间与价格互相依赖的变动结构。

还有部分外国学者对碳排放权交易中的初始配额分配进行了研究，他们发现，碳排放权的具体分配方式和制定允许排放量的标准对环境、经济以及企业具有重要的影响。建立世界范围的碳排放交易市场，至关重要的是合理分配各国的初始碳排放权。世界各国认为碳排放量的多少与本国在世界范围内的竞争力有着必然的联系，各国力争取得更多的排放量。因此碳排放权的分配问题以及碳排放量标准的确定是未来建立国际碳排放交易市场亟待解决的重要问题。目前，关于碳排放权分配的模型主要有四种：平等人均权利模型、自然债务模型、基于文化观点的分配模型以及能源需求模型。其中，平等人均权利模型使用范围最广，该模型的核心基础是平等原则，主张地球上的大气资源应当在全球人类范围内平均分配。伯特伦（Bertram，1992）指出，全球范围内的所有人应当平均分配排放权，这使得排放权的收益将会流向没有污染的地区和国家，这些国家伴随着欠发达的经济发展程度，因此这样的分配机制将会解决这些国家和地区的债务危机和财务风险。史密斯、斯威瑟和阿胡贾（Smith，Swisher and Ahuja，1993）提出了自然债务模型，该模型主要指出在世界范围内减排温室气体的谈判时，需要考虑一个国家或地区能够支付的可用资源。另外，他们提出在考虑碳排放分配配额时还需要考虑某一个国家或地区的累计人均排放责任指数。詹森与罗曼斯（Janssen and Rotmans，1995）指出，文化观点在构建国际气候政策中是非常重要的，作者提出在二氧化碳排放权的分配问题的模型中将文化观点的影响作为主要影响因素进行量化分析。为了达到气候变化政策的目标，必须要考虑排放权分配需要包含某些地区的历史责任；在分配排放权配额时，需要以人口规模、国民生产总值以及能源消耗等因素作为基础影响因素进行分析。贝内斯塔（Benestad，1994）提出了二氧化碳排放权的配额分配应当基于需求进行分配，也就是能源需求模型。作者提出了二氧化碳排放权的"均衡负担"模型，二氧化碳排放的需求是由提供服务所需要排放的二氧化碳量或者是由能源使用量以及行业生产过程所决定的，作者对不同国家以及地区的排放需求进行了实证分析。

克拉森（Klaassen，2005）等使用实验经济学方法检验了碳排放权交易的市场均衡模型以及理论，其通过使用六大碳排放交易国家及地区（美、俄、欧盟、中东欧、日、乌克兰）进行了三个实验。其中，两个实验使用单一叫价拍卖和瓦尔拉斯（Walrasian）拍卖，第三个实验使用双向有序交易。通过分析实验结果，作者发现单一叫价拍卖与双向有序交易两种方法在碳排放权交易中节约了成本；并且发现并不是每一个国家及地区在碳排放权交易中都能获得收益，在瓦尔拉斯拍卖中，有一个国家的损失比较明显。此外，值得一提的是双向有序交易可以提供与市场竞争结果不同的可观利益分配。杰森（Jensen，2000）等通过对在交易许可机制下不同的二氧化碳排放权分配方式的影响进行分析，发现许多分配模型的结果表明在获得交易许可收益降低现有税负的同时，伴随着低社会福利成本与能源紧张地区大幅度的失业率上涨以及搁置成本增加。虽然交易许可机制在一定程度上补偿了所有者在机会投资方面的损失，但是并不能弥补社会福利损失以及经济调整带来的影响。最后杰森等提出，按市场份额分配碳排放权的配额可以在一定程度上减轻地区经济调整的影响，同时提高社会福利。皮森（Persson，2005）等使用能源经济系统模型对发展中国家及地区在全球范围内的碳排放权的分配进行了分析。人均分配以及2005年的收缩人均排放分配这两种分配方式为非洲、印度以及拉丁美洲等国家带来了相关的经济激励，以促使这些国家及地区接受450ppm的碳排放方案。拉丁美洲的收益主要来源于国际气候政策带来的生物性燃料出口额的大幅增加。而对于中国来说，愿意加入这样的减排机制是因为中国近年来的高经济增长速度导致了高人均排放量以及相比于拉丁美洲国家更高的减排成本。最后，皮森等指出，针对发展中国家越来越严格的分配方式，例如，到21世纪末的紧缩人均排放量，会导致发展中国家及地区越来越低的利润以及越来越大的亏损，但非洲地区除外，预测仍可能从全球气候政策中获利。

在碳排放权交易的市场建设方面，也有许多学者进行了研究。该领域的研究将交易市场分为国际市场和国家市场两种类型。其中，杜德克（Dudek，1992）等介绍了国家市场，各国在获得全球范围内的分配后的排放量，然后以许可证方式将该排放量分配到国内各方，从而进行交易。格拉布（Grubb，1992）等提倡建立国际碳排放权分配市场，各国获得排放许可证后，在国际市场上进行交易即可。

（二）国内研究现状

国内学者对于碳排放权交易机制的研究也一直在探求中渐渐成熟，陈文颖和吴宗鑫（1998）研究指出，目前主流的两种碳排放权分配方案，一种为以平等为主导原则的人均碳排放量分配，另一种则是以经济效率为主导原则的按照GDP分配的方案。两种分配方案各有支持者，前者受到发展中国家的支持，而发达国家则支持后者，作者提出建立兼容两种方案的碳排放权分配方案，以满足各方的需求与利益。周文波和陈燕（2011）通过分析欧盟以及美国等发达国家已有的碳排放权交易市场后，对我国碳排放权交易市场的建设提出了建议,一针见血地指出现有交易市场建设过程中主要问题在于排放权分配制度不健全、相关法律法规不完善、政府及相关机构监督力度不够等宏观方面的因素,而从微观角度分析,碳排放交易场所的缺位以及缺乏广泛认可的定价机制等问题,并有针对性地提出了相应的解决方案及建议。于天飞(2007)通过对国际碳排放交易市场的相关方面进行分析后,同时结合我国目前碳排放权交易市场的现状(主要通过CDM项目),提出了对我国建立碳排放权交易市场的意见:建立基于配额进行交易的碳排放权交易所、健全和完善与碳排放权交易相关的法律法规、建立与完善碳排放权交易金融市场的新秩序。程会强和李新(2009)对国外以及我国碳排放权交易市场进行了对比分析,发现我国碳排放权交易市场存在一些问题,并特别指出碳排放源难以确定的根源在于我国经济发展目前正处于转型时期,许多乡镇村办企业的排污量难以全部检测到,因此,建立高效率的碳排放权交易市场就必须重视这个问题。傅强和李涛(2010)研究指出,由于缺乏完善的碳排放权交易市场体系,我国在全球碳排放权交易的产业链中处于劣势。通过分析美国与欧盟等地区的碳交易市场体系后,提出我国建立高效的碳交易市场体系的建议,单一碳排放权分配方式并不适合我国国情,应当采用综合性碳排放权的分配方式,即第一阶段(免费分配排放权)+第二阶段(免费与固定价格分配相结合)的方式分配,最终实现以拍卖方式实现碳排放权分配;此外,还可尝试按照区域经济发展特点建立区域性碳排放权交易市场,如东北碳交易市场、泛渤海碳交易市场等。曾刚和万志宏(2010)采用研究综述方法对世界范围内碳排放权交易市场的具体机制进行了研究,例如,碳排放权交易的主要类型、初始配额分配方法以及具体排放权的交易制度设计等。冷罗生(2010)基于目前我国是世界范围内碳减排量一级市场的最大供应国家,但是由于缺乏完善的碳排放权交易市场,因此,在国际交易市场中缺乏价格话语权,只能向发达国家转让价格低廉的温室气体核证减排量(gertified emission reduction, CERS),为了获得平等交易价格并且得到可观的碳排放权收益,我国亟须建立高效完善的碳排放权交易市场。并提出在没有建立完善的市场机制前,我国企业在国际碳交易谈判中要慎之又慎,同时还应从政策以及法律方面予以积极的应对。邹亚生和孙佳(2011)使用SWOT分析法对我国建立碳排放权交易机制进行了研究,指出在目前尚不需要承担过多减排义务的时间段内建立高效的碳交易市场,有助于我国在碳减排的潜在推动力下提高国际市场竞争力。曲如晓、吴洁(2009)使用一般均衡贸易模型检验碳排放权交易的经济与环境效应并对其进行分析，发现了如果收入的边际损失弹性大于 1，两国之间的碳权交易会降低世界整体范围内温室气体的排放。

在对碳排放权交易配额的初始分配研究方面，张健等（2009）针对我国情况建立了一般均衡模型，研究了农业、矿业、能源、制造和服务等行业在碳税与碳排放交易机制下的发展机遇与挑战。宣晓伟和张浩（2013）分析了其他国家及地区使用的碳排放权初始分配的方法后（免费发放、拍卖、固定价格、混合法），提出了在我国各个碳排放权交易试点进行碳排放权初始配额分配时应当注意依据自身的实际条件以及政策支持导向，结合国际上已有的分配方法选择适合自己的碳排放权配额的分配方法。潘家华和郑艳（2009）分析了国际公平和人际公平的碳排放概念，并且指出在分配碳减排目标任务时，需将历史责任、现实情况以及未来发展三方面作为主要决定因素，指出具体影响碳排放的因素包括以下几个方面：资源禀赋、技术水平、能源结构、产业结构、消费方式以及环境政策等。杨玲玲、马向春（2010）对电力行业的低碳发展进行了分析，并结合美国、欧盟以及我国电力产业在碳减排工作中的实践经验，提出了在电力行业中以发电量和发电类型作为碳排放权配额分配的模型。

四、碳金融相关的文献综述

（一）国外研究综述

碳金融这一概念最早由世界银行提出，为购买温室气体减排量的项目提供资金资源。部分国外学者将碳金融视为环境金融和绿色金融的延伸。碳金融的发展离不开碳金融市场的有效运行，因此，关于碳金融市场的研究引起了国外许多学者的关注。汉密尔顿（Hamilton，2008）在研究中指出，美国碳金融市场可以按照是否强制减排而分为规范市场和自愿市场，前者受到强制性的法律法规的约束，而后者更多的是自愿性质，因此，可交易类型较为多样化。布莱思（Blyth，2009）使用边际减排成本曲线作为研究基础，对碳金融市场的重要组成部分以及关键风险因素提供了深入的分析，并发现大规模开展部署使用成熟的减排技术将会降低边际清洁成本，有时可以达到 0；同时研究发现，早期研究阶段可以减少总的清洁成本以及碳价格风险。杜奇克（Dutschke，2006）等分析了清洁发展机制项目的风险类型，如基准线风险、商业风险以及机构风险三大类风险。其中基准线风险指的是如果没有清洁发展机制项目的话，建设其他项目可以带来温室气体排放量的可能性；商业风险指的是如清洁发展机制项目开发商在东道国可能出现经营失败的风险；机构风险指的是公司可能会破产、项目质量出现问题、持久性不佳以及其他计划外的突发事件等风险。李（Li, 2011）等使用层次分析法对碳金融的相关影响因素进行了实证研究，发现缓解中国碳金融风险的一个关键点在于建立完整的碳金融评估体系。

  在碳金融产品定价方面，国外学者已经有了很丰富的研究成果。里克尔斯（Rickels, 2007）等研究了欧盟排放权交易市场（ETSEU-ETS）作为世界上最大的二氧化碳排放权交易机制，为了达到减排任务，二氧化碳排放权成为一项稀缺资源，影响这项稀缺资源价格的因素有哪些？里克尔斯等通过研究发现碳排放权的交易价格在很大程度上反映了能源价格以及气候的变化。曼塞奈特（Mansanet, 2007）指出欧洲碳排放交易体系（The European Union Enissions Trading System, EUETS）的其中一项重要的职责就是建立二氧化碳排放权的市场价格水平。曼塞奈特等说明文章主要是研究气候以及非气候因素对二氧化碳排放权定价的影响水平，结果表明能源因素是决定碳排放权价格的主要决定因素，天气因素的影响力极小。阿尔贝拉（Alberola, 2008）等对欧盟的碳排放权的定价问题进行了研究，研究发现，碳排放权的现货价格不仅与能源价格的预测误差有关系，而且还受到了寒潮阶段中没有预测到的温度变化的影响。扎斯卡拉基斯（Daskalakis, 2009）等对欧盟的三个主要碳排放权交易市场对于碳排放权的定价进行了研究，发现禁止在机制中将不同阶段的碳排放权存入银行，对未来的期货价格有很大的影响。基于以上的研究发现，扎斯卡拉基斯等构建了一个对未来期权以及期货的定价模型。卡莫纳（Camona, 2009）等指出，欧盟排放权交易市场为碳金融衍生工具提供了市场环境；卡莫纳等分析了碳排放权交易价格形成的内在经济机制可以通过竞争性的随机均衡模型解释。苯资（Benz, 2009）等分析了新市场中碳排放权交易的短期现货价格的定价机制；苯资等使用马尔可夫（Markov）转换机制分析不同阶段的碳排放权交易的定价问题。通过以上分析，我们发现，碳金融产品的定价问题研究才刚开始，但发展速度非常快。鉴于国际碳排放权交易市场没有形成统一的形式与标准，碳金融衍生产品也大相径庭，导致了碳金融市场的风险不可控因素多、效率不高，因此，碳金融市场体系的不断完善是未来各国及地区亟待解决的重要问题之一。

国际碳金融市场目前还处于各国各自发展的阶段，缺乏一致并有效的市场标准，使得碳金融市场的监督与管理问题非常突出，尤其是碳金融市场风险的管理。因此，碳金融市场的风险监督成本以及效率低下成为国外学者的重要研究课题之一。布林格（Böhringer，2004）等使用交互模型建立了一个用户可以详细观察欧盟各成员国的碳排放指标分配方案并对此带来的经济后果作出评价。布林格等发现，在成员国的排放权的分配方案中避免交易和不可交易地区的大量监管成本以及资源转移的浪费可以带来相应的经济回报。扎斯卡拉基斯（Daskalakis，2008）等通过分析发现，市场行为的有效性与机制有效性并不匹配，可能是由于欧盟碳交易机制的不成熟以及排放权的短期买卖与存储等因素导致的。维诺库（Vinokur）在2009年通过对2006年6月24日～2009年8月7日的第一阶段和第二阶段的机制数据为样本，检验了在碳排放权交易的现货市场中是否存在"处置效应"，维诺库发现在每个阶段最开始的时间段，"处置效应"非常显著；解除每个阶段之间的限制并提高碳排放相关信息的披露水平有利于提高机制的有效性。

（二）国内研究综述

碳金融市场的发展是我国达到碳减排目标的基础，国际上许多国家及地区已经建立了较为完善的碳金融市场机制，我国尚处于初步建设阶段。碳金融市场的建设离不开理论基础的支持，许多国内学者对碳金融市场的发展进行了深入的研究。吴玉宇（2009）通过对国际碳金融市场的分析，提出了我国碳金融市场发展中面临的一些问题，例如，对碳金融的了解尚不全面，存在很多一知半解的地方；在参与清洁发展机制项目时所需的中介市场不成熟，缺乏相应的中间交易桥梁；还有一些清洁发展机制项目自身的风险管理问题。骆华和费方域（2010）分析国际碳金融市场的发展现状以及特点后，对我国碳金融市场的发展和完善提出了建议与对策。初昌雄和周丕娟（2010）从碳金融产品的资金来源以及产品创新的角度研究了国际碳金融市场的创新活动以及我国碳金融市场的发展。王遥和刘倩（2010）对全球碳金融市场在金融危机前后的发展情况进行分析，并提出我国要从全球范围内最大的碳排放量供给国转变为全球碳金融中心。王江和陈曦（2009）分析了我国碳金融市场中的供给与需求状态，并从现有碳金融产品种类、风险管理以及新产品研发等角度研究了我国碳金融市场的发展状态，提出了将可持续发展理论与碳金融市场紧密结合的发展策略。

许多国内学者将碳金融市场按照碳排放权配额的来源,将碳金融市场分为配额型交易市场和项目型交易市场。其中,配额型交易市场又分为三种类型:国际碳排放权交易机制下的配额交易、市场区域性碳减排机制下的配额交易以及市场自愿减排机制下的配额交易;项目型交易市场又分为清洁发展机制下的 CERS 交易和联合履行机制下的 EUR 交易。李瑞红(2010)通过对国际碳金融市场的发展历程分析后,指出发达国家的碳金融交易所占全球碳金融市场的比重较高,而我国作为碳排放权交易的最大供给国,在全球碳金融市场的价格话语权较低。为了获得较多的碳金融收益,我国碳金融市场的发展就应加快脚步,如开展碳金融产品的期货、期权、基金以及其他碳金融相关的衍生产品。乔海曙和刘小丽(2011)将碳金融市场类比于常见的金融市场,将碳金融市场分为一级市场和二级市场,一级市场主要指的是碳排放权的配额分配;二级市场主要是进行碳排放权及相关金融产品的交易。

碳金融市场风险的管理与控制方面的研究比较丰富,国内学者将碳金融市场的风险分为四种类型:政策风险、市场风险、项目风险以及操作风险。王留之和宋阳(2009)提出了关于碳金融发展的八种创新模式,并且在此基础上提出了碳金融市场在创新及发展过程中也应当重视可能出现的风险,包括政治风险、经济系统风险以及金融工具在操作方面可能存在的风险。王巧芳(2009)分析了我国商业银行参与碳金融市场的具体业务时可能遇到的风险,把这些风险分成三种类型:政策风险、市场风险以及项目风险。林立(2012)以碳期货合约从 2006 ~ 2010 年的交易数据为研究样本,研究了市场风险在碳交易过程中(作者将样本分成了两个阶段,2006 ~ 2007 年为第一阶段,2008 ~ 2010 年为第二阶段)的影响与作用,发现在第一阶段国际碳金融市场的系统风险基本是一致的,而在第二阶段系统风险的波动则较为明显,总体而言,林立发现碳金融市场的非系统风险在逐步降低,主要原因是碳金融市场的不断发展和完善。杜莉和张云(2015)指出,在碳金融市场的各种风险中,最为重要的是市场交易风险,因此需要对我国七大碳排放权交易市场设置一致的监管标准与制度约束,才能保障国内的碳金融市场的秩序稳定,合理分散碳金融市场的交易风险。金融市场的风险控制是保证金融市场正常运行秩序的关键所在,对新兴发展起来的碳金融市场更是如此。孙力军(2010)通过对国外碳金融市场的发展历程以及我国碳金融市场的发展现状进行分析后,提出了我国碳金融市场发展面临的问题,孙力军还提出了在我们国家碳金融市场中金融产品的创新途径与方法，如碳金融市场与商业银行合作，努力促进商业银行开展以碳权质押贷款等相关业务；大力发展以碳排放权为基础的融资租赁业务；以碳排放权为基础的保理业务；设计并发行与碳排放权相关的基金理财产品、信托产品以及更多的碳排放权相关资产的证券化等。杨波、肖苏原和田慕昕（2010）从我国金融机构在碳金融市场中的参与程度不高、涉及业务较为单一出发，将金融机构现有业务进行创新和扩充，基于碳金融相关的理论基础并结合金融机构的职责与功能，提出了我国金融机构深化参与碳金融市场的业务相关的具体措施与建议，如金融机构产品与业务方面的创新等。唐跃军和黎德福（2010）通过对市场机制和制度创新的研究，发现在我国大力倡导发展低碳经济模式的前提下，应当将环境资本的外生的经济增长因素转化为内生的经济增长因素，来体现环境资本在新的经济模式中的优势，同时弱化传统经济发展模式所带来的环境负外部性。此时，政府应当在分配碳排放权的初始配额后并完善碳金融市场，有效引导企业在清洁发展机制下进行碳排放权的交易，并不断创新与碳排放权相关的金融产品。

　　碳金融与现代农业的发展，张艳和漆雁斌（2011）指出，可以结合清洁发展机制的经验，将农业项目和碳金融市场相结合，更好地为现代农业的发展服务；杜莉和丁志国（2012）、杨大光和刘嘉夫（2012）指出，碳金融交易机制能够引导企业进行产业结构升级，进而影响其产业结构布局。具体来说，季曦和王小林（2012）将碳金融与扶贫联系在一起，指出要在发展低碳经济的过程中实现扶贫的目的；指出碳金融为贫困地区提供了新的融资渠道与发展契机，但同时也面临着成本高以及融资效率低的等问题。邹新阳（2011）从发展农业碳产品、农业碳债券以及探索农业碳衍生品等方面提出了农业与碳金融相结合的方式；并指出建立适合当下中国实际的碳金融是发展碳金融的关键。洪凯和朱子玉（2017）指出，循环农业的发展能有效地降低碳排放量，优化农业产业结构也可降低碳排放量。通过对国内外碳金融研究现状的回顾和分析可以看出，碳金融对于经济可持续发展和社会进步的作用已得到了国内外学者的一致认可，据此，碳金融研究者在不同的层面和角度提出了进一步发展碳金融的建议和设想。具体而言，国内外学者对碳金融的研究集中在抽象性的理论分析上，对于实践经验的总结相对较少。

　　通过对国内外学者的研究进行分析发现，国际碳金融市场无论从理论方面还是实践方面都得到了充分的发展，从金融市场的机制以及制度、碳金融产品的定价机制以及碳金融市场风险的识别与管理等方面都比较成熟。相对而言，我国碳金融市场的发展还处于初级阶段，在市场机制的设置与运行、碳排放权交易的定价以及风险管理方面都还不甚完善。因此，在我国发展低碳经济的大前提下，未来碳金融的发展在考虑我国的特殊国情外，还需借鉴国际市场的先进发展经验不断地努力完善。

五、碳信息披露相关的文献综述

（一）国外研究现状

国外学者关于碳信息披露的研究主要基于清洁发展机制项目所提供的数据信息展开。斯坦尼（Stanny, 2008）等分析了美国S&P500公司向机构投资者披露气候变化相关信息的决策因素，斯坦尼等发现，通过清洁发展机制项目披露碳信息与公司规模、以前年度披露与否以及国际销售收入规模相关。海塞（Hesse, 2006）提出，公司参与清洁发展机制项目所披露的相关信息并不能为投资者在做出相关经济决策时提供有用的信息，原因在于清洁发展机制项目所披露的碳信息不具备有效信息所需的完整性和及时性。哈姆斯（Harmes, 2011）指出，通过机构投资者激励公司参与清洁发展机制项目，起到鼓励公司进行碳减排行为，会导致公司股票价值被高估；并且哈姆斯指出，在理论或实践方面都没有这样的成功案例，因此，对清洁发展机制项目所提供的碳信息披露内容的有效性提出质疑。科尔克（Kolk, 2008）等发现清洁发展机制项目成功地通过机构投资者使公司披露针对气候变化改善行为的相关信息，科尔克等还指出，虽然关于清洁发展机制项目的回应比例以及披露信息的公司数量在逐步增加，但是在碳会计相关信息的质量以及价值相关性方面并没有显著增加。桑托斯（Santos, 2011）等对巴西14家公开上市的公司进行了实证分析，发现这些公司并没有公开披露关于碳汇交易相关的会计与税收方面的信息，所披露的信息大多是关于如何获得碳资产以及相关的投资成本。卡马特（Kamat, 2012）等通过对印度上市公司在碳信息报告方面进行了实证分析，发现大多数印度上市公司开始关注环境问题，尤其是对碳排放问题，但公司披露的财务信息与碳信息难以区分开来，此外，卡马特等发现由于碳排放权的会计处理不同导致了碳信息披露实质性的不同。基于以上分析，可以发现，许多国家由于缺乏统一规范的碳信息披露框架以及制度，导致了所披露的碳信息的有效性及可比性得不到保障，同时也是碳信息披露质量参差不齐的主要原因。

对于影响企业披露碳信息因素的研究，国外学者展开了深入研究。斯坦尼和伊利（Stanny and Ely，2008）以美国 S&P500 公司为研究样本，研究了公司规模大小、是否是 FT500 成员、以前年度披露碳信息与否、国际销售收入、所有权结构、行业、资产负债比率、公司成长性以及利润率与碳信息披露之间的关系。研究发现，FT500 成员可能因为更多的社会关注，从而更可能披露碳信息；另外，企业全球化程度越高，越有动力披露碳信息，主要原因在于低碳产品随着国际上越来越多的国家重视气候变化带来的影响将会得到更多的国际市场份额；此外，斯坦尼和伊利并没有发现其他企业特征对碳信息披露产生显著影响。普拉姆利（Plumlee，2009）等检验了自愿性的信息披露与公司价值之间的关系，普拉姆利等发现，高质量的自愿环境信息披露与公司价值呈显著正相关关系。斯坦尼（2010）指出，公司的特征对参与清洁发展机制项目起到了正面的影响作用。松村（2013）等使用手工搜集的 2006~2008 年的自愿披露碳信息并参与清洁发展机制项目公司的数据作为研究样本，检验了公司价值与自愿参与碳排放信息披露之间的关系，发现市场惩罚所有公司的碳排放行为，但是针对没有披露碳信息的公司有进一步的惩罚，表现为更低的股价。文章的结论表明资本市场中碳排放以及自愿披露相关信息的行为对企业价值有影响。兰（Lan，2010）等检验了社会、资本市场、经济、监管以及制度因素对自愿披露碳信息的影响，发现经济因素对公司披露碳信息的决策有直接影响的、有直接经济压力的公司更倾向于披露碳信息；规模较大的公司由于社会关注比较多，也更倾向于披露碳信息。达利瓦（Dhaliwal，2011）等检验了自愿披露公司社会责任的优势，发现这样的公司获得更低的权益资本支出。此外，达利瓦等指出，那些在以前年度资本成本较高的公司更倾向于自愿披露公司的社会责任信息。综上所述，国外学者关于自愿披露碳信息的研究主要集中于碳信息披露的质量、披露碳信息的动机以及影响企业披露碳信息的相关因素方面的分析。此外，还可以从社会关注、不同文化环境等因素对碳信息披露的影响。但是总体来看，目前碳信息披露主要是自愿的，而且缺乏统一的披露框架以及披露标准。

国外部分学者对公司自愿披露碳信息后所带来的经济后果做出了大量研究，为将碳信息披露常态化、制度化奠定了良好的理论基础。格里芬、隆特和桑（Griffin，Lont and Sun，2010）以美国 S&P 公司和加拿大的公司为研究样本，检验了投资者在做出相关投资决策时是否会参考企业自愿披露的信息，研究结果表明，投资者会将企业自愿披露的环境相关的信息作为是否投资的因素之一。埃利亚斯（Elias，2010）以南非的公司为研究样本，对投资者与企业自愿披露碳信息之间的关系进行了研究，发现投资者对那些自愿披露碳信息的公司给予正面的价值评价。安托万（Antoine，2010）以欧盟股票市场中的电力、原油、建设等行业的上市公司为研究样本，检验了股票市场是否会将气候变化的风险作为股票价值的影响因素之一；研究发现，气候风险与股票价格波动之间存在相关关系，更进一步的研究表明公司的碳管理业绩表现与股票价格表现之间呈现显著的正相关关系。胡思和王（Hsu and Wang，2012）研究了市场是否会视公司解决碳排放问题为增加价值的一种行为，研究发现，公司应对气候变化的社会责任行为会导致公司成本增加，市场会关注一些在气候变化处理措施方面的负面消息，从而做出反应，而对一些正面的处理措施并没有显著的反应。妮时坦尼和科库布（Nishitani and Kokubu，2011）使用日本上市公司的数据检验了公司降低温室气体排放行为与公司价值之间的关系，研究发现，利益相关者将温室气体排放的降低视为企业的低碳经济时，公司价值增加。布施和霍夫曼（Busch and Hoffmann，2011）以2500家道琼斯指数公司的数据检验了公司社会责任表现与财务业绩表现之间的关系，研究发现，当使用碳排放作为成果指标时，那么社会责任与财务业绩呈正相关关系；当使用碳管理作为过程指标时，那么社会责任与财务业绩呈负相关关系，说明不同的碳排放的代理变量的选择会对财务业绩产生不同的影响。普拉卡什（Prakash，2011）等指出，有许多观察者担心碳排放可能会导致那些没有成功控制碳排放的公司价值的重新分配，普拉卡什等使用S&P500自愿参与清洁发展机制项目的公司并通过手工收集的2006~2008年的数据作为研究样本，发现每千公吨额外的碳排放，公司价值降低212000美元，碳排放会减少公司价值，市场会对碳排放的公司进行惩罚，而对那些没有披露碳信息的公司有更进一步的价格上的负面惩罚。希亚格（Schiager，2012）检验了自愿披露环境信息与公司价值间的关系，他以2007~2011年自愿参加清洁发展机制项目的公司为样本，研究了自愿披露碳信息对公司财务业绩表现以及股票市场业绩表现的影响，发现自愿披露碳信息与托宾Q之间呈显著正相关关系，而且在下一个年度会获得市场超额收益，表明自愿披露碳信息对于利益相关者来说是有价值的，可以提升公司的价值。

综上所述，碳信息披露是否影响公司价值的研究结论并不一致，有些学者的研究结论认为自愿披露碳信息是影响投资者做出经济决策的影响因素之一，并且可以有效提高公司的价值。另外，有些学者的研究认为，市场看到了自愿披露碳信息的公司价值，但没有对此类公司的股票价格予以正面激励，然而市场以惩罚没有披露碳信息的公司的方式表明了市场对公司自愿披露碳信息的态度。还有一部分学者的研究结论认为，公司应对气候变化时的成本很高，但并没有带来相应的经济收益。未来的研究方向与内容应当进一步确定自愿披露碳信息究竟对公司价值有什么样的影响，才能在未来确定强制碳信息披露的框架与制度，共同应对全球气候变化所带来的不利之处。

（二）国内研究现状

我国碳信息披露的研究起步较晚，国内部分学者展开了碳信息披露体系建设的理论研究。张彩萍和肖旭（2010）在对国际清洁发展机制项目的起源和发展进行了分析的基础上，提出了在我国建立碳信息披露制度及框架的思路和建议。谭德明和邹树梁（2010）分析了国际清洁发展机制项目在相关性和统一标准方面的不足，提出了我国建立完整碳信息披露制度的建议。张凤元（2012）通过对我国目前环境会计信息披露的现状进行了分析，从现有制度现状及其约束力度与范围、监管、审计、专业人才、企业社会责任等方面分析了提升环境信息披露质量的途径。张巧良（2010）提出由于缺乏统一的碳会计处理准则与碳信息披露制度，碳信息披露的质量难以保证，提出企业可以通过在年报中的管理层讨论与分析部分中披露碳信息，实现与财务报告披露载体一致的可能性。穆利萍（2011）提出了由于碳信息披露存在的问题是导致碳交易市场发展缓慢的原因之一，其中最重要的问题是碳信息披露的不规范、不透明。李艳华（2013）以2011年我国参与清洁发展机制项目的上市公司为研究样本，分析了我国目前碳信息披露的现状，发现碳信息披露的主要问题表现为自愿披露相关信息的主动性不强、参与清洁发展机制项目的程度较低、碳信息披露的内容不够全面、信息披露的质量不高、披露方式参差不齐等。并且结合我国低碳经济发展的框架，提出了碳信息披露不断完善的措施与建议。例如，通过建立合理的碳信息披露的框架并不断完善碳排放权交易市场的相关体系与制度，同时相关的监管机构还应当规范现有的披露制度与披露方式。此外，李艳华还提出从第三方审计的角度去监督公司的碳信息披露的具体内容，在一定程度上可以帮助提高碳信息披露的质量。谢良安（2013）通过企业披露碳信息的路径的分析，发现目前我国企业主要从以下三种渠道披露碳信息：参与清洁发展机制项目、企业社会责任报告、通过《温室气体核算体系：企业核算与报告标准》披露，并对三种披露途径进行了比较分析。汪方军、朱莉欣和黄侃（2011）通过系统全面地分析国内外企业在碳信息披露相关方面的政策与披露现状的基础上，提出了我国规范碳信息披露的建议与措施，同时提出了建立国家层面的碳信息披露的理论框架以及与碳信息披露相关的审计鉴证指南。朱莉欣和黄侃在设计审计指南时，从审计人员的职业道德要求方面、质量控制方面、业务合约的签订方面、审计过程中所面临的风险以及如何取得碳信息审计所需的相关证据等方面进行了详细的设计，为下一步全面开展独立的碳信息第三方审计准则的制定提供了很好的理论分析与框架制定的建议。

部分国内学者以实证研究的方法分析了影响企业碳信息披露的因素，为将来建立强制性碳信息披露体系与制度提供了必要的基础。陈华、王海燕和荆新（2013）探讨了完善企业碳信息披露的问题，借鉴国际机构对碳信息披露内容的界定，他们还提出了我国碳信息披露的内容及标准，结合上市公司2011年的数据分析，发现目前我国企业在碳信息披露方面有结果散乱、不同行业披露内容差异大、披露信息质量难以保证等问题。方健和徐丽群（2012）以世界500强的公司为研究样本，以供应链中信息共享的角度为研究的视角，研究了碳排放量与碳信息披露质量之间的关系，发现处于同一供应链的信息共享效率较高的公司，伴随着较高质量的碳信息披露，结合以上分析，方健和徐丽群提出了我国在建立碳信息披露体系时的相关建议。贺建刚（2011）研究了碳信息披露与公司信息透明色度与企业绩效之间的关系，发现自愿披露碳信息表明企业的透明度较高，相关信息可以为投资者的经济决策提供有效信息。王仲兵和靳晓超（2013）以89家社会责任股公司为研究样本，并构建了碳信息披露指标，研究并没有发现碳信息披露与公司价值间存在显著的相关关系。戚啸艳（2012）对影响碳信息披露的因素进行了实证分析，发现公司是否设置环保部门、是否通过权威机构认证、公司资产规模的大小等因素与碳信息披露呈显著正相关关系；与行业特征为显著负相关关系，基于以上结论，戚啸艳提出了我国建立完整碳信息披露体系的建议。何玉、唐清亮和王开田（2014）对企业自愿披露碳信息与企业的资本成本之间的关系进行了实证分析，发现企业自愿披露碳信息伴随着更高的资本成本。王君彩和牛晓叶（2013）对我国上市公司参与清洁发展机制项目的动机进行了实证分析，发现机构投资者的比例越高、国际销售收入越多，企业参与清洁发展机制项目的信息质量越高，相对于民营企业，企业参加清洁发展机制项目的动力不足。陈华、王海燕和陈智（2013）以我国上市公司为研究样本，对其年报进行分析，建立了自愿披露碳信息的指数，展开了公司特征与碳信息自愿披露之间关系的实证分析，研究发现：公司的资产规模的大小、面临的财务风险高低、固定资产占总资产的比例与自愿披露碳信息之间呈显著的正相关关系；公司上市的年限越久、销售增长速度越快，碳信息自愿披露程度越低。彭娟和熊丹（2012）指出，由于信息不对称以及代理问题的存在，信息披露成为保护投资者的重要举措之一，他们以2008～2010年披露碳信息的上市公司的数据为研究样本，分析了碳信息披露与代理成本之间的关系，发现目前我们国家的上市公司碳信息披露的质量较低且披露碳信息的比例也比较低，同时发现碳信息披露与否与代理成本相关性不强，但他们将代理成本分为显性代理成本和隐性代理成本之后，发现碳信息披露的质量与显性代理成本之间不具有相关性，但碳信息披露质量与隐性代理成本呈显著正相关关系，也就是说，披露高质量的碳信息有助于降低代理成本，从而达到保护股东以及投资者的作用。

通过以上分析可以发现，国内对碳信息披露的研究处于起步阶段，相对于国外的研究现状看，国内对碳信息披露的理论分析还不够充分。从碳信息披露的实证分析情况看，主要的研究内容是碳信息披露的影响因素等方面，研究的深度与广度有待进一步提高。

六、低碳技术体制相关的文献综述

（一）国外研究现状

在发展低碳经济方面，学界已经基本达成共识，低碳技术与碳排放的关系基本明确，低碳经济发展的关键在于开发和使用低碳技术，对我国来说低碳技术水平的提高可以从技术创新和技术转让两种途径着手，另外低碳技术的发展必须突破"碳锁定"的束缚。

国内外学者研究了技术进步与碳排放的关系，认为技术进步有利于降低碳排放和低碳经济发展，施奈德（Schneider，1999）研究了研发活动对二氧化碳减排政策的影响，认为研发活动能导致实际的二氧化碳减排的

GDP 成本降低；卡帕拉与索科洛（Pacala and Socolow，2004）提出了"稳定楔"理论，即利用 15 种低碳技术，可以在 2050 年左右将全球大气的二氧化碳浓度控制在一定水平，这 15 种技术就像楔子一样，在稳定全球大气二氧化碳浓度中发挥重要作用；波普（Popp，2001）发现，低碳技术对碳排放的影响有滞后效应，以技术专利为例，低碳技术在三年推广开发后对碳排放的影响达到最大。另外，低碳技术的发展有利于降低环境保护的成本，《全球能源技术战略：应对气候变化》研究报告中提出，发展与提高能源技术，每年可将应对全球变暖的成本降低近万亿美元。

在碳锁定与碳解锁方面，低碳技术对碳排放的潜力并未完全发挥，低碳技术推广受限，主要限制来自"碳锁定"。1985 年，保罗·A. 戴维（Paul A. David）首次提出了"锁定"（lock-in）的概念，无论由于什么因素，行业在发展过程中选定某种技术后，后续更好的技术会被排斥和否定，这种现象称为"锁定"，亚瑟（Arthur，1989）针对技术竞争中反常的低效技术替代高效技术现象，首次提出了技术锁定的概念，描述了低效技术具有自我增强机制。

碳锁定问题最初在最优经济增长模式领域中被关注，恩鲁（Unruh，2000）最早提出了"碳锁定"的概念，碳锁定是技术锁定的一种，描述了低碳技术的发展被高碳技术的固有技术路径和体制所阻碍，并引发了市场和政策的失灵。"碳锁定"是技术与制度相互作用的一个综合体，两者相互作用、相互锁定：技术锁定制度，制度又反过来锁定技术，两者密不可分。

（二）国内研究现状

国内学者关于技术进步与碳排放的研究相对较少，郑有飞（2010）利用情景分析方法，设定 2000～2050 年的技术进步方案，并估算了该方案对我国二氧化碳减排的重要作用，并分析了国际合作与非合作两种政策的不同效果；王铮等（2006）建立了包含技术进步作用的二氧化碳减排经济影响的宏观经济模型，对中国碳排放的经济影响进行政策模拟，提出加大教育科研投资，如果中国加大占 GDP 0.5% 的教育科研投资，则不仅减排的影响可以克服，而且到 2050 年 GDP 将提高 25% 左右。

关于碳锁定的形成机理，学界基本有四种看法，从不同角度结识了碳锁定的形成。第一种观点认为，高碳技术具有先发优势，通过协同效应、学习效应和规模效应不断扩展，已经嵌入工业化的各产业和各部门中，大量资产只能专用于高碳技术,人力物力已经形成很高的沉没成本,另外,高碳技术开发得更全面、配套更成熟,市场形成惯性依赖(王仕军和邹世猛,2011;杨园华、李力、牛国华、常凯,2012)。第二种观点认为,从能源结构来看高碳技术具备成本低、效益高等低碳技术不具备的特点,目前我国能源主要以化石能源为主,在成本的压力和驱动下,企业很难放弃高碳技术,形成锁定效应(高鹏飞和陈文颖,2002;石敏俊等,2013)。第三种观点认为,纯技术原因不足以解释碳锁定的形成,制度作为一个"外生变量"在碳锁定的形成中有重要作用(杨玲萍和吕涛,2011;李宏伟,2013)。第四种观点认为,碳锁定效应有三重效果,分别为技术锁定效应、产业锁定效应和制度锁定效应,碳锁定是三种锁定效应相互作用的结果(赵莉和王华清,2011;张贵群和张彦通,2014)。

具体到解锁路径,昂鲁(Unruh,2000)提出整体解锁和局部解锁两种解决途径,整体解锁是对整个高碳技术体系进行替代,能从根本上解决问题,但成本高、实施难度大;局部解锁顾名思义,在维持整个高碳技术体系的前提下,从局部着手,成本低也容易实施,但长期来看对低碳发展不利,进一步强化碳锁定效应。从碳解锁的主体来说,不同学者侧重点不同。有的学者建议发挥企业的主观能动性,企业是创新的主体,不同企业面临的情况不同,分处于不同行业,低碳技术的研发必须结合企业自身特点,政府不能替代企业做决定(谢来辉,2009;王岑,2010);也有的学者从制度解锁的角度出发,碳锁定的形成是技术与制度共同作用的结果,应当调动政府、企业等低碳利益群体的积极性,形成多主体的治理模式(屈锡华、杨梅锦、申毛毛,2013)。

第二节 理 论 基 础

基础理论(basic theory)是指研究社会经济运动的一般规律或主要规律,并为应用研究提供有指导意义的共同理论基础的科学理论。这些理论必将在未来的低碳经济理论体系中起基础性作用,并具有稳定性、根本性、普遍性特点。现主要从低碳经济理论、可持续发展理论和产权经济理论展开阐述。

一、低碳经济理论

全球经济快速发展使得气候恶化程度加剧,尤其是温室气体对全球气候的影响尤为严重。频频发生的由于全球气候变化导致的气象灾害引起了国际社会各界的重视。2003 年,英国率先在能源白皮书——《我们能源之未来:创新低碳经济》中首先提出了"低碳经济"的说法;并在报告中指出,人类社会亟须通过技术创新以及其他政策手段降低温室气体排放对全球气候的影响程度,同时这也是对能源的安全性方面的保证。顾名思义,低碳经济是通过技术创新与进步、制度框架设计、调整产业结构以及高效开发利用能源等途径的综合运用,降低全球范围对煤炭、石油等能源的使用,从而达到温室气体减排的目标,最终实现社会发展、经济发展与生态环境保护共同发展的目标。庄贵阳(2005)研究指出,低碳经济发展的两条主线为能源高效利用率以及清洁能源使用的结构调整,最终达到人类社会可持续发展与缓解气候恶化程度。

关于低碳经济的内涵,总结起来主要有四个类型的主流观点。

一是全球范围内经济发展的全面转型。李胜和陈晓春(2009)提出低碳经济的内涵,他们认为低碳经济应当在生产、分配、流通以及消费四个环节中,通过技术方面的创新以及提高能源使用效率等方式,尽量降低温室气体的排放,在四个环节的运行中实现低碳化运行,建立整个社会经济发展的低碳化体系。与传统的经济发展模式相比较而言,低碳经济发展模式的主要贡献是在低能源消耗以及低温室气体排放的前提下,提高经济生产效率并保持经济发展速度,实现经济增长与碳消耗脱钩的目标。

二是低碳经济的实质是将工业文明与生态文明相结合的经济发展模式。外国学者布朗将经济发展分为两种模式:传统经济发展模式与生态经济发展模式。前者主要以经济发展为绝对主要中心,以牺牲生态环境为前提条件,发展经济;后者主要以生态环境为主要中心,使用风、水、太阳能等可再生资源进行生产活动,发展经济。胡鞍钢(2010)深感全球气候变化已经成为人类社会面临的巨大环境问题,过去以牺牲生态环境换取经济发展的模式已经不适应现有的发展轨迹,应当将经济发展模式转换为绿色经济发展模式,具体而言就是逐步降低能源消耗水平、提高生产效率,将经济发展与传统的能源消耗脱钩。

三是先进技术与低碳经济相结合。在面临全球气候变暖带来的环境挑战中，创新技术的使用将会成为缓解该问题的主要措施。要达到2050年的温室气体减排目标，创新技术的运用必不可少，有研究指出，其贡献率可达50%。刘新宇（2010）提出，我国早在20世纪90年代在科学发展观的指导下，开始低碳经济的建设，提高能源的生产效率，并通过技术创新不断优化生产工艺，从而降低生产加工过程中的碳排放量。

四是国家制度的改革与创新是低碳经济发展的必要条件。有些观点认为，全球气候变暖是由于世界范围内温室气体排放无法得到控制导致的，在一定程度上可以认为是市场失灵的一种表现。政府的相关政策与措施是解决市场失灵的一剂良药，因此，在解决温室气体排放对全球气候变化的影响时，国际上各国及地区的制度创新及改革是必不可少的。任力（2009）指出，政府通过政策及相关制度的建设，创造了鼓励企业主动进行碳减排行为的市场环境，这是建立长久低碳经济发展模式以及完成碳减排目标的必要措施。

通过对国内外学者的研究内容分析，可以将发展低碳经济的必要性分为以下四个方面：经济因素视角、资源因素视角、政治因素视角以及环境因素视角。首先，从经济因素的角度分析，特目（Stem，2006）提出，全球气候变化问题所带来的经济损失与世界大战的经济损失可以相提并论，应当提倡低碳经济的发展模式。其次，资源因素的角度，许多学者认为能源消耗不断增加、不可再生资源的短缺以及全球范围内气候变化所带来的一系列政治、环境、经济等方面的问题使得我们必须寻求新的经济发展模式——低碳经济发展。再其次，从政治因素的角度分析，由于全球气候变化所带来的一系列政治问题可能会导致新的世界格局的划分；低碳经济发展道路可以缓解世界政治矛盾进一步激化。最后，环境因素角度，国内外的学者认为由于温室气体排放所导致的全球范围内气候变暖等严重的环境污染现象已经对人类社会文明以及经济的发展带来严峻的挑战，如水资源污染、粮食危机等。

二、可持续发展理论

1987年，联合国世界环境与发展委员会主席向联合国提交的《我们共同的未来》报告中，最早提出了可持续发展观念。这份报告将可持续发展定义为："既能满足当代人的需要，又不对子孙后代满足其需求能力构成危害的发展"。可持续发展的观念在1992年联合国环境与发展大会上得到了世界各国广泛的接受和认同。

可持续发展作为一种重视社会长远发展的经济增长模式，也是我国科学发展观的基本要求之一。实际上，我国古代人民对可持续发展的思想就有深刻的认识，无论是"天人合一"的哲学理念，还是"竭泽而渔""焚林而猎"的成语词汇，都反映了深刻的可持续发展观念。在一段历史时期中，由于片面地追求经济的快速发展，可持续发展观念一度被忽视，导致环境破坏和污染问题越来越严重，人们对可持续发展的理念重新开始重视起来。可以预见，在未来的人类历史发展历程中，以提高经济效益、节约资源和减少污染为目的的可持续发展必将取代高污染、高消耗的以牺牲环境为代价的粗放式增长模式。

可持续发展是一个综合概念，涉及社会、经济、科技和生态环境等多个领域。它的核心是在保护资源和环境的前提下，利用科学技术的发展，实现经济可持续发展、环境可持续发展和社会可持续发展，推进社会进步，达到当代人和后代人共同繁荣和持续发展的最终目的。

由于中国的工业化与现代化进程起步较晚，工业基础十分薄弱，在经济的发展历程中，为了实现经济的快速发展，优先发展的是高污染、高耗能、高排放的重工业，再加上中国能源"富煤、贫油、少气"的特点，煤炭作为主要的能源在社会经济发展中得到广泛的应用，导致中国经济的增长一直伴随着高碳排放，形成了所谓的高碳经济。虽然高碳经济在中国工业化和现代化进程中起到了关键作用，也推进了中国经济持续高速的发展，但是发展高碳经济伴随而来的环境污染和生态破坏，已经直接或间接地给中国带来了巨大的经济损失，保守估计相当于 GDP 的 7%~20%，而且随着环境的破坏和资源的浪费，未来高碳经济带来的经济损失可能会越来越大，最终导致中国经济出现严重问题。所以，为了实现中国经济的快速健康的可持续发展，必须改变目前高碳能源为主的经济结构，发展低耗能、低污染、低排放为特征的低碳经济。发展低碳经济必须加大新能源的开发、利用速度和范围，逐步取代碳能源为主的能源来源，使碳能源所造成的损失在整个经济总量中消失，实现经济总量的可持续发展。发展低碳经济是保护环境、实现经济结构和产业结构的调整、推动经济增长的重要途径，也是实现可持续发展的必由之路。

三、产权经济理论

产权是财产所有权的简称。目前来看，学术界对于产权的定义还没有形成一致的意见。有的学者认为产权是一种社会工具，表现为拥有产权者的一种在社会中特定的行事权利。有的学者则认为产权是以某种强制的方式实现的对某些经济物品的用途进行选择的权利。另外，虽然对产权的定义没有达成一致，但针对某些产权的特征，学术界有一致的认可，例如，产权并不是人与物之间的关系，是物以及人们在物的使用过程中被社会认可的行为关系。此外，一个物品的经济价值不在于物品本身，而在于物品附带的权利的数量与强度，也就是该物品所附带权利的经济价值的体现。产权进一步可以分为：所有权、收益权、转让权和使用权。碳排放权可以是产权在低碳经济理论中的一种具体的表现形式。碳排放权交易的理论来源于罗纳德·科斯（Ronald Coase）的产权理论。该理论认为：只要产权是明确的，在交易成本为零或者很小的前提下，无论在开始时将财产权赋予谁，市场均衡的最终结果都是有效率的，进而实现资源配置的帕雷托最优。1968年，戴尔斯在科斯定理（coase theorem）的基础上提出了排污权交易理论，并制定了相应的排污权交易机制，最先用于治理加拿大安大略省的水污染问题。由于排污权交易机制在污水排放控制方面取得了较为成功的实践，进而扩展到其他污染防治领域，在这种基础上，碳排放权交易机制和交易市场也逐步地建立起来。碳排放权是指主体拥有排放一定额度温室气体的权利，在确定权利所有者的基础上，通过碳排放权交易机制，利用市场力量来解决环境污染外部的经济问题，最终达到控制空气环境污染的目的。

第三章

低碳经济演进的技术经济特征分析

第一节 "碳锁定"的涵义与演进

一、前言

人类工业文明伴随着化石能源、风能、太阳能等能源的利用而加快进步，人类社会也逐步远离蛮荒之地。但是伴随着工业文明的发展，化石能源的过度利用与开发，已远远地超过环境承载能力和自我修复能力，随之而来的环境污染和资源衰竭进而成为阻挡世界经济持续发展乃至地球人类生存的大敌。2009年，哥本哈根气候大会的召开是世界各国展现保护环境、治理污染之决心的重要环境会议。目前全球面临的三大危机是：金融危机、能源危机和气候危机。这三种危机并不是孤立出现并存在的，深究其产生的背后原因，我们不难发现，三者相互交织在一起，且在全球各国之间交叉存在并相互影响，从而制约着人类社会的整体发展与进步。20世纪70年代的石油危机引发了资本主义国家的重大经济危机，而1997年的亚洲金融危机则是导致国际油价下跌的根本原因。在解决经济危机的后续进程中，美国等资本主义国家的泡沫消费刺激东亚国家的出口拉动型经济增长，引发东亚国家能源消费需求量大增，进而导致能源价格的上涨和严重的环境污染问题。经济发展伴随着碳排放量的急剧增加，环境污染成为制约许多发展中国家的重要问题。

自20世纪80年代初，中国开启改革开放之路以来，伴随着市场经济到来的是大力发展第二产业，工业的迅速发展有力地促进国家整体经济形势的改善和人民生活水平的显著提高。但我国经济的迅速发展依靠的是粗放型的经济模式,高污染、高消耗、低效率为我国经济持续发展埋下了隐患,为发展付出了代价。改革开放40年以来,经济增长成本高,代价大的问题依然没有得到彻底解决,伴随着环境污染的日益加重,资源能耗的加剧紧张,我国能源安全与环境保护问题愈加突出。自1980年以来,我国经济和科技取得长足进步,但二氧化碳排放量却从1980年的142061万吨迅速攀升至2013年的10330000万吨,①作为温室气体排放大国,中国发展低碳经济存在着较为深刻的现实困境。随着全球温室效应等环境问题的日益加剧,整个社会尤其是西方国家将会给予中国更大的减排压力。同时国际社会也对我国环保方面不断施加压力,使得节能减排成为当前发展的重点。随着经济增长与环境保护矛盾的日益加剧,我国已经意识到问题的严重性,几届国家领导人更是给予充分的关注与重视,逐步制定新的经济政策,放弃过去依靠能源消耗的粗放型发展方式,大力发展依靠科技进步、管理创新的新型增长模式。以期在保证经济稳步增长的前提下,降低能耗,减少环境污染碳排放,大力发展低碳经济。

中国低碳发展模式受各种因素的制约。首先,能源结构的单一化,石油和煤炭在工业领域的大范围使用,加剧了能源的消耗与二氧化碳的排放,纵然国家近几年大力发展水能、风能、太阳能等新型能源,但煤炭和石油仍然占能源消耗的绝大部分比重。其次,科技水平的落后也是制约我国低碳发展的重要因素,低碳水平的进步必须依靠碳排放技术的发展,我国低碳技术发展起步晚、进展慢、水平低,导致低碳经济整体落后。最后,经济发展水平低也是我国低碳发展道路上的主要障碍,在我国改革开放40年时间内,国家从基础设施差,第二产业落后的局面大步前进,大力发展工业化、城市化、现代化产业,以非常高的速度追求西方发达国家,在经济发展有极低到中等的过程中,大量物质生产加剧了能源消耗的二氧化碳的排放。纵观制约我国低碳经济发展的诸多障碍,路径依赖所形成的"碳锁定"使得以煤为主的能源结构成为中国低碳经济发展道路上的最大挑战。下文我们将深入研究关于"碳锁定"内涵及形成机理等方面的内容。

---

① 孙增光:《技术和规模耦合视角下碳排放回报效应和锁定效应分析》,湖南大学硕士学位论文,2014年。

二、碳锁定概念

当前,我国二氧化碳的整体排放量居于世界第二位,世界能源委员会预测到2025年我国的二氧化碳排放量很有可能超过美国,成为第一位。虽然从人均二氧化碳排放量来看,我国目前人均水平低于全球平均水平,但是人均二氧化碳排放增长量急剧加大,已经失去了人均排放量低的优势,世界能源委员会预计将于2025年,达到世界平均水平。二氧化碳排放量的增加是传统化石能源大量使用的结果,经济发展过度依靠化石能源系统的特征,意味着我国经济发展已经出现"碳锁定"状态。

2000年出版的《理解碳锁定》一书中,"碳锁定"概念被西班牙学者恩鲁首次提出,随后恩鲁相继发表多篇文章深入探讨有关"碳锁定"的内涵形成机理及应对策略。恩鲁指出,路径依赖产生的规模报酬推动技术和制度的共同演化,产业经济锁定在以化石燃料为基础的能源体系中的这种状态即为"碳锁定"。在西方发达国家的经济发展过程中,化石燃料一直是能源系统的主导,在长期的主导作用之下,社会各方面随机相应地进行不断调整,以适应化石燃料的主导地位,从而形成一种较为稳定的社会整体发展系统,因此,包括经济在内的整个社会陷入"碳锁定"之中。在"碳锁定"状态形成之后,随着科学技术的不断发展,相应地产生各种新型能源,如风能、水能、太阳能等,但是这些新能源在发展的初期,投入大,产出小的模式很难抗衡化石能源的规模报酬效应。由于化石能源规模效应的存在,导致市场和政府的双重失灵,进而低碳技术的发展和扩散举步维艰。国外学者对于"碳锁定"的研究较为成熟,帕特里克(Patrick)研究了"碳锁定"在交通运输业的表现,并提出解决"碳锁定"的主要方法是增加交通基础设施。克里斯托夫(Christoph)提出,每个国家由于具体政策制度的不同,对"碳锁定"也要采取针对性的、符合具体情况的减排措施。国内学者的研究主要集中在"碳锁定"及其解锁路径等问题。谢来辉概括了以往文献中对于"碳锁定"概念的界定,并指出碳锁定的解除是发展低碳经济的本质,逐步进行"碳解锁"以促进低碳经济的平稳发展。李宏伟对于"碳锁定"的研究主要集中在技术体制视角,指出"碳锁定"的三个形成步骤:市场化、制度化和社会嵌入。周五七等在"碳锁定"的解除研究中运用了脱钩理论,针对各行业的不同发展特征制定不同的节能减排政策,以期加快工业"碳锁定"解除的步伐。"碳锁定"是在长期发展过程中形成的一个比较抽象的概念,尚且不存在衡量"碳锁定"程度的明确的数据指标。

理解"碳锁定"的关键要从其基本要素开始:技术锁定和制度路径依赖,通俗来讲就是技术发展有其惯性,该惯性使技术系统沿着特定的路径发展,且切合度越来越高,摆脱路径依赖的难度也越来越大,成本越来越高。从而导致其长期维持原定路径,进而导致新技术的发展受到旧体制的打压,难以发展,形成"锁定"。而导致路径依赖的主要原因是原有技术规模收益递增和转换成本递增,原有技术系统自身不断发展巩固,在这个过程中,市场并没有发挥其该有的作用,不健全的机制导致低效率均衡长期存在,阻碍整体经济的发展。

发达国家较早地进行了工业革命,所以其进入"碳锁定"状态也较发展中国家提前,随着"碳锁定"状态的到来,西方发达国家也率先开展了相关的研究与规避措施。发展中国家能否利用发展国家的经验有效规避"碳锁定"状态呢,就像通信领域的技术跃迁,直接进入低碳系统?答案是否定的,从现有形势来看,发展中国家不可避免地进入了令人困扰的"碳锁定"困境。发展中国家在通信领域的飞速发展,直接跃入零碳能源系统,是因为在通信技术的前期发展中,发达国家已经积累了足够的经验,有效降低发展的不确定性和风险成本,在通信技术全面传入发展中国家时,已经具备了逃避"锁定"的技术和制度基础。但是低碳技术和新能源技术在发达国家尚未得到足够的积累和发展,其本身也处于探索的道路之上,另外,发达国家表面上碳排放量下降,最大原因是其将高消耗、高污染产业转移到了发展中国家,由发展中国家为其生产工业品,并不是由于其新能源技术和低碳技术的发展使发达国家碳排放减少。所以发展中国家无法从发达国家获取发展低碳的经验和学习效应,还要承担发达国家的工业品生产的压力,进而导致发展中国家面临的"碳锁定"困境比发达国家更为严重,发展中国家已经是全球二氧化碳的排放聚集地。

三、我国"碳锁定"的特征

我国能源种类较多,包含煤炭、石油、风能、水能及太阳能等,总体数量尚可,但优质化石能源相对不足。目前,产业经济发展主要依靠煤炭和石油,高碳性较强,进而导致"碳锁定"效应非常明显,我国"碳锁定"的特征主要有以下三个方面。

(一)过度依赖高碳能源

在煤炭、石油、天然气三大能源中,煤炭是唯一一种我国能自给自足的能源,也是我国能源消耗的主要来源。在我国工业发展的道路中,一直依赖以煤炭为主导的化石能源结构,与改革开放前相比,煤炭和石油消耗量在整体能源结构中的比重并没有随技术进步而大幅度降低,仍然处于60%~70%的水平。2014年,我国煤炭消耗占能源总消耗量的66%,煤炭消费量实现改革开放以来的首次下降,但消费总额仍居世界首位,下降压力巨大。同年,石油和天然气消耗量占我国一次能源消耗总量的17.1%和6.2%,化石能源占比达到89.3%,低碳能源比重仅为10.7%。[①] 清洁能源使用率增长缓慢,高碳能源居于绝对主导地位,我国经济发展对高碳化石能源的依赖程度处在世界前列。

(二)高度依赖高碳产业

西方发达国家进入"碳锁定"状态较早,随后其极力将高碳高能耗产业转移到发展中国家,20世纪90年代和21世纪初,我国的经济飞速发展,就是依赖以出口为导向的高碳高能耗增长模式。我国劳动力数量庞大,资源总量在初期数额较大,成为低端高耗能产品的重要生产地,纵然依赖出口我国外汇储备量和经济水平得到较大提高,但这种经济的发展是依靠消耗大量化石能源、排放大量二氧化碳得来的,在短期内经济效益明显,但对我国长期发展产生恶劣影响。与此同时,我国的代工厂地位有效地帮助西方发达资本主义国家节能减排,其自身碳排放量的降低使其反之加大对我国减排的压力,经济模式的形成同样具有路径依赖性,短期很难得到大的改善。一旦各国开始征收碳关税,势必极大地降低我国产品的国际竞争力,出口将不再是我国发展的主要依靠力量,高碳产业的存在将处于尴尬境地。2015年,我国国内生产总值能耗约为0.8吨标准煤,虽然较十一五末下降了17%,[②] 但依然远远高于西方发达国家,值得注意的是,我国GDP能耗远超亚洲发展中国家印度和印度尼西亚的能耗水平。长期依赖高碳产业,无论是对于我国生态环境可持续发

---

① 国家统计局能源统计司编:《中国能源统计年鉴—2014》,中国统计出版社2015年版。
② 国务院关于印发节能减排"十二五"规划的通知。

展,还是国际竞争力都有较大隐患,碳关税的征收将是高碳产业面临的第一个巨大挑战。

(三) 能耗和碳排放大国

我国"碳锁定"的上述两个特征,决定了我国必然是能源消耗和碳排放大国。2014年,我国能源消费总量为42.6亿吨标准煤,超过"十二五"规划限定的40亿吨目标,毫无疑问居于世界第一位。碳排放量约为9500余吨,占世界二氧化碳排放量的比重超过27%,甚至超过整个欧洲的碳排放量,同样居于世界第一的位置。[①] 虽然由于我国人口基数大,人均碳排放量和能源消耗量低于西方发达国家,但是这也表明我国碳排放还有较大的上升空间,2017年11月,世界资源研究所发布题为《转折点:随着时间的推移,各国温室气体排放达峰的趋势》,预计我国将在2030年达到碳排放顶峰。在工业化、城市化、现代化的推动下,能源消耗和碳排放总量在未来15年内依旧会大幅增加,进而人均指标也会相应提高。中国作为发展中大国,其经济发展的一举一动都处于国际社会的监视之下,数额巨大的碳排放量使我国处于舆论压力的风口浪尖,如何节能减排,大力发展高科技,加大清洁能源使用比率,推动经济持续高质量发展成为我们面临的巨大挑战。

四、我国"碳锁定"的重点领域

相比较蛮荒时代,工业时代存在的多样生产与消费模式使得地球气候环境出现了变化。随着工业化和现代化的发展及人类文明的进步,消费者对商品和服务的需求与日俱增且种类繁多。为适应消费者需求的工业化生产过程中主要依赖化石能源,产生大量温室气体,造成全球变暖,生态环境遭到破坏陷入"碳锁定"状态。二氧化碳的排放主要集中在交通运输业、建筑业、发电业和工业等。化石能源在这些行业通过技术转变为能量,从而满足消费者需求。下面将分析我国"碳锁定"的重点领域。

首先,碳排量较大的发电领域。2014年,我国发电装机容量136019万千瓦,同比增长8.7%。其中,总装机达到91569万千瓦(含煤电82524万千瓦、气电5567万千瓦),占全部装机容量的67.4%。完成新增

[①] 国家统计局:《2014年国民经济和社会发展统计公报》。

装机4729万千瓦,同比增长13.3%。① 火电占我国发电形式的主导位置,风电和太阳能发电量虽有所上升,但比重过低,给我国碳排放造成较大压力。火电技术大量利用煤炭燃烧产生的能量,不但效率较低而且污染程度高,与其他新能源发电技术相比,属于低端劣势技术。然而这种低端发电技术却在我国得到大范围、高强度的使用,造成资源浪费和环境污染。特别是我国曾一度兴起大量的小型发电厂,燃煤汽轮机和内燃机发电等火电技术作为市场主导技术,大肆燃烧煤炭获得电能。纵然我国在近几年意识到火电的缺陷,采取相应措施关闭、限制小火力发电厂的生产,但对于大型国有火力发电厂来说,技术的突破与使用是艰难的过程,迫于火电规模报酬和新技术初期成本巨大的压力,已有的低端劣势技术仍然在大范围使用,加大了"碳锁定"状态的困境。

其次,建筑领域。从全球范围来看,能源的消耗有一半用于建筑业,在建筑的建造和使用过程中,处处都涉及能源消耗问题。我国近些年大力加快城镇化建设步伐,地方政府开展市政工程和基础设施的建设,每年新增大量新建筑。而且随着经济的发展,人民生活水平的提高,对各式各样家电的需求量大增,家电类电子产品更新换代速度很快,每年淘汰大量的旧家用电器,加剧资源的浪费和环境的污染。根据住建部2015年统计数据显示,我国既有建筑面积达560亿平方米,其中95%以上是高耗能建筑,绿色建筑份额少之又少。建筑能耗占社会总能耗的21%左右,折合成电量占用率为28%左右,建筑能耗主要是室内照明、取暖、制冷及家电的使用,其中与普通住房相比,公共建筑的能耗远远高于普通住宅,我国有5亿平方米左右的大型公共建筑,耗电量为$70\sim300kWh/m^2\cdot$年,是住宅的$10\sim20$倍,存在较大的节能空间。近年来,大量豪华小区的开发和中央空调的大范围使用,导致建筑能耗成倍增长,从用电量来看,前文提及我国发电总量中火电占绝大部分,火电技术中煤炭的使用量加大碳排放量,一系列相互作用的制度与技术现状,导致建筑业领域"碳锁定"现象。在2014年,建筑业能耗占我国能耗总量达到30%以上,其碳排放量也占据总体排放量的较大比重。西方国家早在20世纪70年代就开始注重建筑节能的研究,到目前为止,发达国家新增建筑能耗仅为已有建筑的1/4左右,其节能政策和节能法律的不断推广应用,有效地降低了能耗,减少了碳排放量。反观我国,绿色建筑尚未有完善有力的法律保证,也缺

---

① 张平:《2014年发电设备行业年度报告:发电装机容量136019万千瓦》,载《中国电力报》2015年2月12日。

乏系统规范的政策指引，绿色建筑在新增建筑中所占份额较小，建筑业仍然是不可忽视的"碳锁定"的重点领域。

最后，交通领域也是我国碳排放和"碳锁定"的重要领域。根据汽车行业的相关研究指出，一个国家的人均国内生产总值达到1000美元时，国民整体生活质量会因住房和汽车的消费而显著提高。2015年国家统计局发布的《国民经济和社会发展统计公报》显示，我国早在2003年人均国内生产总值就已经突破1000美元，截至2015年底，全国机动车保有量达2.79亿辆，其中，汽车1.72亿辆；机动车驾驶人3.27亿人，其中汽车驾驶人超过2.8亿人。① 统计公告还显示，2015年，全国有40个城市的汽车保有量超过百万辆，北京、成都、深圳、上海、重庆、天津、苏州、郑州、杭州、广州、西安11个城市汽车保有量，每个城市均超过200万辆，我国作为一个汽车消费潜力巨大的市场，汽车持有量将随着人口增加和收入提高显著上涨，在总体汽车持有量中，碳排放量大的传统耗油汽车占绝大比重，近年来，国家虽然尽力推广新能源汽车的使用，加大价格优惠政策和补贴力度，但由于新能源汽车本身价格较高，技术原因导致性能一般，并没有在汽车销量中占据优势，性价比不高，一直没有成为新型用车的首选。国家对传统车的购置税优惠，汽车下乡，价格补贴等措施反而加剧了汽车领域的"碳锁定"效应，大排量车持有量持续攀升，进一步加剧对石油等化石燃料的高度依赖。汽车燃油发电机虽然耗油量大，二氧化碳排放多，但技术的限制导致其一直是汽车领域的主导技术，燃油汽车行业持续发展，并利用其规模报酬对新能源汽车行业造成不小的压力。

五、"碳锁定"的形成过程

作为我国经济发展主导力量的碳基技术体制形成年代久远，基础扎实，通过技术锁定、制度锁定两个方面的相互配合，相互强化，形成以碳基技术为基础的社会技术系统，导致"碳锁定"状态。

（一）技术锁定

在前文中我们曾经提到过路径依赖的问题，对于碳基技术来讲，其

---

① 国家统计局：《2015年国民经济和社会发展统计公报》。

在整个经济发展中并不是独立存在的,而是从其产生开始,就随即形成一系列与之配合的系统,与之关联并相互配合和强化。因此,碳基技术发展目前来看是一个较为完整、顽固的技术系统。从技术角度来考虑"碳锁定"时就会发现,其可以理解为一种技术锁定,即碳技术锁定。在古典经济学理论中,指出假设一种产品投入生产,随着配套设施的完善,工人熟练度的提高,产量逐步提高,将会形成规模经济。但是规模经济不会一直存在,随产品生命周期和固有经济规律,规模经济最终会呈递减状态。相反,技术与普通产品的产出轨迹在规模经济上完全不同,技术的规模经济呈递增状态。随着产量的增加,技术成本越来越低,低成本技术吸引企业的大规模使用,从而技术逐步扩展到各个行业和领域中。技术的路径依赖性使碳基技术随生产发展不断自我强化,其相应的碳基技术系统也不断完善和壮大,从而"碳锁定"现象越发严重,解锁难度不言而喻。

从企业层面讲,已经发展成熟的碳基技术由于成本低、效率高而成为企业的核心竞争力,企业在规模报酬的经济利益驱动之下,很少关注生态及环保,通常会加大对原有技术的研发力度,使其不断强化以进一步降低生产成本,完善既有旧技术。新技术的出现,在小范围研究中,即便证实其可能会使生产效率提高,但是对于企业来讲,引进新技术并将其扩展到全部生产线一样是高成本、高风险的投资,前期投入成本大,经济效益见效慢,错过市场需求高峰等问题导致企业缺乏对新技术的开发或使用兴趣,从而越来越依赖于旧有的碳基技术,难以打破技术锁定。化石能源目前在我国处于垄断寡头地位,鉴于既得利益的束缚,新清洁能源技术很难得到较大发展。碳基技术的主导地位将在未来很长时间内难以打破。

(二)制度锁定

碳基技术的技术锁定因规模报酬的存在,导致市场失灵和政策惰性,其主导地位难以撼动,新技术的开发应用往往止步不前。不可忽视的是制度上的锁定与技术锁定一起强化化石能源在能源系统的绝对主导地位。首先,从企业和消费者个人的角度来看,我国工业化和现代化进程中一直以传统化石能源为主要能量来源,以碳基技术为主导技术。在几十年的发展过程中,企业形成了一套固有的产品生产系统,消费者也形成了一套固有的产品需求链,企业与消费者之间的利益联盟簇生了其他非市场力量的出现，制度上的路径依赖巩固了已有的碳基技术。各个利益集团之间在共同需求的引导下，逐步影响着人们的预期、偏好，进而使公众的观念和文化受其影响与约束。其次，从社会制度的角度来看，私人角度的制度锁定有力地推动了社会制度方面的锁定，目前，我国政府政策和法律法规允许高碳化石能源的使用，整个社会为追求经济高速发展，默许并促进碳基技术的发展壮大。为提高碳基技术的运行效率，降低经济建设中的各种运营成本，政策制定者往往建立与碳基技术相协调的配套政策制度，企业、消费者及政府沿着碳基技术轨道前行，忽视新型技术的发展与进步。而社会制度下的碳基技术的既得利益者，通常为自身经济利益，通过寻租方式支持已有技术发展，限制新型能源技术的开发与应用。所以说社会制度的锁定有力地促进技术锁定，私人制度又依靠社会制度来维护自身利益。

综上所述，技术锁定与制度锁定强强联合，共同巩固碳基技术的主导地位，强化"碳锁定"效应。高碳化石能源在我国从初步得到实用，到逐渐建立以其为绝对主导地位的能源系统，技术和制度都逐渐被锁定在既有轨道上，锁定程度也越来越深。技术与制度的双重锁定必须需要各界一直努力打破固有枷锁，有足够的耐心和魄力其强硬对待，才有希望尽快打破"碳锁定"现状。

六、"碳锁定"的危害

（一）危及我国能源安全

评价一个国家能源供应安全与否主要在于能源的储备、运输、贸易、市场和灾害等方面。下面我们将分别分析一下"碳锁定"状态下我国煤炭和石油两种资源的安全问题。首先，在煤炭能源方面，煤炭作为三大化石能源在耗用量上居于首位，一直以来，我国被视为煤炭能源大国。国土资源部发布2015年中国国土资源公报称，截至2014年底，煤炭查明资源储量15317亿吨，位居美国和俄罗斯之后，处于世界第三的位置，而且预测未来还有数量较大的新增储量，纵然拥有庞大的煤炭存储量，但并不意味着我国煤炭能源是安全的。造成我国煤炭能源不安全的因素主要有三个：第一，与持续大幅度增长的煤炭需求量相比，其储备量的增加似乎远达不到需求增长的速度，美国等西方发达国家随着经济发展和科技进步，其煤炭耗用量处于下降趋势，但我国处于社会主义初级阶段，人均GDP较低，仍需要大量的基础设施，对能源需求量有很大的上升空间，因此，与增长较快的需求量相比，我国煤炭储备量没有优势。而且西方发达国家，近几年一直大量进口煤炭作为储备能源，如欧洲已经连续几年成为净进口经济实体，美国的煤炭出口也出现下降，这与我国正增长的煤炭出口形成鲜明对比。第二，技术上的问题，我国的煤炭资源90%位于1km以下的地下，虽然储备量很高，但是由于技术上的限制，大部分煤炭资源无法开采，或者开采成本很高，相比之下，美国的煤炭资源大部分处于地表位置，开采较为简单便捷，成本低。随着煤炭开采成本的提高和国际煤价上涨的整体趋势，煤炭的使用成本将逐步提高，对国内煤价造成上涨压力。第三，运输成本高，就目前已探明开采地来说，我国煤炭资源集中在山西、陕西、内蒙古三省（区），三省（区）已探明的储备量和每年新增量都占国家煤炭总量的大部分。但存在的现实问题是，该三省（区）距离煤炭实际重要消费地区之间距离甚远，长三角、珠三角等经济发达的东部地区是煤炭的主要消耗地，我国煤炭运输方式主要依靠铁路，储备地与消费地之间交通通道缺乏，能力不足，难以快速直达，运输成本较高，运输压力较大。由于高运输成本的存在，进口煤炭的成本反而低于本国开采，2011年，我国超越日本成为煤炭进口第一大国，这与我国大量煤炭储备量现实相比，确实存在些许无奈。从上述三点来看，我国煤炭能源并不安全，受到多方压力的影响。

其次，在石油能源安全问题方面，石油是即煤炭之后，位于第二位的主要能耗资源，2014年，中国原油产量为2.11亿吨，石油消费量为5.19亿吨，占能源消耗总量的17.1%，同比煤炭消耗占66%。但石油资源与煤炭资源相比的重要不同是，我国石油储备量较低，每年有大概59%的石油能耗量依赖于进口。[①] 总体来说，我国石油安全隐患主要集中在自给率、市场价格和政治这三个方面的不稳定性。第一，自给率过低，依赖性过强，我国经济持续保持较高速度增长，对石油资源的需求量更是与日俱增，而面临我国自由储备量较低的现实，石油能源不得不依靠大量进口来满足经济发展所需。目前，我国石油消耗自给率仅为40%左右，然而却尚未像美国与日本那样建立完善的能源储备体系，很容易受到短期能源供给波动的影响。第二，市场价格的极不稳定性导致我国石油能源危险系数偏高，由于中东地区政治及军事不稳定，西方霸权主义的肆意搅动，国际石

---

① 智研咨询集团：《2015～2020年中国原油行业分析及投资前景分析报告》，中国产业信息网，2015年5月。

油价格时有波动并整体呈上升趋势，油价不断攀升，使得我国经济增长率也时刻受其影响。据世界银行统计，国际油价每提高10美元，发展中国家经济增长就下降0.75%。第三，局部地区政局不稳定性危害石油能源安全。在我国经济发展过程中，较低的储备量和较高的石油需求量形成鲜明对比，这迫使我国积极实行"走出去"战略，通过经济援助和基础设施援建的方式与非洲能源输出国建立较为密切的合作关系。但是中国作为崛起的大经济体，作为发展中国家，自身的"走出去"战略引发西方发展资本主义国家的不满与恐慌，经常鼓吹"中国威胁论"，阻碍我国石油企业的国外发展战略。同时资本主义国家之间在中东地区引发以能源为根本利益驱动的政局动乱不断，军事冲突频发，这些不稳定因素导致国际石油能源供应的较大波动。三个方面共同威胁着我国石油能源的安全问题。

（二）破坏生态环境

化石能源的大量耗用，不可避免地带来环境污染问题，这也是传统化石能源与新型能源相比的最大劣势。进入工业革命以来，煤炭和石油大范围地使用对生态环境造成了恶劣影响，二氧化碳的排放使得全球变暖问题日益严重，冰川融化，小岛淹没的现实使人们对碳排放形成恐慌，全球都掀起了节能减排的运动。我国作为最大的发展中国家，作为居于世界前列的经济体，在近三十年的高速发展中，煤炭和石油化石资源的大量耗用，对我国生态环境造成不可磨灭的恶劣影响。首先，在化石能源燃烧产生二氧化碳导致的全体气温升高，喜马拉雅山的冰川面积正在缩小，各地冰川融化造成海平面的上升，我国东部沿海地区时常遭受台风、风暴潮等恶劣天气，而由于气候变化，内陆地区经常遭受洪灾及干旱。其次，二氧化硫、PM2.5、汽车尾气的排放，使我国雾霾问题越来越严重，作为首都的北京，在2015年冬天，雾霾天数又创新高，严重的雾霾天气极大地影响着人民群众的身体健康，而且由于雾霾天能见度差，对交通运输及安全也造成较大威胁。最后，由于洗煤及地下渗漏产生土壤和地下水污染，对我国农作物生产和饮用水造成的安全隐患极大地威胁着我国人民的生命安全。生态环境的污染虽然无法得到十分具体的量化，但是其造成的后果性质极其恶劣，危害影响长远，损失难以计量。以生态环境的破坏作为经济增长的代价，是不健康、不可持续的，我们正在并将长期遭受其危害，如果"碳锁定"的状态无法解除，我国经济和生态发展将不可持续甚至出现倒退。

(三) 阻碍技术发展

一项新技术的产生及在随后的推广发展中，会逐步产生与之相协调的社会组织和制度，技术系统与社会系统共生发展，而与社会组织制度不相适应的新技术很可能得到推广使用，也就是说，并不是每一项新技术的发明都会受到重用，而一旦被推广开来的技术在社会各领域广泛使用，由于规模效应的存在，其地位很难被动摇。考虑前期投资成本巨大，规模经济诱导等因素，绝大多数企业从经济性和稳定性出发，会选用主导地位的旧技术，即便是出现更为先进的新技术，也会因投资风险和规模报酬过低不被企业重用。旧技术虽然效率较低，但其主导地位难以撼动。煤炭能源使用技术即是如此，我国自改革开放以来，长期高度依赖传统化石能源的使用，虽然近几年陆续发展利用风能、水能、太阳能等新型清洁能源，但由于前期投入成本高，收益少而难以得到大范围使用。重要的一点是能源与发电行业一直是垄断性行业，高额的垄断利润促使传统能源行业极力遏制新型能源的研发，阻碍技术进步。"碳锁定"状态就是对这一问题的外在表现，"碳锁定"效应随着传统化石能源的使用持续加大，碳减排力度越小，碳解锁难度越大，随之经济代价也越高。

"碳锁定"是追求经济发展、社会进步的产物，"碳锁定"效应也将随煤炭等化石能源持续高消耗而越发严重。化石能源消耗是为了工业经济的发展，而其产生的"碳锁定"效应终将反之阻碍我国社会及经济的发展。我国当前已经成为碳排放总量最大的国家，基于人口基数大，人均碳排放量比较低，约为美国的25%，① 随着经济发展和工业化进程的加快，我国人均碳排放量还有很大的上升空间。虽然近两年受到欧洲经济疲软影响，我国出口额度有所下降，但仍然是巨大的世界工厂，经济增长仍有一部分依赖于加工出口，这使得我国的碳排放量会持续上升，而国际上已经开始对碳排放的种种控制措施，我们国家也被他们视为重要的监控对象，一旦各国开征碳排放税，将对我国贸易出口与经济发展产生较大的负面影响。"碳锁定"从各个方面影响着我国经济发展与社会进步，危害巨大，下一节我们将专门探讨如何解决"碳排放"问题，即"碳解锁"策略。

---

① 张炯强：《中国人均碳排放量远低于美国》，载《新民晚报》2012年12月4日。

第二节 "碳解锁"的过程与因素

一、国外"碳解锁"的历史经验

(一) 丹麦模式

丹麦是西方发达国家中较早意识到碳排放的危害并开展减排行动的国家，其创造的"丹麦模式"帮助其在经济发展的同时有效减少能源消耗与二氧化碳的排放，是至今较为成熟的有效模式。自20世纪80年代以来，丹麦在保持经济总增长率为45%的前提下，能源消耗只增长7%，更让人惊叹的是其二氧化碳排放量却降低了13%，在降低能耗和碳排放方面取得十分优异的成绩，真正实现经济增长与碳排放的强脱钩。[①] 首先，丹麦政府宏观政策引导方面，早在20世纪70年代，就加大对风能技术的研发与投资，对生产风能企业采取各种优惠措施激励其发展壮大。并在90年代开始率先对工业废气物征收环境税，通过对税法体系的不断发展与完善，形成一套以能源税为重心的环境税收体制。同时，丹麦政府为使新能源在消费者中被接受与使用，采取价格调控的方式使新能源与市场规律相协调，有力促进了新能源技术的推广应用。其次，在微观措施方面，丹麦政府基于自身能源储备匮乏的现实情况，制定绿色能源发展战略，为维护本国能源安全，能源署的建立被用来专门负责通过能源发展与储备战略，防止石油危机爆发对本国造成冲击。同时为应对正常能源需求，丹麦大力发展风能等绿色能源，并高度重视太阳能和沼气能的能源开发与利用。关于能耗最多的建筑行业，从20世纪70年代开始，丹麦政府就陆续通过颁布法律法规的方式，对建筑节能的各个方面做出详细、明确的规定，有效降低了建筑业能耗，减少碳排放量。

(二) 英国减排策略

英国首都伦敦在20世纪以"雾都"的身份重新被人们审视。1953年

[①] 朱敏：《丹麦发展低碳经济的经验及对我国的启示》，载《重庆经济》2017年第2期。

的伦敦烟雾事件使英国政府充分认识到环境保护与能源安全的至关重要性。在保证经济稳步增长的前提下，政府通过完善法律体系和政策引导两方面有力地控制碳排放量，并取得了显著效果。在向低碳经济转型的道路上，英国政府在2003年制定计划，到2050年全国二氧化碳排放量为2003年的2/5，为此专门制定了相关措施在全国范围内积极鼓励新能源发展，为新能源技术的开发和应用尽可能地给予优惠措施，形成良性的能源市场。高碳化石能源设定的征税政策也成为限制碳排放的主要手段，社会各界的力量凝聚起来共同致力于减少碳排放。除政策引导外，英国政府利用法律的强大约束力，通过颁布低碳法律为发展低碳经济保驾护航。

二、我国经济发展中"碳解锁"策略

借鉴丹麦和英国等西方发达国家在"碳解锁"方面的历史经验，结合我国碳排放领域的重点，在低碳经济发展的过程中，需要从技术解锁、制度解锁和征收碳税三个方面综合考虑"碳解锁"策略。

（一）技术层面解锁

低碳技术是指利于减少经济增长中的碳排放，实现经济增长与碳排放脱钩的技术。例如，再生能源技术、碳捕捉技术、碳存储技术等。在前文对"碳锁定"的研究中，本书指出，"碳锁定"是一种技术与制度的复合锁定，在路径依赖的作用下，双方联合作用导致"碳解锁"的较大难度，限制低碳技术的发展，加剧技术锁定。从技术创新上寻找解锁途径成为发展低碳经济的重中之重。解决当前二氧化碳过剩的根本方法是降低大气碳通量，碳通量主要来自传统高碳化石能源的燃烧，人为降低传统化石能源消耗的关键是技术创新，实现经济发展中碳中性技术的支持。

1. 加大低碳技术的投入力度。

要达到碳循环中的碳平衡，减少碳排放量，我国需要加大对碳利用、碳捕获、碳吸收等低碳技术的研发力度，提高能源的使用效率。首先，碳利用技术是指将作为废气排放在自然中的二氧化碳变废为宝，不再对外排放，而是通过相关技术将二氧化碳收集起来，将其重新变成经济资源，既解决了环境污染问题，又开发了新资源。垃圾是放错位置的资源，有效地将二氧化碳收集再利用，不但减少其负面危害，而且增加其正面作用。其次，碳吸收技术。通过碳捕捉和封存增加碳蓄积，从物理层面减少大气中二氧化碳存量，维持碳平衡。目前的碳捕捉技术主要运用在碳排量较高的火力发电厂，通过碳捕捉与吸收技术将二氧化碳收集注入地下形成碳酸矿物。再其次，增加碳汇。森林和土地本身是重要的碳汇之地，增加植被面积，提高森林覆盖率，修复被破坏的草原与湿地，加强对农田面积防线的保护，利用植物和土地这些大自然自身的力量吸纳空气中的二氧化碳。最后，低碳技术的发展需要政府和企业各方的共同努力，产学研紧密配合，将技术的研究、开发、试用结合起来，增加新技术研发的速度与质量。作为主导力量的政府，可为低碳技术发展提供必要的政策和法律支持，企业则需要建立长远的发展战略，积极投入到新技术的推广应用中，促进低碳技术迅速发展起来，尽快打破"碳解锁"中的技术锁定难题。

2. 以产业结构调整促技术发展。

改革开放以来，我国经济增长主要依靠第二产业中重工业的发展，重工业中传统化石能源的大量使用是我国碳排放总量持续增加的主要原因。在"碳解锁"的过程中，需要通过调整产业结构的方式减少碳排放量。一直以来，我国作为世界工厂，通过生产低附加值产品出口来获得外汇，实现经济增长，但是第二产业中传统工业不但能耗大，消耗我国大量的自然资源，而且污染高，破坏整体环境。另外，其较低的附加值也使得我国经济增长方式较为粗放。积极发展有利于节能减排的行业，将产业发展重点转移到第三产业和第二产业中的高附加值工业，是"碳解锁"的有效策略。政府可以通过正向激励与负向激励相结合的方式，引导和支持企业积极投资于低碳产业领域，并逐步淘汰落后产能。在我国碳排放的重点领域，如交通运输业和建筑业，同样存在很多低碳发展的机会，通过研制和利用新型能源有效减少传统高碳能源的使用量，发展壮大低碳产业，从而抓住低碳革命的机遇，增加我国国际竞争力。

（二）制度层面解锁

技术与制度的复合锁定加大了"碳解锁"的难度，制度上的锁定无疑对于传统碳基技术系统是一种强有力的推动与保护。制度利于技术的拓展，因此，在"碳解锁"问题上，制度解锁与技术解锁同样重要。与长期粗放发展模式相配合的产业结构、能源结构和基础设施，依靠自身制度的演变，很难打破，特别是在技术规模报酬递增的情况下，旧系统反而愈发稳固，此时急需政府出面，通过实行各种强有力的措施来试图进行制度层面的解锁。

1. 发挥法律的强制作用。

一直以来，GDP作为衡量地方政府业绩的主要指标，纵然其有力地促进了各省经济发展水平短时间内得以迅速提高，但是依靠粗放模式的经济进步其代价是惨痛的。为从根本上解决这一问题，我国政府需要重新制定地方政府考评政策，将环境污染，资源浪费同时作为负面因素纳入对地方官员的考核体系之中。同时，中央政府需要不断完善环境保护法，彻底摆脱过去环境污染惩治规定模糊不清、执法不严、条例混乱的情况，明确对污染环境的惩罚规定，对违法行为严惩不贷，利用法律的威慑力维护低碳经济的发展。

2. 发挥市场的调节作用。

我国实行以市场经济为重心的经济制度，市场始终具有强大的自我调节功能，政府可以利用市场调节的作用来有效解决"碳锁定"问题。其中，碳交易制度是一种以二氧化碳权利的排放作为一种商品进行买卖的制度。在碳排放交易过程中，买方、卖方、需求缺一不可，由于全球范围内对碳排放的控制，排放权就成为一些国家急需的排放污染物的权利。对于我们国家而言，可在通过实行碳交易制度，将各个省的碳排放量在综合调研的基础上制定最大值，二氧化碳排放超过该值后将会受到一定的处罚，为避免处罚，可以向碳排放量相对较小的省份购买碳排放权，各省份之间从自身利益角度出发，自发地控制碳排放量，而且不至于限制发达省份的经济增长。

除法律和市场的调节作用外，政府还可以通过舆论的力量引导公众树立节能减排的思想，在全社会形成低碳消费理念，有力地促进低碳经济发展。

(三) 征收碳税

技术和制度双重锁定下的"碳锁定"状态，自身具有较大的惯性，需要外部力量的强行干预才有可能突破旧有的顽固系统。本章认为，碳税将在"碳解锁"问题上发挥重要作用。

1. 通过碳税传播"低碳"信号。

低碳经济的发展需要在政府主导下，企业和消费者的共同努力，缺一不可。目前，我国已有税收系统中虽然有与保护环境有关的资源税和燃油税等，但是针对控制碳排放的碳税将会产生更直接的作用，碳税是直接针对化石燃料使用过程中排放二氧化碳的量来征收的一种直接税，目的是控制二氧化碳排放量。碳税在丹麦等国家的实施已经取得明显的效果，有效地促进节能减排，改善能源结构。税收是与企业经营和人民生活息息相关的，通过碳税的开征在整个社会树立"低碳"目标，促使各方改变生产和消费习惯，树立"低碳"的生活理念，从切身利益出发致力于"碳解锁"。

2. 碳税利于新能源开发应用。

碳税是针对传统高碳化石能源利用专门设置的税种，由于税收成本的存在，化石能源的利用成本提高，能源价格的提高通过市场机制的作用降低需求量，从而降低碳排放量。在既有的能量总需求模式下，化石能源价格的提高所产生的替代作用势必会使新型能源受到市场的青睐。税收作为国家调控经济的重要方式，其影响范围较大、深度较广，考虑到我国的现实问题，在制定碳税税率初期，不易过高，要采取循序渐进的方式，使企业和消费者在内心逐步树立起节能减排的意识，逐渐渗透到生产和生活的各个领域。如果在政策实施初期，制定过高的碳税税率，会导致短期内企业经营效率和消费者生活水平明显下降，反而不利于经济稳定和可持续发展。在碳税作用下，节能减排深入到生产的各方面后，新能源技术的研发进程将会自然地得到加速，企业将会主动做出努力寻找替代能源，降低碳排放量。

3. 碳税为"碳解锁"筹集资金。

技术锁定和制度锁定都是"碳解锁"过程中的重要难点，单纯思想意识上的引导很难促使社会各界努力开发新技术，使用新能源。新技术和新能源在开发过程中需要大量的人力、物力和财力，仅凭企业自身能力是很难开展能源技术研发的。税收作为国家收入的主要来源，是保证国家发挥职能的根本财政力量，作为针对碳排放专门设置的碳税，完全可以将该税种的税收收入用来支持新技术和新产品的研发及可再生能源的利用上。上到国家研发部门技术难关的攻克，下到支持企业的基础性研发与试验，资金支持的力量不可忽视。

工业经济的发展和工业文明的进步极大地改善了人们的生活水平，改变了以往的生产方式，同时也带来了可怕的环境破坏。二氧化碳的排放使得全球气候变暖，环境污染，影响整个地球的生态环境和人类的生存安全。反思盲目追求经济增长所带来的后果，发展与碳排放的脱钩成为人们努力的目标，即将到来的低碳革命将会成为继工业革命之后的又一重大变革。当前全球都在关注高碳化石能源有关的碳排放问题，保护生态环境成为全人类共同的事业。低碳革命与工业革命有较大不同，首先，低碳革命是自上而下的运功，通过科学家和国家层面的努力促成新技术和新能源的发展，继而引导企业和消费者逐步舍弃碳基技术，打破"碳锁定"。其次，低碳经济需要全球各个国家的一致努力、共同发展。因为环境以其特殊性，不可能只存在于某个国家，彼此之间相互影响，单纯依靠发达国家率先努力，继而传授给发展中国家的旧路已经行不通，发展中国家在应对"碳锁定"，积极寻求"碳解锁"策略方面具有义不容辞的责任。低碳经济发展道路上由于"碳锁定"的存在，困难重重，需要全球各国通力合作，共同致力于"碳解锁"，从思想意识、政策鼓励，到技术攻关方面架起发达国家与发展中国家之间的桥梁，着眼于经济发展和保护气候的双赢。

第三节 低碳技术之创新机制

低碳经济是大势所趋，对中国企业而言是机遇也是挑战，主动或被动地使中国企业走上低碳之路。研发和应用低碳技术是减少碳排放和实现低碳经济的关键环节。只有不断完善低碳技术创新才能实现经济发展模式向低碳模式的转变，而企业是技术创新的主体，政府需完善法律和规章制度，加强政策引导，打造低碳技术研发服务平台，充分发挥企业的主观能动性和主体作用，积极开展低碳技术创新，实现企业低碳发展，促进中国低碳经济发展。

一、低碳技术分类

低碳技术并无统一的公认定义，低碳是相对高碳而言，一般将低碳技术定义为所有能够实现低碳经济目标的技术手段。国内外学者对低碳技术的分类不同：

第一，按行业分，由于绝大部分的工业部门生产过程中都有不同程度的碳排放，低碳技术也牵扯多个领域，低碳技术按行业分为能源领域低碳技术（可细分为油气资源和煤层气的勘探开发、可再生能源及新能源开发利用、煤的清洁高效利用）、交通行业低碳技术、建筑行业低碳技术、工业行业低碳技术（化工、冶金、材料等行业）等，具体如表3-1所示。

表 3-1 低碳技术分类

行业	能源	交通	建筑	工业
低碳技术	水电	车辆燃料经济性改造	区域供热供冷系统	热电联产技术
	生物质发电	混合动力汽车	建筑物能源管理系统	电机系统
	地热发电	电动汽车	LED 照明	蒸汽系统
	风电	乙醇燃料车辆	地源热泵	基础材料生产工艺创新
	太阳能光伏	氢燃料车辆	家用电器	燃料替代
	聚光太阳能	生物质液化制取的生物柴油	建筑物保温技术	原材料替代
	海洋能	谷类、淀粉和糖类制取乙醇	太阳能供热和制冷	二氧化碳捕获、利用与封存
	氢能	纤维素制取乙醇	—	工业能源中心
	先进煤蒸汽循环	—	—	—
	整体煤气化联合循环	—	—	—
	核能（四代）	—	—	—

资料来源：引自徐玖平、卢毅：《低碳经济引论》，科学出版社 2011 年版。

第二，按照抑制碳排放的不同路径分，低碳技术主要分为无碳技术、减碳技术和碳吸收及固碳技术三大类。

第一种为无碳技术，主要涉及新能源、可再生能源领域（太阳能、原子能、风力发电、潮汐、生物质能等），具体涉及技术有光伏电池技术、燃料电池技术、生物质能技术和大型风力发电技术，能源使用监控信息技术，以及新型交通燃料等技术，新能源技术尽管符合节能减排和低碳经济发展的方向，将来会替代石化能源，但这些貌似取之不竭的可再生资源又受到季节天气变化等自然因素的影响，难以获得稳定持续的能源供给。从目前的技术能力来看，未来 10~15 年内可再生能源技术不具备。

第二种为减碳技术，又可以细分为节能减排技术、资源综合利用技术、低碳管理技术和替代技术。

首先是节能减排方面的低碳技术。节能方面低碳技术主要有建筑节能技术（节能门窗灯具等）、节能设备技术（余热发电等）、节能材料技术（括碳纤维等）；减排低碳技术有火电减排技术、清洁煤技术、热电多联产技术、输配电环节技术等。

其次是资源综合利用技术，资源综合利用主要是指在矿产资源开采过程中对共生、伴生矿进行综合开发与合理利用；对生产过程中产生的废渣、废水（液）、废气、余热、余压等进行回收和合理利用；对社会生产和消费过程中产生的各种废物进行回收和再生利用。

再其次是低碳管理技术。通过运用现代信息管理技术，提高管理效率，从而减少碳排放。如在交通系统中引入计算机管理技术，可优化交通，减少拥堵，达到降低排放的目的。

最后是替代技术，很多能源的单位能耗和单位排放二氧化碳量是有显著差异的，发展低碳替代技术，推广替代产品，也可以显著降低碳排放。例如，柴油与汽油相比更节能，二氧化碳排放量更低，然而柴油与使用二甲醚相比，后者二氧化碳排放量明显较少，当然也要考虑技术的可行性和经济性问题。

第三种为碳吸收及固碳技术（碳捕获和封存技术）。碳捕获和封存技术（CCS）是近年来新兴的一项碳排放降低技术，CCS技术分为捕获、运输和封存三个环节。碳捕获的三种方法：燃烧后捕获、燃烧前捕获、富氧燃烧捕获。二氧化碳的封存方式分为四种：一是通过化学反应把二氧化碳转化成固体无机碳酸盐；二是工业应用，直接作为多种含碳化学品的生产原料；三是注入海洋1000米深处以下；四是注入地下岩层。

第三种分类依据低碳技术的生命周期，按照各技术阶段的特点，可以将低碳技术分为：基础研究阶段、技术应用阶段和技术产业化阶段。基础研究阶段不确定性大、风险高，资金以政府资助为主，成果公开发表，知识共享。该阶段具有以下特点：科学家初步发现规律，形成原始技术概念，并初步判断技术的应用范围和前景。技术应用阶段，企业资本进入，企业主要解决技术适用性问题，开发设计生产工艺，并根据投入产出进行成本核算，是否具有市场前景。技术产业化阶段，在技术应用阶段试验的基础上发现该低碳技术有广阔的应用前景，发现该技术具有规模效应，适合进行大规模市场开发，通过转让和授权的方式进行技术贸易。根据技术生命周期的不同阶段，可以考虑不同的技术合作方式来使低碳技术尽快得到大范围使用。低碳技术各阶段特点如表3-2所示。

表 3-2　　　　　　　　　　低碳技术各阶段特点

技术发展阶段	阶段特点	参与主体	合作形式	资金来源
基础理论研究	发现科学规律，形成科学思想，风险较大	政府、科学家、学者	知识共享，联合研发	政府资金支持
技术应用阶段	要素投入，成本核算，技术流程开发	风险投资者、企业及相关技术人员	人才培训，联合开发	风险投资、企业投资
技术产业化阶段	规模效应，成本降低，可大规模市场开发	企业及企业技术人员	技术推广	制定技术标准，企业投资

二、低碳技术创新现实状况

低碳经济发展模式强调低排放、低能耗、低污染，这就必然要求低碳技术创新朝着节能、减排、增效的方向发展，中国要想实现"高碳"向"低碳"的转变，面临的瓶颈是低碳技术创新的乏力，主要表现在以下几个方面。

（一）企业缺乏激励机制

企业是低碳技术创新的主体，如果企业动力不足，只靠国家和政府支持低碳技术创新将难以为继。企业进行低碳技术创新，前期需要投入大量的资金和人力，低碳研发的不确定性也比较高，即便研发成功，一方面，低碳技术扩散性强，容易被其他企业模仿；另一方面，即便不被其他企业模仿，低碳技术本身是否能为企业带来经济利益也不好说，它可能有利于环境改善，降低环境污染，但能否为企业创造直接利益实在不好说，于是，追求利润最大化的企业可能缺乏动力进行低碳技术研发。因此，前期要企业投入大量资金，对现有生产环节进行低碳改造，必然会给企业带来负担，打破现有产业利益格局。尤其对于新兴企业来说，无力进行低碳基础技术的研发、推广与应用。正是由于存在较大的不确定性，投资面临的风险较大，导致企业在进行低碳技术创新时，往往缺乏一种长效动力机制。

（二）缺乏低碳技术创新的研发资金和人才

总的来说，我国研发投入占 GDP 的比重不到 1.5%，而世界平均水平是 1.6%，西方国家占比达到 3% 左右，而世界 500 强企业研发投入占比更是高达 5%~10%。① 在有限的研发资金中，投入到低碳技术创新中的更是严重不足，只靠国家拨款远远不够，资金短缺严重制约了我国企业、研究机构和高等院校等研发单位的技术创新，而且我国的很多大规模低碳技术的示范项目投资主要依靠政府拨款或政策贷款，且没有形成稳定的投入产出机制，缺乏低碳创新产学研一体化平台。另外，技术创新必须以人为本，只有具有创新意识和能力的人才可以将理论转化为技术，而企业家则将技术转化为现实的生产力，所以要快速推动低碳技术创新，关键是开发利用好创新型人才，例如，核心研发人员、技术操作人员和具有敏锐眼光的企业家。虽然中国低碳技术创新的环境在不断好转，但是在人才的培养和具有长远眼光的企业家的成长都不是短期能够立竿见影的，必须有长远的战略规划。

（三）低碳技术水平低且分布不均

与西方发达国家相比，我国整体科学技术水平较落后，起步比较晚，低碳技术缺乏积累，也没有建立成熟的技术创新体系，所以消化吸收引进的国外的先进低碳技术是很多企业面临的重要阻碍，自主创新攻克复杂的核心低碳技术也困难重重，比如，最新的碳减排技术、碳捕捉和碳封存技术。我国的低碳技术在一定程度上依赖和跟随国外发达国家的脚步，自身掌握的低碳技术很多来自对西方已有技术的模仿和再造，缺乏自主创新，表 3-3 列出了一些低碳技术与国际先进水平的差距。企业掌握的成熟的低碳技术全面落后，而且市场上技术含量低的技术占据大部分份额，因此工业企业单位产出能耗偏高。

（四）低碳转让问题

2010 年，联合国开发计划署对外公布了《2010 年中国人类发展报告——迈向低碳经济和社会的可持续未来》，该报告预计中国至少需要六十多种核心技术支持才能实现低碳经济的预期目标，而在这六十多种技术

---

① 陈新：《世界各国科技研发投入的分析与思考——科技研发投入分析之一》，广东统计信息网，2014 年 9 月 17 日。

表 3-3　　　　　　中国低碳技术与国际先进水平的差距

技术名称	差距	技术名称	差距
绿色照明技术	7年	大功率高压电机变频技术	8年
超大规模电网安全和调度技术	7年	能源作物及其燃料制造技术	8年
流程工业装备制造技术	8年	氢能与燃料电池技术	9年
油气勘探开发技术	8年	海洋油气勘探开发技术	9年
提高输电能力技术	8年	环保节能汽车和新能源汽车制造技术	9年
建筑节能与能耗输配系统	8年	百万千瓦核电技术	9年
风能、生物质能、太阳能等	8年	新一代先进核电技术	9年
煤炭液化技术	8年	绿色设计与制造技术	10年
以煤气化为基础的多联产技术	8年	可再生能源和废弃物综合利用	10年
		煤炭高效发电技术	10年

资料来源：钱祖：《我国节能减排关键技术和路线图》，载《创新科技》2008年第8期。

里只有十几种技术中国掌握核心技术，多数技术仍需依赖发达国家。温室效应等气候变化具有全球性，因此，在国际的技术合作和转让方面，《联合国气候变化框架公约》中有明确规定，西方发达国家负有向发展中国家转让环境友好、有利于减缓气候变化的技术的责任，但是发达国家并没有在技术转让和资金支援上履行他们的责任，甚至在政策上有意设置"技术封锁"。另外，作为先进低碳技术的拥有者，发达国家的企业是"低碳技术垄断者"，利用知识产权的形式来换取高昂的交易报酬，或提出苛刻的附加条件，如英国壳牌公司曾提议把他们的碳捕获和碳封存技术作为清洁发展机制项目转移给发展中国家，但要求项目实施后的碳减排量计入壳牌公司名下。基于成本等方面考虑，发展中国家往往难以接受技术转让的附加条件，因此在实际操作中通过这种技术的转让来使发展中国家获取先进的低碳技术是很难实现的。

三、中国企业低碳技术创新的对策建议

（一）加强低碳科技成果转化

低碳技术创新是从技术概念设想到技术市场应用及低碳产品销售的一

系列过程，是从技术设想、研究开发到商业化运作的一系列过程。低碳技术的创新最终是以低碳技术成果化为标识，低碳技术只有应用到企业实际生产中才能产生价值，转化为现实生产力。因此，低碳技术创新后，更需要加强低碳技术成果的转化、应用和改造，实现低碳成果的产业化和市场化。科技成果转化主要针对低碳技术中较成熟的技术。建立可信的第三方科技成果交易市场平台，引入技术需求方（科研机构等）和技术供给方（企业），促进技术信息共享，探索技术交易市场化，完善交易机制和监督机制；实验科技成果转化市场化，探索合适的商业模式，积极引入风险投资资金，使技术成果加速转化；完善低碳第三方标识，提高低碳产品辨识度，增强低碳产品竞争力和低碳企业竞争优势，从而间接带动低碳技术发展和成果转化；提高能耗标准，完善法律法规，从严监管，逐步削减高耗能、高污染产品的市场空间；政府采购向低碳企业倾斜，为低碳企业创造市场和提供需求，引导企业进行低碳技术创新和成果转化。

（二）促进各阶段低碳技术创新

按照低碳技术发展的不同阶段，低碳技术可以分为三类：基础研究阶段、技术应用阶段和技术产业化阶段，不同阶段选择不同的低碳技术研发策略。基础研究阶段，政府和大企业应具有前瞻性眼光，提前布局具有巨大应用潜力的未来低碳技术，这类技术一般在国际上也尚处于初步探索阶段，应紧密跟踪国际前沿，积极进行国际交流合作，并进行战略性自主研发，政府加大资金支持力度，鼓励科研机构进行原始创新和基础研究；技术应用阶段，特别是识别已少量示范的创新性低碳技术，要以企业为低碳技术创新主体，引导企业低碳创新和低碳技术能力建设，并适时引入风险投资等金融机构，为企业提供资金保障，致力于孕育创新型低碳企业，并为低碳技术产业化创造条件；技术产业化阶段，针对技术成熟、可大规模示范推广的成熟性技术，通过市场化运作，引入竞争机制已降低技术成本及门槛，促进低碳技术的大规模应用，对市场竞争力较弱但能满足政府减排迫切需求的技术，政府可考虑进行扶持。

（三）选择低碳技术创新模式，加强企业低碳技术研发

解决"碳锁定"和实现经济发展低碳化的关键在于低碳技术，不论是节能减排，提高现有能源利用率，抑或是发展新能源，都需要依靠技术创新实现。从企业角度来说，如果企业要实现可持续发展，应该将低碳技术

创新提升到公司发展战略层面,搭建技术交流平台,参与低碳技术国际合作,加强与科研机构的合作交流,推动低碳技术创新,从技术创新的模式来讲,有以下几种:

1. "技术引进+消化吸收"模式。

整体来看,我国低碳技术底子薄、技术积累不足、整体技术水平落后,成为我国低碳经济的主要阻碍因素之一。而技术转让,特别是国际技术转让是实现我国企业低碳技术跨越式发展的重要途径,就现阶段而言,技术引进是实现低碳经济的主要手段。中国低碳技术与国际先进水平的差距为7~10年或者更长,西方国家在节约能源技术、可再生能力技术和碳捕捉与封存技术等方面都走在世界前列,相比之下,中国低碳技术创新普遍不足,一些战略新兴产业的核心技术尚未掌握,也缺乏低碳技术研发支撑体系,依靠自我突破需要较长时间,也不能满足当前低碳发展的需求,暂时只能通过技术贸易或其他国际合作的形式,引入国际一流的低碳技术,之后通过企业自身消化吸收,提高企业的低碳技术积累,增强企业的低碳技术实力,并针对性地对企业进行低碳改造。需要特别注意的是,国家所处的发展阶段、基本国情、科技水平等方面各异,各国低碳发展之路和低碳技术侧重点不同,低碳技术引进后要实现本土化和自主化,引进不是目的,要为企业发展服务。另外,许多西方国家对我国实行技术封锁政策,限制一些前沿性和关键性的核心低碳技术转让,相应地采取国外引进的方式获得领先低碳技术并不现实。

2. 自主创新模式。

气候变化具有很强的外部性和全球性,且发达国家富有主要责任,但发达国家以知识产权保护的外衣逃避分享低碳核心技术的责任,同时在技术引进和转让方面设置条条框框,加之我国企业重引进、轻消化,低碳技术水平提升很慢。自我创新是一个企业实现自主发展和提升综合竞争力的必由之路,低碳技术的发展是我国经济实现弯道超车的重大机遇,国家要对具有巨大潜力的战略性前瞻技术提前布局,比如,核聚变、天然气水合物等技术,需要对相关企业提供政策支持。低碳创新对企业的技术实力要求很高,目前多数中国企业可能实现不了,但从企业角度来讲,低碳技术将成为企业核心竞争力的来源之一,依靠技术引进几乎不可能实现这个目标,必须在前期引进消化吸收现有技术基础上,自主创新,注重自身低碳技术的创新和研发,通过掌控核心低碳技术的知识产权走低碳发展之路。

3. 协作共生模式。

该模式下，产学研三者共同研发低碳技术，具体模式有接力式创新和合力式创新。

接力式创新。学校等研究机构独立进行基础研究和前期研究，在评估技术可行性后，企业按需一次性购买相关技术，企业自行进行后续的研发工作，完成技术中间调试、工业化改造和后期的研发推广，这种模式较为灵活，企业与研究机构可以多方合作，选取亟须的技术，短期内提高企业的低碳生产能力，但对提高企业的低碳技术实力帮助不大，企业核心竞争力没有得到提高，但是这种模式风险较小、见效快、投入少，但是收益也不会太高，适合缺乏技术和资金实力的中小企业。

合力式创新。产学研双方密切合作，共同建立一个研究机构或签订技术研发协议，合作双方共同密切合作，研发低碳技术，研发的产品以专利、知识产权等形式存在。这种模式优点是，可以提升企业低碳技术的研发实力，且可以根据企业的具体情况，量身定做企业所需的低碳技术，研究机构也可以参与企业的低碳流程改造，提高技术指导和技术维护等服务，为后续低碳技术研发积累经验，企业则专注于产品的推广。在该模式下，产学研分工协作、优势互补，共同推动低碳技术创新。但是由于产学研生产的产品以知识形式存在，很难公允定价，双方投入要素不同，种种因素下合作组织的利益分配可能引发不确定因素。

（四）企业转型升级，低碳技术改造

在低碳经济背景下，传统的企业生产模式已经落伍，企业需要加快进行低碳改造，转变生产模式，低碳生产并不一定以牺牲企业发展为代价，而是通过发展低碳技术和低碳改造走上低能耗、低成本、高收益的康庄大道。从大趋势来看，低碳生产是必由之路，企业需要从长远利益出发，尽早进行低碳改造。低碳技术涉及领域很多，且每个领域的低碳技术的特征又不尽相同，低碳企业涉及不同的产业工业领域，因此，企业低碳技术应用具有不同模式。低碳技术的应用改造模式有以下几种：对高碳排放低效能企业应采取直接淘汰模式，对高碳排放、具有一定低碳技术能力的企业可选用改造模式，而处于新兴行业的低碳企业应采取低碳定位模式。

1. 淘汰模式。

自改革开放以来，我国经济增长具有粗放式特征，主要依靠各类生产要素特别是资本的扩张，具有生产效率低、消耗大、成本高和不可持续等的特征。具体到企业层面，很多企业并不注重技术积累和创新，企业生产高耗能、高排放，并且低碳技术改造难度大、成本高，应予以直接淘汰，特别是钢铁、建材、水泥、煤炭等产能严重过剩行业，清查企业落后产能和僵尸企业情况，该类行业的小企业具有"散、乱、差、弱"等特征，难以持续，且对经济贡献较低，环境污染大，存在安全隐患，属碳排放大户，在行业整体过剩的情况下，大部分小企业不具有改造的技术条件和资金条件，应直接淘汰，政府应引导这些企业"关停并转"，妥善安置职工，及时处置企业债务和不良资产，给予主动退出的企业给予一定奖励，并引导向其他产业发展。

2. 改造模式。

有一类企业虽然生产过程中能耗比较高，碳排放严重，但是该类型企业拥有相当水平的低碳技术实力，产业链的某些生产流程或生产线可以进行低碳技术改造，从而实现企业发展低碳化。例如，我国机械、化工、冶炼等行业企业，这些企业是地方经济增长的支柱，低碳改造可能会直接影响这些产业发展，需要循序渐进地进行低碳改造升级，加大技术改造投入，对无法实现低碳改造的生产部门和环节逐步实行淘汰，通过技术创新对生产流程的高碳环节进行低碳改进，提高资源的利用率，增强废弃物的循环利用能力，引进符合低碳要求新型产品线，通过各环节的努力逐步实现整个企业的低碳升级换代。

3. 低碳定位模式。

前两种模式主要适用于传统产业，而低碳定位模式适用于初始具备低碳或者无碳基因的企业，企业发展依赖的核心技术为低碳或无碳技术，这些企业一般集中在新兴产业内，比如，信息技术、生物、高端装备制造、新能源、新材料和新能源汽车等，这些行业在初始阶段就定位为低碳模式，其生产过程中碳排放量极低，属于环境友好型产业，这类企业往往具备较强的技术研发能力，更具备绿色生命力，代表了未来的发展方向，但其技术一般也处于未成熟阶段，技术研发和市场应用需要大量投入和政策支持，且回报周期较长，更需要政府的引导。

第四章

低碳经济发展的中国行为态势

态势乃状态和形势，就是在目前的战略起点上，决定低碳经济战略在面向未来的基本格局、与未来趋向，包括政府和企业两个层面互动的措施、效果等。在中国经济过去多年高速增长的同时，我们一方面享受了两位数经济增长带来的乐趣，另一方面也渐渐开始呼吸着雾霾。其实，政府之手、企业之行、社会之爱，也开始了低碳征程中的齐心协力了。

第一节 政府层面的低碳行动

伴随着《京都议定书》和《联合国气候变化框架合约》的签订和生效，低碳经济获得世界范围的认同，包括中国在内的各国纷纷采取出台各种政策约束或激励企业向低碳经济转型，以应对气候变化寻求可持续发展。常见的政府低碳措施主要有行政碳管制、以碳税为代表的价格调节方式、数量许可证及相应的交易市场等，这些措施的成本会由其带来的低碳效益所抵消，如空气质量改善、农业生产力提高、新经济领域拓展、技术发展、就业改善和减少贫困等。

一、我国低碳政策框架体系梳理

1992年，李鹏总理签署《联合国气候变化框架公约》时，我国开始认识到环境保护的重要性；1994年发布了第一个国家级的21世纪议程——《中国人口、环境与发展白皮书》；2003年提出"科学发展观"、建设"资源节约型"和"环境友好型"社会等一系列指导思想。接着又颁布了低碳纲领性指导文件，制定了低碳相关法律、行政命令、经济性和市场性政策规定以促进企业低碳。我国低碳政策框架体系如图4-1所示。

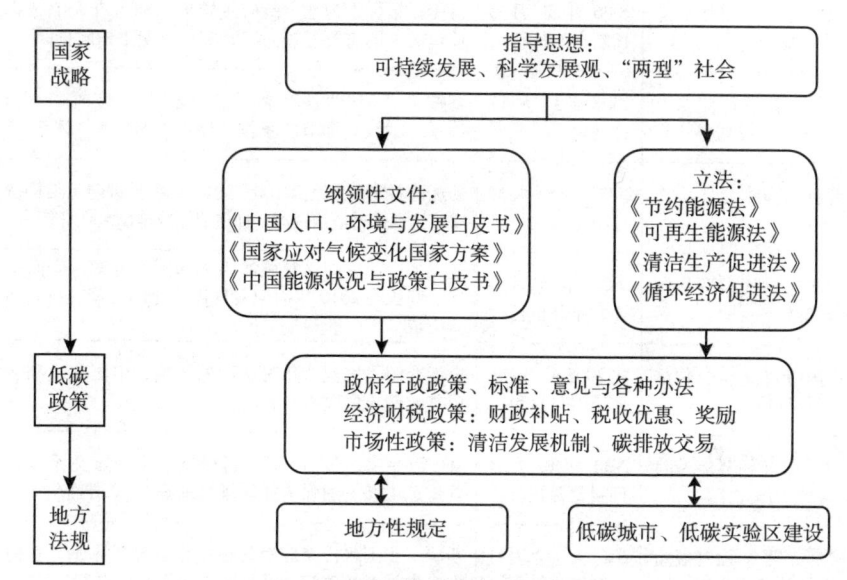

```
国家              指导思想：
战略      可持续发展、科学发展观、"两型"社会

          纲领性文件：                    立法：
          《中国人口，环境与发展白皮书》    《节约能源法》
          《国家应对气候变化国家方案》      《可再生能源法》
          《中国能源状况与政策白皮书》      《清洁生产促进法》
                                          《循环经济促进法》

低碳      政府行政政策、标准、意见与各种办法
政策      经济财税政策：财政补贴、税收优惠、奖励
          市场性政策：清洁发展机制、碳排放交易

地方      地方性规定            低碳城市、低碳实验区建设
法规
```

图4-1 我国低碳政策框架体系

（一）低碳纲领性文件

我国政府"十一五"规划纲要提出了节能减排的约束性指标："到2010年，单位GDP能耗降低20%左右，主要污染物排放总量减少10%"；2009年，中国政府在哥本哈根气候大会上郑重承诺："到2020年，单位GDP碳排放比2005年下降40%~45%"；"十二五"减排目标为："到2015年，全国万元国内生产总值比2005年的能耗水平下降16%"，也就是说，在2010年的1.034吨标准煤的基础上，下降到0.869吨标准煤（按2005年价格计算）。① 我国制定的低碳能耗方面的具体量化指标，充分显示了中国政府对低碳问题的重视和减排决心。表4-1为我国政府为完成减排目标制定的低碳纲领性文件及其内容。

---

① 数据来源：《国民经济和社会发展第十一个五年规划纲要》。

表4-1　　　　　我国政府发布的部分低碳纲领文件及其内容

文件名称	制定时间	主要内容
《国务院关于加强节能工作的决定》	2006年8月6日制定并执行	将能耗指标作为地方政府领导干部和国有大中型企业负责人的重要考核内容，实行节能工作问责制
《节能减排统计监测及考核实施方案和办法》	2007年11月17日制定	要按照"三个办法"和"三个方案"，完成"三个体系"建设，即节能减排统计、监测和考核体系
《节能减排综合性工作方案》	2007年5月23日制定并执行	要加快实施十大重点节能工程；积极推进能源结构调整；全面推进清洁生产；加快节能减排技术研发等
《中国应对气候变化国家方案》	2007年6月3日发布并执行	是发展中国家在该领域的第一部国家方案，全面阐述了我国在2010年前应对气候变化的对策，由五部分组成
《中国应对气候变化的政策与行动》	从2008年开始，每年编写出版	全面介绍了气候变化对中国的影响，中国减缓和适应气候变化的政策与行动
《"十二五"节能减排综合性工作方案》	2011年8月31日制定并执行	共1万余字，包括50条具体要求，涉及实施节能减排重点工程、加强节能减排管理等12个方面
《"十二五"控制温室气体排放工作方案》	2011年12月1日制定并执行	明确了我国将构建应对气候变化的政策体系，积极推进增加森林碳汇、开展碳排放交易试点等

（二）低碳相关法律体系

我国在低碳发展转型中，尽管缺乏绿色低碳发展的专门法律，但现有环境、经济和能源领域的许多相关法律为绿色低碳发展提供了支持。这些环境保护法律从气候治理、资源保护、资源节约与清洁能源等方面为低碳经济的发展提供了法律保障。表4-2为我国低碳相关法律文件及其内容。

表4-2　　　　　　我国低碳相关法律文件及其内容

法律	制定时间	主要内容
《大气污染防治法》	1984年制定，2000年修订	鼓励清洁能源；淘汰落后工艺
《放射性污染防治法》	2003年6月制定，同年10月试行	编制环境影响报告书；执行"三同时"制度
《清洁生产促进法》	2002年6月制定，2003年1月1日施行	支持清洁生产；淘汰落后工艺；政府绿色采购

续表

法律	制定时间	主要内容
《循环经济促进法》	2008年8月通过，2009年1月1日施行	发展循环经济；重点监督管理制度
《节约能源法》	1997年通过，2007年修订通过，2008年4月1日施行	淘汰高耗能产品；实行税收优惠政策；推广节能产品；提供优惠贷款
《可再生能源法》	2006年1月施行	优先发展可再生能源

（三）低碳相关政策规定

为了完成低碳目标，在低碳纲领文件和相关法律的指引下，中央政府各部门制定了一系列低碳政策、规定和意见等，以约束或激励企业实行减排。这些政策规定是政府赖以推行低碳政策的工具。根据政府工具的强制性程度，加拿大学者豪利特和拉米什在《公共政策研究》一书中，将公共政策工具分为强制性政策工具（管制、公共事业和直接提供）、混合型政策工具（信息和劝诫、补贴、产权拍卖、税收和使用费）和自愿性政策工具（家庭和社区、自愿性组织、私人市场）。陈振明（2009）则将政策工具分为市场化工具、工商管理技术和社会化手段三种。王满船以政策手段的内容为标准，同样将政策手段分为三类，分别为规制手段（包括法制手段和行政手段）、经济手段和宣传教育手段（也称信息手段）。

可以按政府在低碳政策中的主导和强制程度，将低碳政策分为三大类：强制性政策、经济性政策和自愿性政策。其中，强制性政策是借助于政府的权威与强制力，对企业的行动加以控制和指导；经济性政策是管理部门以尊重市场机制为出发点，采用经济刺激措施，指导和规范企业的行为并达到政策目标；自愿性政策则是在所期望实现的政策目标上，政府很少或几乎不介入，完全交由企业自主决定其行为。表4-3为我国主要的低碳政策及其规定。

表4-3　　　　　　　　我国主要低碳政策及其规定

具体政策	制定时间	主要规定
Panel A：强制性低碳政策		
《关于加快关停小火电机组的若干意见》	2007年3月6日制定并执行	关停能耗高、污染重的小火电机组

续表

具体政策	制定时间	主要规定
Panel A：强制性低碳政策		
《关于进一步加大节能减排力度，加快钢铁工业结构调整的若干意见》	2010年6月4日制定	加快钢铁工业结构调整和节能减排
《钢铁行业生产经营规范条件》（2012年修订）	2010年7月12日制定并执行	规范钢铁行业低碳标准
《关于进一步加强淘汰落后产能工作的通知》	2010年2月6日制定	淘汰落后产能
《关于下达2011年工业行业淘汰落后产能目标任务的通知》	2011年1月26日制定并执行	将18个工业行业淘汰落后产能目标任务分解落实到企业
《淘汰落后产能中央财政奖励资金管理暂行办法》	2011年4月20日制定并执行	采取专项转移支付方式对淘汰落后产能工作给予奖励
Panel B：经济性低碳政策		
《"十一五"十大重点节能工程实施意见》	2008年6月30日制定并执行	提高能源利用效率
《中央国有资本经营预算节能减排资金管理暂行办法》	2006年5月30日制定并执行	财政支持中央企业节能减排工作
《节能技术改造财政奖励资金管理暂行办法》	2011年4月27日制定	以奖代补方式对十大重点节能工程给予适当支持和奖励
《财政部关于下达2011年中央国有资本经营预算节能减排资金预算（拨款）的通知》	2011年5月20日制定	下达节能减排资金
《上海市节能减排专项资金管理办法》	2016年11月2日制定并执行	支持本市节能减排
《可再生能源发展专项资金管理暂行办法》	2007年12月28日制定并执行	促进可再生能源的开发和利用
《风电并网技术标准》	2010年4月2日制定并执行	对可再生能源发电实行全额保障性收购
《北京市太阳能光伏屋顶发电项目补助资金使用管理办法》	2006年7月25日制定并执行	支持太阳能光伏屋顶发电及风光互补项目

续表

具体政策	制定时间	主要规定
Panel B：经济性低碳政策		
《上海市可再生能源和新能源发展专项资金扶持办法》	2009年9月13日	支持本市可再生能源和新能源发展
《高效照明产品推广财政补贴资金管理暂行办法》	2007年8月10日制定并执行，暂行期限到2010年12月31日	国家安排专项资金，支持高效照明产品的推广使用
《关于加快推行合同能源管理促进节能服务产业发展的意见》	2011年11月14日制定	推行合同能源管理，发展节能服务产业
《关于促进节能服务产业发展增值税、营业税和企业所得税政策问题的通知》	2010年12月30日制定，2011年1月1日施行	对节能服务公司提供税收优惠
《合同能源管理项目财政奖励资金管理暂行办法》	2010年6月3日制定	中央安排资金，对合同能源管理项目给予适当奖励
《清洁发展机制项目运行管理办法》	2011年8月3日制定并实行	推进清洁发展机制项目在中国有序开展
Panel C：自愿性低碳政策工具		
《温室气体自愿减排交易管理暂行办法》	2012年6月13日制定并实行	推动温室气体自愿减排交易
《低碳产品认证管理暂行办法》	2013年2月18日制定并实行	规范和管理低碳产品认证

二、低碳财税政策

为了支持低碳节能发展，确保我国未来能源安全、促进中国经济社会长期可持续发展，近年来，财政部会同相关部门出台了支持相关产业发展、进行财政补贴或减免的政策与措施。这些财税政策反映并体现了政府的政策意图，是国家宏观调控的重要工具。

（一）低碳财税政策的含义

从减缓气候变化的角度看，碳财税政策包括支持节能减排、新能源发展、淘汰落后产能、植树造林等方面的财政政策。我国促进低碳经济发展的财税政策分为两大类，一类是财政支出政策；另一类是税收政策。前者是通过财政补贴或减排奖励等方式，降低企业提高能效的成本、购买节能产品的支出成本和开发节能减排技术、产品的成本等，来达到节能减排的目的；后者是通过税收或收费的方式，增加企业的耗能和污染排放成本，鼓励企业节约能源、减少排放。

（二）碳财税政策的具体内容

1. 财政支出政策。

（1）中央预算内投资。财政投入额度，2000年以来，财政不断加大投入力度，创新运作机制，为节能减排和应对气候变化提供了有力保障。财政投资资金主要用于发展我国的新能源，用于植树造林、退耕还林工程。国家为了鼓励低碳技术研发，专门发起了863计划、973计划、科技支撑计划等国家科技计划，专门研发相关节能减排领先技术。在国家的带动下，各级地方政府与企业也适时加大了低碳方面的投入。

（2）风力发电设备产业化专项资金。风力发电是一项清洁能源，为引导企业积极研究和开发，财政部采取"以奖代补"的办法，对取得一定市场成效的企业进行补助。对满足支持条件企业的首50台风电机组，按600元/千瓦的标准予以补助，其中整机制造企业和关键零部件制造企业各占50%，各关键零部件制造企业补助金额原则上按照成本比例确定，重点向变流器和轴承企业倾斜。

（3）实施"金太阳"工程财政补贴。2009年，财政部、科技部、国家能源局印发了《金太阳示范工程财政补助资金管理暂行办法》，中央财政从可再生能源专项资金中安排部分资金支持实施金太阳示范工程。金太阳示范工程综合采取财政补助、科技支持和市场拉动方式，加快国内光伏发电的产业化和规模化发展，以促进光伏发电技术进步。具体而言，由财政部、科技部、国家能源局根据技术先进程度、市场发展状况等确定各类示范项目的单位投资补助上限。并网光伏发电项目原则上按光伏发电系统及其配套输配电工程总投资的50%给予补助，偏远无电地区的独立光伏发电系统按总投资的70%给予补助。

（4）节能与新能源汽车示范推广财政补助资金。根据国务院关于"节能减排""加强节油节电工作"和"着力突破制约产业转型升级的重要关键技术，精心培育一批战略性产业"的战略决策精神，为扩大汽车消费，加快汽车产业结构调整，推动节能与新能源汽车产业化，财政部、科技部2009年决定，在全国13个城市开展节能与新能源汽车示范推广试点工作，以财政政策鼓励在公交、出租、公务、环卫和邮政等公共服务领域率先推广使用节能与新能源汽车，对推广使用单位购买节能与新能源汽车给予补助。其中，中央财政重点对购置节能与新能源汽车给予补助，地方财政重点对相关配套设施建设及维护保养给予补助。

（5）"节能产品惠民工程"财政补贴。"节能产品惠民工程"是指财政部等对高效节能产品给予补贴，促进产品市场价格，引导市场需求，最终有利于社会节能减排。具体而言，由中央财政对高效节能产品（比如，空调、冰箱、平板电视、电机等产品以及高效照明产品、节能与新能源汽车）生产企业给予补助，再由生产企业按补助后的价格进行销售，消费者是最终受益人。这实际上是间接将财政补助的好处让渡给消费者。

（6）国家财政支持实施"太阳能屋顶计划"。"太阳能屋顶计划"主要是为了促进太阳能光电技术在建筑行业的应用而出台的。财政部、住房和城乡建设部出台了《太阳能光电建筑应用财政补助资金管理暂行办法》，加快太阳能光电技术在城乡建筑领域的应用。该计划一方面对光电建筑应用示范工程进行财政补贴，以补充当前光电应用前期投入的不足；另一方面鼓励光电技术进步，促进该领域的技术创新。

（7）节能技术改造财政奖励资金。为加快推广先进节能技术，提高能源利用效率，实现"十二五"期间单位国内生产总值能耗降低16%的约束性指标，2011年，财政部和国家发展改革委印发了《节能技术改造财政奖励资金管理办法》，中央财政将继续安排专项资金，采取"以奖代补"方式，对企业实施节能技术改造给予适当支持和奖励。奖励资金支持对象是对现有生产工艺和设备实施节能技术改造的项目。东部地区节能技术改造项目根据项目完工后实现的年节能量按240元/吨标准煤给予一次性奖励，中西部地区按300元/吨标准煤给予一次性奖励。省级财政部门要安排一定经费，主要用于支付第三方机构审核费用等。

（8）中央财政主要污染物减排专项资金。财政部和环保总局2007年制定了《中央财政主要污染物减排专项资金管理暂行办法》。减排资金重点用于：支持国家、省、市国控重点污染源自动监控中心能力建设、补助污染源监督性监测能力建设和环境监察执法能力建设、补助国控重点污染源监督性监测运行费用、补助提高环境统计基础能力和信息传输能力项目、围绕主要污染物减排开展的排污权交易平台建设及交易试点工作等，主要污染物减排工作取得突出成绩的企业和地区的奖励、财政部、环保总局确定的与主要污染物减排有关的其他工作。

（9）其他财政补贴资金。其他还有许多相关政策，例如，合同能源管理项目财政奖励资金，奖励资金主要用于合同能源管理项目及节能服务产业发展的相关支出；淘汰落后产能财政奖励资金，中央财政将继续采取专项转移支付方式，对经济欠发达地区淘汰落后产能工作给予奖励；政府采购环境标志产品制度，财政部和环保部多次联合修订"环境标志产品政府采购清单"，规定政府采购工程项目应当严格执行环境标志产品政府优先采购制度。

2. 税收政策。

（1）与低碳相关的税种。在目前中国的税制结构中，与气候变化关系密切的税种很多，能够在一定程度上起到限制能源消费、抑制温室气体排放的作用，例如，资源税、车船购置税和车船税的开征涉及资源的开发利用，提高税率可以在一定程度上控制温室气体排放；消费税、增值税和所得税等通过实施差别性税率或减免税措施；与促进低碳经济发展间接相关，也能起到一定降低能耗、减少温室气体排放的功效。具体如表4-4所示。

表4-4　　　　　　　与低碳发展相关的税种

税种	制度规定	调控目的	对节能减排的影响
资源税	对所开采应税矿产品和生产盐的单位和个人按销售量或自用量定额征收	调节级差收入；促进矿产资源合理开采和使用	通过对原油、煤炭等能源产品的征收，起到一定程度的节能减排作用
消费税	是在对货物普遍征收增值税的基础上，选择少数消费品再征收的一个税种，税目主要为：烟、酒及酒精、鞭炮、焰火、化妆品、成品油、贵重首饰及珠宝玉石、游艇、汽车轮胎、摩托车、小汽车、木制一次性筷子、实木地板等	主要是为了调节产品结构，引导消费方向，抑制超前消费，保证国家财政收入	通过对鞭炮焰火、汽油、柴油及小汽车、摩托车等直接或间接排放温室气体的产品征收，以及对环保产品给予税收优惠，起到节能减排作用
车船税	对中国境内的车辆、船舶的所有人或者管理人，按其适用的计税单位从量定额征收	作为财产税，主要是为了组织收入	通过对车船的征收，起到一定程度的减排作用

续表

税种	制度规定	调控目的	对节能减排的影响
车辆购置税	对中国境内购置应税车辆的单位和个人,按照10%的税率,实行从价定率的办法计算应纳税额	主要是为了组织收入,增加购车成本	减征1.6L及以下小排量乘用车车辆购置税的政策,鼓励小排量车辆的购买
增值税	鼓励资源综合利用产品的优惠措施;促进废旧物资回收的优惠措施;鼓励清洁能源和环保产品的优惠措施;污水处理的优惠措施	鼓励资源综合利用、废旧物资回收,鼓励清洁能源和环保产品的推广	对部分产业执行优惠税率,鼓励综合利用、减排,支持环境产业、循环产业等,有一定程度的环保作用
所得税	企业从事符合条件的环境保护、节能节水项目的所得,可以免征、减征企业所得税;企业购置用于环境保护、节能节水、安全生产等专用设备的投资额,可以按一定比例实行税额抵免;企业综合利用资源,生产符合国家产业政策规定的产品所取得的收入,可以在计算应纳税所得额时减计收入;加速折旧政策;公益性捐赠扣除等	鼓励生产和使用环保设备、鼓励从事环保项目	对部分产业执行优惠税率,鼓励减排、综合利用,支持环境产业、循环产业等,有一定程度的节能减排作用
营业税	对环境保护技术的转让免征营业税	推广环保技术	起到一定程度的节能减排作用
进出口税收	对部分"两高一资"(高耗能、高污染、资源性)的产品加征出口关税;取消部分资源性产品的出口退税政策,调低资源类、基础零部件类、日用品类产品的进口关税税率,减免进口环保设备的税收	限制资源开采,促进环保设备利用	主要作用是资源节约,起到一定程度的节能减排作用

资料来源:作者根据国家税务局和地方税务局自行搜集整理所得。

(2)财政收费政策。矿产资源补偿费:矿产资源补偿费有利于保障和促进矿产资源的勘查、保护与合理开发,维护国家对矿产资源的财产权益。同时,通过建立生态补偿标准,在生态补偿试点地区推行矿产资源的生态补偿机制,可促进地区经济的可持续发展。该机制的目标是通过向采矿企业的生产成本中引入环境污染惩罚和生态恢复费用,来实现生态环境外部成本的内部化。该机制的基本原则是开采者保护,破坏者修复,获益者补偿以及污染者赔偿。生态保护的获益者有责任向生态保护者支付一定的补偿费用。例如，在一个从 A 区向 B 区输气的案例中，B 区的接收者和消费者需要向 A 区支付补偿费用。

排污费：我国目前对污水、废气和固体废弃物等污染物的排放征收排污费，现行的排污收费已覆盖废水、废气、废渣、噪声、放射性五大领域和 113 个收费项目。

三、构建碳市场

（一）清洁发展机制

为推动《联合国气候变化框架公约》的更好履行，《京都议定书》规定了三种减排机制：排放贸易（emissions trade，ET）、联合履约（joint implementation，JI）和清洁发展机制（clean development mechanism，CDM）。其中，清洁发展机制作为联结发达国家与发展中国家的减排机制，允许非附件一①国家在可持续发展的前提下进行减排，通过清洁发展机制项目活动获得 CERs（certified emission reduction，核证减排量），从合作与转让中获得资金和技术上的收益，同时协助附件一国家通过降低减排履约成本。相似的，联合履约为附件一国家之间的 ERUs（emission reduction unit，排放减量单位）的转让。由于此前国内尚无与国际市场交易对接的大型平台，不少 CDM 项目难以直接进入国际二级碳市场进行交易，在与国际买家交易时往往面临价格被压低的现象。基于利用市场手段解决环境和气候变化问题的重大需求，2008 年，中国先后成立了北京环境交易所、上海环境能源交易所和天津排放权交易所。

三家交易所成立初期，通过理论研究、国际碳交易案例操作等积极的探索和实践，并培养了大批碳交易专业人才，但主要领域大多限于 CDM 咨询与开发、节能环保技术产权与股权的转让交易以及少量的自愿减排交易，并非真正的碳配额交易。从 2005 年 3 月 10 日，内蒙古辉腾锡勒风电场项目作为首个 CDM 项目被国家发改委批准以来，截至 2012 年底，中国参与的 CDM 项目数量和 CERs 签发规模都处于世界首位。一个典型的 CDM 项目从准备开发到最终产生有效减排量，需要经历项目识别、项目

---

① 非附件一国家指的是那些没有列入京都议定书附件一的非工业化国家，他们没有义务减少温室气体的排放。

设计、参与国批准、项目审定、项目注册、项目实施和监测以及报告、项目减排量的核查和核证、CERs 的签发与转让等主要步骤。与其他非附件一国家相比，中国 CDM 项目实施启动较晚，但经历短期的经验积累后迅速发展，项目数量增长显著。

（二）碳交易市场

虽然当前关于清洁发展机制项目供应较多，处于领先地位，但却是产业链的低端，因此，我们需要建设自己的碳排放交易市场。排污权交易作为发挥市场机制促进污染物减排的重要制度性安排，不断快速发展。原国家环保总局自 1990 年就开始进行排污权交易的研究，在全国 16 个城市试点推行"大气污染物排放许可证制度"，2002 年提出在沪、津、苏等省市开展排污权交易试点。自 2007 年起，财政部会同环境保护部、国家发展改革委先后批复了天津、江苏、浙江、陕西等 11 个省（市）作为国家级试点单位，探索实行排污权有偿使用和交易制度。据统计，试点地区排污权拍卖收入累计约 20 亿元。

目前，北京、上海、天津、重庆、广东、深圳和湖北的 7 个碳排放权交易试点均已完成，并取得了阶段性成果，其他省份也陆续建立了交易所。据清洁发展机制网统计，我国已建成的排放权交易平台近 30 家，截至 2015 年 7 月 14 日，在 EB（联合国清洁发展机制执行理事会）注册的全部 CDM 项目 3807 项，截至 2016 年 4 月 15 日，已获得 CERs 签发的全部 CDM 项目 1478 项。各省市具体交易所名称及 CDM 项目数如表 4 – 5 所示。

表 4 – 5　　中国各省市排放权交易所及 CDM 项目数分布表

序号	省市	名称	EB 注册项目数	CERs 签发项目数
1	北京	北京环境交易所（试点）	20	9
2	上海	上海环境能源交易所（试点）	16	6
3	宁夏	上海环境能源交易所宁夏分所	159	30
4	福建	上海环境能源交易所福建分所	96	41
5	黑龙江	上海环境能源交易所黑龙江分所	117	31
6	新疆	上海环境能源交易所新疆分所	181	41
7	广东	深圳排放权交易所（试点）/广州环境资源交易所（试点）	97	41

续表

序号	省市	名称	EB注册项目数	CERs签发项目数
8	河北	河北环境能源交易所	185	81
9	湖北	湖北环境资源交易所（试点）	96	46
10	天津	天津排放权交易所（试点）	9	2
11	吉林	吉林环境能源交易所	129	40
12	贵州	贵阳环境能源交易所	110	56
13	辽宁	营口环境交易所/大连环境交易所	142	63
14	云南	昆明环境能源交易所	367	148
15	陕西	陕西环境权交易所	93	32
16	青海	青海环境能源交易所	57	17
17	重庆	重庆资源与环境交易所（试点）	52	22
18	湖南	湖南省公共资源交易中心	144	62
19	江苏	江苏（苏州）环境资源交易中心有限公司	76	45
20	江西	江西省碳排放权交易中心	57	24
21	内蒙古	内蒙古排放权交易所有限公司	354	182
22	河南	尚未建立	96	35
23	浙江	宁波环境能源交易中心有限公司	65	30
24	海南	尚未建立	18	11
25	西藏	尚未建立	0	0
26	四川	四川联合环境交易所	368	106
27	安徽	安徽省环境能源交易所	67	33
28	山东	潍坊环境能源交易中心	190	71
29	甘肃	甘肃省碳排放权交易中心有限公司	238	103
30	山西	山西环境能源交易中心有限公司	126	37
31	广西	尚未建立	82	33
合计			3807	1478

资料来源：根据中国清洁发展机制网资料进行整理。

"十一五"规划以来,我国在推动可再生能源发展、加强节能管理等方面制定了一系列政策,绿色低碳发展的政策体系初步建立。中国可再生能源产业发展报告(2013)显示,我国可再生能源占一次能源消费的比重从2005年的6.8%提高到2012年的9.4%,相当于少耗用了2亿吨标准煤的化石能源;我国单位GDP能耗强度从2005年的1.28万吨标准煤/万元下降到2013年的0.94万吨标准煤/万元,累计下降约26%,相当于节约10亿吨标准煤的能源;2013年的单位GDP二氧化碳排放量比2005年下降约27%。截至2015年3月31日,7个碳排放权交易试点累计成交量约2000万吨,累计成交金额近13亿元。① 下一步,国家发改委将在7个试点省市的基础上,总结好的经验和做法,建立全国碳交易市场。

(三)碳交易市场特征

从各省市碳排放权交易制度来看,具有以下共同特征。

1. 采用总量控制与配额交易原则。

主要的减排形式还是强制减排,较少采用自愿减排,配额的制定标准受历史排放量、产业政策和行业基准影响,发放配额主要是免费发放,少量采取拍卖形式。政府确定强制减排企业的配额总量,主要通过免费形式分配给企业,要求企业每年在规定时间内上缴与实际排放量一致的配额,一定数量的项目减排量可以替代配额来使用(但一般不超出年初确定配额总量的10%)。如有剩余配额,可以进行储存或交易,而对未完成的履约义务、拒绝报告排放和拒绝接受核查等违规行为,政府将进行严格的处罚。政府行政规章或地方人民代表大会决议等已对政府主管部门、第三方审查机构及交易机构各方的监管责任进行了明确的规定,并规定了对履约企业在申报政府支持项目时享有优先地位等优惠措施。

2. 主要覆盖高耗能、高排放企业。

覆盖的行业主要包括电力、钢铁、水泥等高排放部门,其中,北京、深圳等试点引入了建筑行业,涉及的温室气体主要为化石能源消耗产生的二氧化碳排放。企业强制纳入排放交易体系的主要入选标准是年二氧化碳排放量达到2万吨以上,但各省市的工业发展状况不同,

---

① 田豆豆:《中国七大碳交易试点累计成交额近13亿元》,人民网,2015年4月10日。

具体标准略有差异,其中,湖北省的入选标准定为年能源消费量6万吨标准煤以上。除履约企业外的达到一定排放规模的,排放实体也强制要求进行碳排放量报告,需经第三方机构审查,并由相关主管部门最终确定实际排放量,为未来进一步扩大市场覆盖范围做好前期铺垫。

3. 市场交易为主,政府适当调节为辅。

将经过中国CDM机制下各省市认证的核证减排单位(CER),纳入交易体系,但企业使用中国核证减排量具有比例的上限。除大宗交易等特殊情况外,交易在指定交易所的电子交易平台进行场内交易。交易参与方为各履约企业和持有项目减排量的企业主体,交易标的主要有配额和项目减排量,交易价格由市场供求情况决定,政府在必要时会通过出售及回购等手段对市场价格的大幅波动进行干预。

第二节 取得的低碳成效与不足

一、政府低碳的决心与行动方面

(一) 已有的成效

1. 低碳补偿与奖励政策。

我国政府为了努力发展低碳经济,提出了科学发展观、建设资源节约型、环境友好型社会的指导思想,并出台了《中国应对气候变化国家方案》《中国的能源状况与政策白皮书》和《关于印发节能减排综合性工作方案的通知》等纲领性文件,在2009年的哥本哈根世界气候大会上做出了减排承诺,并于"十二五"规划中制定了节能减排约束性指标。为了实现减排目标,我国政府出台了系列低碳补偿与奖励政策,以财政补贴或奖励等形式对企业低碳行为进行补偿,降低了企业低碳的成本和风险,显示了我国政府低碳发展的巨大决心。表4-6为我国政府对企业低碳行为的支持政策与影响。

表4-6　　　　　　我国政府对企业低碳的支持政策与影响

低碳表现	支持政策	对企业的影响	备查文件
关停小火电机组	发电量指标转移置换的补偿机制；鼓励"上大压小"，建设大型电源项目	降低企业的资产关停损失；优化电力公司资产结构；降低公司整体能耗水平	《关于加快关停小火电机组的若干意见》等
淘汰落后产能	根据淘汰落后产能大小进行财政奖励；落实完善企业职工安置政策；支持企业升级改造	淘汰陈旧生产线；利于公司的发展和转型；提升公司的市场竞争力	《国务院关于进一步加强淘汰落后产能工作的通知》《淘汰落后产能中央财政奖励资金管理暂行办法》等
节能技术项目改造	获得政府资本金注入、补助或贷款贴息；政府补贴资金量与节能量挂钩；奖励标准为200元/吨标准煤（东部）和250元/吨标准煤（中西部）	利于企业低消耗、低成本、低污染、可持续发展目标的实现；提升产品质量和推进节能减排，降低产品能耗成本；提高公司的竞争力和行业地位	《中央国有资本经营预算节能减排资金管理暂行办法》《节能技术改造奖励资金管理暂行办法》等
投资新能源	"金太阳"工程财政补贴；"太阳能屋顶计划"财政补贴；风力发电设备产业化专项资金	抓住新能源行业的政策机遇；应对未来能源行业可能出现的变化；存在技术风险和销售风险	《中华人民共和国可再生能源法》《可再生能源发展专项资金管理暂行办法》等

从表4-6可以看出，我国政府对企业低碳行为进行了政策支持，使企业低碳行为的资源消耗可以得到一定程度的补偿。广西桂冠电力公司[①]、广东韶能集团公司[②]、重庆三峡水利电力公司[③]、新疆天宏纸业股份有限

---

① 2010年2月25日，广西桂冠电力公司在《上海证券报》公告："根据国家有关节能减排'上大压小'政策，小火电机组将逐步关停，因本次机组关停而减少的发电量可通过电量转移置换和资产的合理处置得到补偿，将关停的损失降到最小。"

② 2009年1月6日，广东韶能集团股份有限公司在《证券时报》公告："2008年以来全国大部分火电企业生产经营都较为困难，公司关停的九号机组也未能幸免，拖累了公司的整体效益。九号机组关停后，公司经营业绩受该机组经营业绩影响的不确定性因素将消除，对公司未来的经营业绩将会产生积极的影响。"

③ 2011年12月28日，重庆三峡水利电力公司在《上海证券报》公告，"按照重庆市及万州区淘汰落后产能工作的相关要求，沱口电厂整体关停及设备处置拟按'分步拆除、整体处置'的方式进行，截至报告发布日，公司累计取得淘汰落后产能中央财政奖励资金540万元，房屋建筑物及部分机器设备拆迁补偿费用738.52万元。"

公司①、宁夏建材集团公司②、中国冶金科工股份有限公司③等都是受益公司。

2. 清洁发展机制项目。

为了实现低成本减排，2005年生效的《京都议定书》提出了三种减排机制：排放贸易机制、联合履行机制和清洁发展机制。其中，清洁发展机制（Clean Development Mechannism，CDM）是基于项目的、发达国家与发展中国家合作进行减排的机制，即具有法定减排义务的发达国家通过提供资金或技术，来购买发展中国家的减排量，从而完成自身的减排目标。我国作为发展中国家，是CDM项目的主要供给国，我国政府也对CDM国际合作项目持积极支持的态度，专门成立了CDM项目管理机构，颁布了《清洁发展机制项目运行管理办法》，鼓励我国符合条件的项目业主积极申请CDM项目。

山东民和牧业股份有限公司于2012年2月14日在《上海证券报》公告："该公司申请的CDM减排项目于2009年4月27日在联合国正式注册成功。开始正式与世界银行进行温室气体减排量交易。2012年2月10日，公司《粪污处理大型沼气工程及资源化利用项目》中CDM减排项目收到了第一年度减排收入62.49万美元，合人民币393.69万元。"柳州化工股份有限公司于2011年12月30日在《上海证券报》公告："该公司CDM减排项目于2008年5月9日在联合国注册成功，近日获得了联合国CDM理事会核查确认，获得签发的核证减排量为295478吨二氧化碳当量，减排期为2010年10月1日至2011年3月30日，扣除联合国2%适应性收益分配后，可交易的经核证的减排量为289568吨二氧化碳当量，获减排收入为304.05万美元。"此外，还有新疆天富热电公司、武汉凯迪电力股份公司等都是CDM项目的申请公司，这些公司在改善气候环境的同时，也为企业带来了先进的技术和碳减排收益。

3. 碳排放交易试点工作。

除了支持公司积极申请CDM项目，我国政府还于2011年10月底发

---

① 2009年3月17日，新疆天宏纸业股份有限公司公告："因公司淘汰了落后的相关圆网纸机生产线，2009年1月6日，公司已收到石河子市财政局淘汰落后产能中央财政奖励资金825万元，增加了本公司营业外收入825万元。"

② 2012年8月16日，宁夏建材集团公司在《上海证券报》公布："获得中央国有资本经营预算节能减排资金拨款6006万元。"

③ 2010年12月14日，中国冶金科工股份有限公司在《上海证券报》公告："本公司收到财政部拨付的2010年中央国有资本经营预算节能减排资金人民币33135万元。"

布了《关于开展碳排放权交易试点工作的通知》，批准北京、天津、上海、重庆4大直辖市，外加湖北、广东、深圳等7省市开展碳排放权交易试点工作。国内第一笔自愿碳减排交易于2009年8月5日在北京环境交易所达成。购买方是上海天平汽车保险股份有限公司，该公司通过购买奥运会期间北京绿色出行活动所产生的8026吨减排指标，来抵销自身2004~2008年公司运营中产生的碳排放，是我国首家购买自愿碳减排量实现碳中和的企业①。比较成功的例子还有2008年北京中山公园音乐堂，该音乐堂向环保组织——山水自然保护中心认购自愿减排量，来抵销"打开艺术之门"系列演出活动中的演出和观众交通中的碳排放，支付的款项由山水自然保护中心按国际标准在云南植树②。2013年6月18日，深圳排放权交易所也完成了第一笔碳配额交易的成交，交易双方是深圳能源集团股份公司和广东中石油国际事业有限公司，成交量2万吨二氧化碳当量，成交价为58万元③。

中国已建或拟建的排放权交易所如表4-7所示。

表4-7　　　　　　　中国已建或拟建的排放权交易所

已建	拟建
北京环境交易所、天津排放权交易所、上海环境能源交易所、深圳排放权交易所、辽宁排放权交易所、大连环境交易所、浙江嘉兴排污权储备交易中心、浙江省排污权交易中心、山西吕梁节能减排项目交易服务中心、昆明环境能源交易所	湖北碳交易试点、广东碳排放试点、江苏太湖流域化学需氧量交易体系、江苏南通水污染排放权交易体系、黑龙江二氧化硫储备交易中心、陕西渭河排污权交易体系、四川成都排放权交易试点、河北唐山污染物排放权交易试点、粤港温室气体交易体系、河南排污权交易试点、重庆排污权交易试点、香港交易及结算所

我国碳排放交易试点的开展，表明政府试图以市场手段优化配置环境资源，从而提高企业自主节能减排的积极性。表4-7报告了我国截至2012年底已建或拟建排放权交易所情况。可以看出，环境监管部门成立的排放权交易所数量正在逐步增加。碳排放权交易是以市场为基础的经济制度安排，它可使企业为自身的利益提高节能减排的积极性，使企业低碳从政府的强制执行到企业的自觉行为，企业低碳的收益也逐渐从政府的补贴

---

① 卜海涛：《国内首单自愿碳减排交易签约》，载《中国财经报》2009年8月6日。
② 王颖：《自愿减排市场能走多远》，载《中国经营报》2009年8月25日。
③ 赵瑞希：《深圳碳排放交易运行首日成交逾2万吨配额》，新华网，2013年6月18日。

补助过渡到市场的收益。

(二) 尚存在的问题

1. 政府低碳奖励或惩罚力度不当。

由于地方政府与企业之间存在信息不对称,并不能了解企业真正的生产状况和碳排放情况,逐一检查每一个企业的检查和监督成本又比较高,使得国家的低碳奖励或惩罚规定可能并不能真正适当。例如,某些企业并未执行国家的低碳政策,但由于信息不对称,地方政府对企业的惩罚力度可能会偏低,甚至低于企业自身的污染治理费用,这样,企业自然会选择继续不执行低碳规定,无视政府的处罚规定。同样,某些企业治污成本很高,但企业给予的奖励过低,也会影响企业减排的积极性。

2. 企业成功申请 CDM 项目的风险较高。

由于 CDM 在我国的传播时间较短,我国许多企业和金融机构还没有完全认识到其中蕴藏的商机,对 CDM 项目的开发规则、碳资产的价值实现以及操作模式等并不熟悉,减少了 CDM 项目的供给。相对于一般的投资项目,CDM 项目从注册、审批到核证,经历的审批程序复杂,标准严格,且有关认定程序易变,再加上 CDM 交易会涉及两个以上国家,交易成本较高。因此,企业申请 CDM 项目的风险较大,影响了企业积极参与申请开发 CDM 项目的积极性。

3. 碳排放交易试点"有价无市"。

虽然我国初步的碳排放交易市场已经形成,但碳交易市场却是"有价无市"的局面。主要因为我国的碳交易还处在萌芽状况,国内企业对碳排放交易并不了解,也很少有企业能够从碳交易中获利。要使得碳交易真正开展,我们还需要在碳配额的分配、企业碳减排数据的监测核算、认证规制、第三方资质审核、人才培养等方面加强支撑体系建设。

二、低碳技术的研发方面

(一) 已有的成效

低碳技术是指有助于降低经济发展对生态系统碳循环的影响,进而实现经济发展的碳中性技术。关于低碳技术的定义,蔡林海(2008)认为,只要能够在能源消耗或供给领域起到抑制地球变暖的技术均属于低碳技术。当前人们普遍关心的低碳技术有三种：第一种是清洁能源技术（俗称零碳技术），例如，利用太阳能、生物智能、风能或核能等清洁能源来降低碳排放量的技术；第二种是节能技术（俗称减碳技术），该技术主要通过提高化石能源的使用效率，来相对降低碳排放量的一种技术；第三种是碳排放量降低技术（俗称去碳技术），该技术以二氧化碳的捕捉与储藏技术（carbon dioxide capture and storage，CCS）为核心。

低碳技术研发是发展低碳经济的基础和核心，许多国家大力支持低碳技术研发，试图在低碳经济的竞争中获得先行优势。改革开放40年以来，我国相关部门在相关科技计划中，也对节能和清洁能源、可再生能源、核能、碳捕集和封存、清洁汽车等低碳前沿技术加大投资力度，科技研发投入不断攀升，这显示出我国政府在推动自主创新方面的努力。2013年，科技部部长万钢表示，我国仅"十一五"期间的科研经费投入就超过100亿元，①"十二五"期间我国还会进一步支持低碳技术研发，以推动我国经济社会的可持续发展。

低碳技术的研发一般要经历基础研究、技术研发、项目示范和市场推广四个阶段。我国目前的低碳技术所处阶段参差不齐。就CCS技术而言，我国研发进度发展很快，我国国内正在实施阶段或即将开工建设的示范工程项目就有10个左右，表4-8为我国现阶段运行的二氧化碳捕集与储存项目。可以看出，我国对该技术的创新研究力量正在逐步形成；就风电和太阳能光伏发电技术而言，我国也不甘落后，2010年，我国拥有风电机组约3.5万台，装机容量高达4万兆瓦，风电装机容量位于全球领先水平，是全球领先的风机与太阳能光伏电池板的生产大国②。但由于我国并网风电起步较晚，我国在世界风电技术领域并未位于领先位置，不具备核心技术，位于国际的中低端，而丹麦、德国、西班牙与美国等国由于入行早而具有先发优势，技术实力雄厚。在绿色照明技术（LED）方面，当前，美、日、德等国家是世界半导体照明产业技术水平较高的国家，少数大公司掌握了大部分的专利技术，这些公司对核心技术、技术研发和示范的保护措施较强。我国LED产业发展迅速，产业产量和产值很高，但是由于没有掌握核心技术，利润并不高，属于组装车间的角色。我国一些研发机构正在积极研发核心技术，比如清华同方。在"十二五"期间，我国政府

---

① 韩士德：《科技部启动应对全球气候变化科技项目》，载《科技日报》2010年3月3日。
② 王文君、赵黛青：《我国低碳技术的现状、问题与发展模式研究》，载《中国软科学》2011年第12期。

对 LED 产业的支持力度会不断加大，除了给予一定的财政补贴外，还会涉及从研发到财税的一揽子政策。

表 4–8　我国现阶段运行的二氧化碳（CO_2）捕集与储存项目

项目	运行方	主要技术	目标捕集量（年）	项目运行期间
大庆油田项目	中石油、丰田	CO_2 运输与封存	2000000 吨	2008 年
绿色煤电项目	华能集团等	CO_2 的捕集与封存	20000 吨	2006～2020 年
烟台整体煤气化联合循环项目	我国五家公司与欧盟和日本合作	燃烧前捕集	10000 吨	1995～2015 年
上海石洞口项目	华能集团公司	CO_2 的捕集	100000 吨	2009 年竣工
中欧煤炭利用近零排放合作项目	中英	CO_2 的捕集	5000 吨	2007～2015 年
哈尔滨热电厂项目	中日方合作	CO_2 的捕集	2000000 吨	—
中欧碳捕集合作项目	中欧方合作	燃烧前捕集		2006 年
澳中的煤清洁技术	中澳合作	CO_2 的捕集	2000 吨	2008 年
高碑热电厂项目	华能集团公司	燃烧后捕集	3000 吨	2008 年始运行
鄂尔多斯二氧化碳捕集与封存可行性研究项目	神华集团公司	CO_2 的捕集和封存		2010 年

（二）尚存在的问题

1. 低碳技术研发的投入机制匮乏。

当前，我国在研发方面的支出还远远不足，占 GDP 的比重不到 1.5%，而发达国家的研发支出占 GDP 的比重已经达到 2%。按人均研发经费计算，中国人均研发经费支出只有日本的 14%[①]。我国有些低碳技术的研发资金依赖于政府的临时性拨款，还有政策性贷款，尚未形成稳定持久的政府投入机制，导致低碳技术发展的资金缺乏。

---

① 王承云、秦健：《低碳技术研发的国际经验及启示》，载《企业管理》2010 年第 5 期。

2. 企业缺乏先进低碳技术的研发能力。

我国大部分企业的技术创新能力薄弱，研发资金投入不足，即便投入研发资金，但用于基础研究的费用尚不足10%，用于新产品开发的仅为24%左右。在研发项目或产品的选择上，企业也偏重于短期见效快的项目，对于长期性、具有市场前瞻性的基础研究重视不够。低碳技术的专利申请也大多来自专业院校，企业申请专利的数量少而且分散，与之形成鲜明对比的是，国外企业专利申请数达百上千的状况，这充分表明我国企业低碳技术研发能力的不足。

3. 国外低碳技术的引进困难。

我国低碳技术研发起步晚，不可能依靠自身力量和资金同时研发所有的低碳技术，因此，引进低碳先进技术是我国发展低碳技术的路径之一。但在技术引进的过程中，由于发达国家进行了先进技术的产权保护，转让费用很高，再加上这些国家的企业出于垄断的考虑，缺乏转让新技术的动力，这导致我国通过引进低碳技术而发展低碳，困难重重。即便引进成功，由于缺乏这些技术开发阶段的实际经验，低碳技术推广也困难。

三、绿色金融政策的实施方面

（一）已有的成效

绿色金融，是指环境金融或可持续金融，包括绿色信贷、绿色保险和绿色证券等系列金融产品和服务。2007年7月，我国国家环保总局、中国人民银行与中国银监会联合发布了《关于落实环境保护政策法规防范信贷风险的意见》，正式提出"绿色信贷"政策。该政策旨在按照国家的经济环境政策和产业政策，对不符合产业政策或环境违法的企业或投资项目进行信贷控制，限制贷款额或实施惩罚性的高利率，而对节能减排项目给予贷款扶持，实行优惠性的低贷款利率。

根据2009年《中国银行业社会责任报告》的报告，我国商业银行在绿色信贷政策指导下，通过"名单式"的管理方法，以及差别化风险定价、专项拨备、经济资本占用系数调整等方法，控制了对"两高一剩"行业的信贷投放，大幅度压缩了火力发电、焦炭等行业的贷款。第一批受到信贷限制的企业是一些环境违规企业，它们被国家环保总局限制信贷，如安徽省蚌埠九采罗化工有限公司。还有部分企业不仅被停止新的贷款，先前的贷款也被提前收回，如安徽运漕酒厂和铜陵铜官山有限公司。据2009年《中国银行社会责任报告》显示，2010年银行业对钢铁、平板玻璃、水泥、煤炭、电力、化工和造船等产能过剩行业的贷款比2009年下降了0.37%，"两高一剩"行业的贷款清理、退出力度显现。而对于风电、光伏、新能源汽车、清洁煤技术和生物质能等产业实施差别化信贷政策，重点支持清洁能源、污水处理、垃圾处理、电厂脱硫除尘等项目，还创新推出各种金融理财产品，例如，基于清洁开发机制的节能减排融资项目，还有基于碳排放权的理财产品等。各银行"绿色信贷"金额不断增加，从2004年的0.9千亿元到2009年的8.6千亿元，再到2011年的12.65千亿元。

绿色信贷政策是通过调控和管理金融机构的贷款流向，影响企业的间接融资，对高耗能或重污染公司实施控制。而国家环保总局和我国保监会于2008年2月18日共同发布的《关于环境污染责任保险的指导意见》，则是通过开展环境污染责任保险先期试点的形式，即"绿色保险"政策，来防范化解企业的环境风险，运用经济手段和市场机制降低政府环境压力，转移公司污染风险，进而维护公众环境权益。

2008年2月25日，国家环保总局又公布了《关于加强上市公司环保监管工作的指导意见》，发布了"绿色证券"政策，这是继绿色信贷、绿色保险之后的第三项环境管理政策，该政策的出台，对企业的直接融资渠道进行了规范，要求对上市融资或上市后再融资的公司进行严格审查与限制。凡是未严格执行环境评价和"三同时"制度，或者环保设施不配套、排放不达标、环境事故多风险大的公司，可以一票否决，截断企业资金的链条。而对于环境友好型企业的上市融资，则提供各种便利条件。上述"绿色信贷""绿色保险"和"绿色证券"政策的出台，表明我国已逐渐搭建起绿色调控的金融体系。

（二）尚存在的问题

1. 现有的环保法律政策不完备。

当前，虽然绿色政策不断出台，对企业环境违法行为进行了限制，但由于没有形成专门的法律体系，法律责任不明确。即便上述绿色政策没有得到贯彻执行，根据作者2015年对部分商业银行的调查，环保部门和银监会等部门也无法通过行政或法律手段对相关部门进行惩罚。如绿色信贷政策，由于我国缺乏专门的绿色信贷法律体系，有些银行受到贷款利益的驱使，放松对污染企业的信贷审批，银保监会和环保部门也难以对商业银行的滥发信贷行为进行执法。

2. 缺乏企业环境信息动态管理数据库。

绿色金融政策的实施需要相关部门了解企业的环保信息，这就需要我们建立企业环境信息动态管理数据库，随时补充更新企业的环保信息，为商业银行与相关环保部门、监管机构和司法部门等进行监管提供依据。但目前我国环保信息系统建设不完善，企业环保信息获取困难，存在遗漏或滞后的情况，商业银行难以及时获取准确的企业环境信息，影响了银行的信贷审批工作。另外，我国缺乏具体的"绿色信贷"指导目录，降低了该政策措施的可操作性。

3. 商业银行执行绿色信贷政策动力不足。

当前在政府出台的三项绿色金融政策中，绿色保险和绿色证券政策起步较晚，发展规模与作用比较有限，因此，绿色信贷是绿色金融政策的主要组成部分。但是由于地方政府的保护主义，干预了当地环保部门和银行对污染企业的信贷限制审批，还有一些地方政府承担了该地区污染企业的风险，银行出于规避风险动机的绿色审批动力大打折扣，这些都影响了绿色信贷政策的执行效果。

四、消费者低碳消费偏好方面

（一）已有的成效

消费是生产的最终目的和动力，消费者对绿色、低碳产品的偏好会促使企业生产环保、绿色的产品，也是企业主动低碳的动力之一。我国作为发展中国家，尽管绿色消费起步较晚，但也在不断地完善发展。随着气候变暖的挑战和国际社会对气候问题的关注不断升级，我国政府也开始积极宣传"气候变化""低碳经济""低碳消费""低碳生活"和"低碳出行"等理念，国家环保总局等部门于1999年联合启动了"三绿工程"，主要内容是"开辟绿色通道、培育绿色市场、提倡绿色消费"等，这对于促进绿色消费观念的普及有很大意义。自2013年开始，我国政府将每年6月的第3日定为"全国低碳日"，将6月15日~21日定为节能宣传周。而消费者从近几年频繁发生的干旱、洪水和雾霾等极端气候现象切身感受到绿色消费的必要性，绿色低碳的生活和消费理念得到了普及。《发展首都绿色流通事业的对策研究》课题组对北京 16 个区县的调研结果表明,大部分被调查对象对绿色消费理念有一定了解,而认识的清晰程度和消费者文化程度与年龄有关,文化程度较高者和年轻人对绿色消费认知程度更高。

为了帮助消费者选择绿色产品,政府也在绿色产品开发补贴、绿色认证和绿色采购等问题上做了大量工作,以引导市场进行绿色消费。在产品开发上,国家通过财政补贴政策,刺激企业积极生产绿色产品,例如,为减少道路堵塞和节约能源,政府对电动车的开发研究进行财政补贴,2006年对小排量汽车全面解禁,取消了相关部门对节能环保型的小排量汽车的交管限制。为了方便消费者对产品进行区分,推动企业绿色产品市场的发展,我国政府相继推出系列的绿色产品机制与认证制度,并鼓励企业发布"碳足迹"标签,申请产品低碳认证;在绿色采购上,政府率先引领绿色消费,2006 年,中国财政部与环保部等颁布了《关于环境标志产品政府采购实施意见》与《环境标志产品政府采购清单》,开始了中国政府的绿色采购。据统计,我国政府 2011 年采购的节能与环保产品规模达到了 1650.4 亿元[①]。由于政府采购规模大、资金量多、涉及面广,具有市场带动作用明显的特点,因此,政府的绿色采购行为是我国建立可持续消费模式的突破口,不论对提高全社会环保意识、引领公众的绿色消费,还是推动企业开发绿色产品都具有非常重要的意义。

(二) 尚存在的问题

1. 市场环境尚未发育成熟。

当前,我国市场上频繁一些借低碳、绿色或环保的名义,对产品进行高定价的现象,一些营销宣传缺乏常识,但极具误导性,造成消费者对低碳消费的认识障碍,认为低碳消费就是高价格,从而降低了消费者低碳消费的积极性。我国农村人口较多,较多的消费者属于中低收入者,支付能力有限,难以承受低碳产品的高价位。不可否认,由于新技术和新设备的采用可能会造成低碳产品价格的一定上升,但从长期看,价格应该会降低到消费者可承受的水平,并满足消费者保护环境和可持续发展的需要。另外,由于环境问题具有外部性和公共性,低碳与消费者之间短期联系不明显,部分消费者虽然认识到低碳消费的重要性,却未必会转化为自身的低碳消费行为。

---

① 付芳:《完善我国政府绿色采购制度体系》,载《中国政府采购报》2012 年 11 月 27 日。

2. 绿色产品认证不规范。

为了方便消费者区分绿色产品，我国政府推出了系列绿色产品认证制度，但存在执行不规范、绿色认证标准执行不到位的问题，市场中的"伪绿色产品"泛滥，消费者也逐渐对绿色产品认证制度失去了基本的信任。关于节能产品的认证，当前认证办法仅从商品的使用环节进行区分，没有考虑商品生产与流通环节的碳排放，显然有失合理性。因此，以后我国政府应加强绿色产品认证体系的管理，规范绿色低碳产品的认证制度，并要求企业披露产品的碳足迹信息，从而真正为消费者区分绿色节能产品提供依据。

第五章

碳排放权交易的国际经验探路

不可否认,低碳并不是一个原生态概念,而是一个在新环境下的发展理念,无非意在强调一种特殊资源的稀缺性与彼此制约特征,从这个意义上讲,由碳排放权衍生而来的碳交易、碳金融则是借用了金融市场使交易各方普遍接受的金融工具这一概念,表达出能够在碳金融市场中可交易的专属额度而融通余缺、综合配置之功效。其实,众多经济发达国家已经在低碳征途中探索了许久。因此,敞开思路,比较国际上众多国家的探索之举,将会给我们一些启示。

第一节 碳与金融的联姻

一、碳金融的涵义

(一) 碳金融的理论基础

碳金融的理论基础主要包括以下几个方面。

1. 气象经济学。

气象经济学是一门研究人类社会活动和气象资源之间的经济关系及其行为选择的社会科学[①]。其中,气象资源不仅囊括了与气候变化有关的自然资源,也囊括了在其自然资源基础之上衍生出来的社会资源;前者是一种天然的自然界资源,后者是一种经过人类社会活动作用过的社会资源。

人类可持续发展问题最终要归结到气候问题,而在近20年的发展过

---

① 于波、李平华:《气象经济学研究对象及其特征分析》,载《气象软科学》2008年第1期。

程中，伴随着全球厄尔尼诺现象的加剧以及气温的明显升高，对于气候问题的研究逐渐成为可持续发展的核心。全球气候的变化是气候经济学理论发展的原动力，气候经济学是碳金融理论产生的基础理论之一。

2. 环境金融学。

环境金融学将经济发展和环境保护相结合，旨在维护社会的可持续发展，减弱传统金融业的负面效应。所谓环境金融，是指通过对社会资源的合理配置，引导金融业向着有利于环境保护的方向发展，实现金融业的可持续发展；在此基础上，环境金融学还有一层涵义，传统金融学要致力于为环境产业的发展提供相应的环境支持，以期促进环境产业的健康发展。

作为环境金融学的一个分支，碳金融在继承环境金融学基本理念的基础上，并对其进行了一定程度的创新，将传统金融与温室气体排放相结合，旨在服务低碳经济发展，碳金融的核心是碳排放权交易。

3. 外部性理论。

1890 年，马歇尔在《经济学原理》一书中提出"外部经济"的概念，"外部经济"一词最早由马歇尔在 1890 年《经济学原理》一书中提出，他认为环境方面的外部性主要由生产和消费的外部不经济性组成。外部性理论的提出为碳金融理论的完善奠定了基础，提供了相对可行的实施策略。依托外部性理论，碳排放权交易通过将环境成本内部化来实现节能减排的目的。将经济学理论引入节能减排领域，目的在于通过市场机制寻找一种环境成本内部化的方法，实现资源的优化配置。

（二）碳金融与绿色金融区别

绿色金融，可追溯到 20 世纪 90 年代，主要包含两个维度：一是金融业在实现经济的可持续发展中起到的中介作用，二是金融机构如何实现自身的经济可持续发展。碳金融与绿色金融的区别主要表现在以下几点：第一，两者要解决的问题不同。绿色金融主要解决环境保护问题，碳金融主要解决低碳发展问题。第二，两者遵循的法律框架不同。绿色金融法律基础可以是本国的法律，碳金融法律基础是国际法。第三，两者与经济发展的关系不同。绿色金融的发展是为了促进经济的更好发展，推动碳金融发展与实现经济发展存在一定的替代关系（乔海曙，2011）。

(三）碳金融的定义

碳金融的概念是伴随着低碳经济①的发展衍生而来的。索尼亚·拉巴特（Sonia Labatt, 2007）对碳金融进行了较为全面的解释。广义上来说，所谓碳金融，是通过市场化地来解决气候变化问题；狭义上来说，碳金融被定义为通过使用市场工具来实现环境目标的环境风险的解决方案；王宇（2008）从气候经济学的角度出发，认为碳金融为解决当下各种气候问题提供了思路；张传国（2011）在王宇研究的基础上更进一步，将碳金融定义细化为所有用于减少温室气体排放的各种金融制度安排的总和。目前国内引用最多的是陈柳钦（2010）对碳金融的定义，他把碳金融细化为三个部分：一是碳排放权及其衍生品（碳期权、碳期货）的交易；二是与低碳有关的项目的投融资活动，主要囊括了与碳减排相关的直接融资和间接融资；三是银行以及其他金融中介的绿色信贷活动，主要包括碳金融项目的咨询活动以及为实现碳减排提供的支付承诺。

综上所述，碳金融囊括了三个部分的内容：第一，以直接融资和绿色信贷等间接融资为代表的融资活动；第二，以碳金融衍生品为代表的投资增值活动；第三，以碳减排项目咨询活动为代表的金融中介的服务。简单来讲，与碳金融相关的业务主要包括碳排放权交易机制、与碳金融相关的投融资活动以及碳金融衍生品交易。而碳减排交易机制是碳金融的核心。

与碳金融相关的重要合约分别为《联合国气候变化框架公约》《京都议定书》和《巴黎协定》。《联合国气候变化框架公约》于1992年签订，是第一个旨在全面降低温室气体排放的国际公约；《京都议定书》于1997年签订，对发达国家减排温室气体做了具体规定，对发展中国家不做强制减排的要求。《京都议定书》提出了三个方面的履行机制：分别是联合履约机制（JI）、国际排放权交易（IET）和清洁发展交易机制（CDM），这三个方面的履约机制已经成为国际碳金融市场的基础。联合履约机制（JI）是指发达国家可以通过向其他承担减排义务国家的节能减排项目中获取相应的减排信用来抵销减排义务；国际排放权交易（IET）是指具有减排义务的发达国家在完成既定的减排任务之后，国与国之间可进行排放配额的转让；清洁发展交易机制（CDM）是指发达国家可以从其在发展

---

① "低碳经济"一词最早由英国政府在2003年提出，英国能源白皮书《我们能源的未来：创建低碳经济》中指出，低碳经济的最终目的是实现经济发展与环境保护的双赢。

中国家实施的减排项目中获得核证减排量（CER）来抵销减排义务[①]。

二、碳交易市场的产生与运行机制

碳交易主要从两个方面展开：一是交易所进行的配额交易，并派生出各类金融衍生品；二是以项目为基础开展的减排交易。作为新兴的商品市场，碳排放交易市场是在2005年《京都议定书》签署之后获得了快速发展。碳排放权交易通过市场交易平台来实现碳排放权的交换以及平衡，最终目的在于实现排放量的低成本，如图5-1所示。

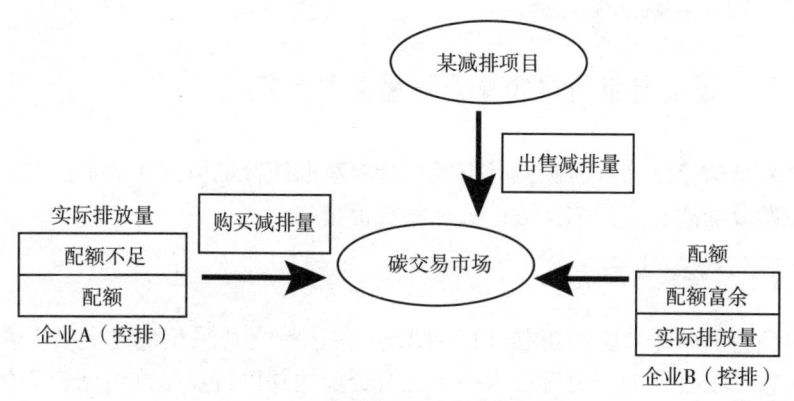

图5-1 碳排放权交易的基本原理

碳市场的"商品"所代表的含义是一公吨二氧化碳。碳交易市场中商品的价格受成本等一些因素的限制，商品价格也呈现出一定的差异。目前，主要交易的商品如表5-1所示。

表5-1　　　　　　　　碳市场中的交易商品

碳排放体系	主要交易的商品
京都议定书	分配配额单位 AAU
京都议定书—清洁发展机制（CDM）	核证减排量 CER
京都议定书—联合履约机制（JI）	减排量单位 ERU
欧盟排放权交易体系	欧盟排放配额 EUA、EUAA

---

① 数据来源：《联合国气候变化框架公约京都议定书》，1997年12月。

续表

碳排放体系	主要交易的商品
加州总量控制交易计划	加州碳配额 CCA
美国区域温室气体减排计划	区域温室气体减排量 RGGI
新西兰排放权交易体系	新西兰排放单位 NZU
国际自愿减排市场	自愿减排量 VER
中国碳交易试点	深圳碳排放配额 SZA；上海碳排放配额 SHEA；北京碳排放配额 BEA
中国自愿减排体系	中国核证自愿减排量 CCER

资料来源：根据公开资料整理。

三、碳交易市场中企业获取配额的方式

从全球范围来看，碳交易市场中企业获取配额的方式主要有三种：一是免费分配法；二是拍卖法；三是固定价格购买法。

（一）免费分配法

欧盟的碳排放交易机制（EU ETS）在运行之初采用的是免费分配的方式，基于企业的历史排放水平，免费分配法并以行业基准线法作为辅助进行配额分配。

"免费分配法"的主要优势在于有效调动了市场主体参与配额交易的积极性。首先，以历史水平作为基准，可以使碳减排对企业经营的冲击降到最低。同时，企业还可以转让剩余的碳排放配额作为企业的自有报酬。其次，"免费分配法"的主要劣势在于分配计划中确定的排放总量以企业自报为依据，再加上相对宽松的数据核算标准，导致欧盟碳排放市场出现供大于求的现象。同时，"免费分配法"的公平性受到一定的质疑。再其次，部分企业为获得较高的碳排放配额会高报原有的排放水平，这使得致力于节能改造的企业处于不利地位，历史排放水平较低的节能减排企业获得的碳排放额度也较少。最后，"免费分配法"对不同行业采用相同的减排标准，没有体现行业差异。

（二）拍卖法

"拍卖法"是指通过公开拍卖的方式拍卖碳排放配额，出价高者获得

最终的碳排放配额。与"免费分配法"相比，拍卖法在一定程度上发挥了市场机制的作用。"拍卖法"主要有以下优点：第一，"拍卖法"规避了"免费分配法"机制中存在的不确定性，使企业在稳定预期的前提下更好地安排企业的减排活动，从而更好地实现节能减排的目标；第二，"拍卖法"为减排技术的研发推广提供了一个良好的外部市场环境，有利于提升能源的总体利用效率，这是获取碳配额方法上的一大进步。美国区域温室气体减排行动（RGGI）采用的便是"拍卖法"。

但是，"拍卖法"也没有考虑不同行业间的碳排放差异，若进行全行业的碳排放权拍卖的全覆盖，会导致资金丰厚的大企业在碳交易市场处于垄断地位，相比之下，资金流不充裕的中小企业在碳交易市场中处于不利地位。

（三）固定价格购买法

"固定价格购买法"借鉴了"免费分配法"和"拍卖法"两种机制的实践经验，最终目的是实现通过逐步市场化的方法，充分发挥碳排放市场的资源配置作用，形成合理的市场价格信号。

2012年7月，澳大利亚正式实施固定价格的碳定价计划，2015年后逐步过渡到市场交易价格。总的来看，澳大利亚的配额方式采取的是循序渐进的方式，避免出现欧盟碳交易过程中碳价格剧烈波动的现象。具体方法是首先实施三年的固定市场价格，随后三年实施市场价格浮动区间，最后实现完全的市场化定价。上述定价方法一方面有利于形成稳定的价格信号，避免出现"免费分配法"机制中存在的不确定性；另一方面有利于企业稳定市场预期，促进市场资源的合理优化配置。

四、全球碳排放交易市场现状

考虑全球各地区要承担的减排责任和具体情况的不同，目前全球碳排放市场以区域市场为主，尚未形成全球统一的交易体系，而且中介机构也在其中扮演着重要的角色。

从世界主要地区二氧化碳排放量来看，亚太地区的二氧化碳排放量占全球排放总量的47.95%，其次是北美洲（19.38%）、欧盟（10.41%）以及中南美洲地区（4.11%）；中国的二氧化碳排放量远高于北美洲、欧盟以及中南美洲地区，如图5-2所示。

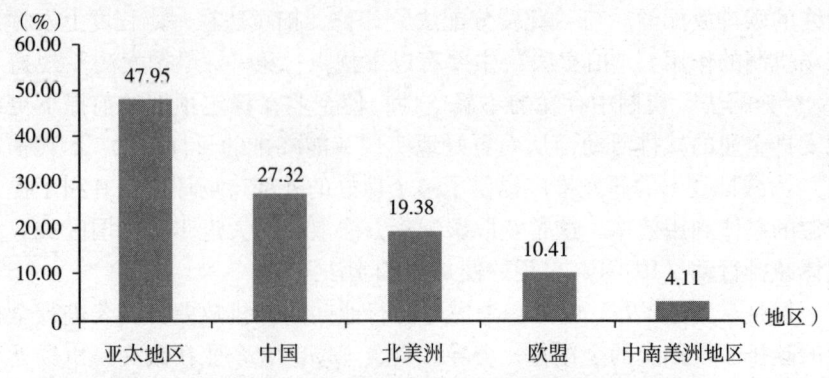

图 5-2 2015 年世界主要地区二氧化碳排放量占全球比重

资料来源：Wind 数据库。

根据世界银行提供的统计数据，国际碳市场的成交量和成交额在 2005~2014 年保持着良好的增长势头，2011 年成交金额为 1760 亿美元，相比 2005 年增长了 16 倍之多；随后在 2013 年和 2014 年出现了一定幅度的下降。同时根据美国官方的预测数据显示，全球碳市场在未来会趋向成熟，其市场成交额在 2020 年将达到 2500 亿~3000 亿美元。全球碳市场历年成交规模如图 5-3 所示。

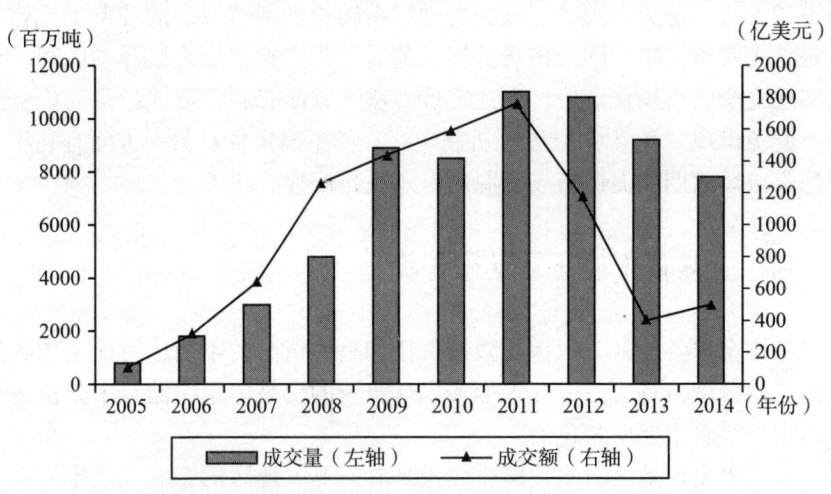

图 5-3 全球碳市场历年成交规模（2005~2014 年）

资料来源：世界银行。

目前，欧盟配额市场是占比最大的市场。全球范围内减排成本将继续存在差异，而各国也将维持低碳发展的政策，这将为国际碳市场的继续存在和发展奠定基础。一方面，现有国际碳交易市场 CDM 等机制的改进不可避免；另一方面，新的区域市场蓬勃兴起，但发展路径及与原有市场的关系存在不确定性，众多发达国家和发展中国家在建设自己的碳市场，而美国、欧盟和基础四国（中国）仍将是决定性力量。

第二节 碳金融定价机制之分析

作为碳金融市场运行的核心，良好的碳金融定价机制是碳金融交易市场的基石，有利于碳排放权资源的合理配置。碳金融定价机制的内涵可以从狭义与广义去理解。从狭义上来说，碳金融定价机制是碳金融价格的决定机制，广义的碳金融是指碳金融价格的形成过程以及各交易系统组成的完整统一的体系。这个体系主要包括以下几个方面：碳金融交易平台、市场参与者、交易规则和制度、定价方法、政策和法律以及碳金融衍生市场。从广义上来讲，在一个完善的碳金融平台上，一个完善的碳金融定价机制是指碳金融市场参与者按照一定的规则进行交易，依托市场的力量对碳金融交易产品进行合理定价的过程。在《京都议定书》的框架下，碳排放交易机制由国际排放贸易机制（IET）、联合履行机制（JI）、清洁发展机制（CDM）三种减排机制组成。这三个方面的履约机制是碳金融交易市场发展的理论基础。

一、碳金融交易平台

作为碳金融定价机制的基础，交易平台为碳金融交易提供了载体和媒介。全球第一个碳金融交易平台——Bluenext 交易所，在 2008 年 2 月正式运行，随后英国、美国、澳大利亚和新加坡等国家也相继建立了碳金融交易平台。

按照交易方式的不同，碳金融交易机制分为配额交易和项目交易。配额交易基于"总量限制交易"机制，总量限制机制形成了碳交易的有限供给，由此形成了对配额的要求和相应的价格。世界上的配额市场有五个交易体系构成：一是欧盟排放交易体系（EU ETS），二是新南威尔士温室气体减排机制（NSWGAS），三是芝加哥气候交易所（CCX），四是地区温室气体倡议（RGGI），五是《京都议定书》IET 机制。需要指出的是，配额交易体系又分为强制性和自愿性的配额交易体系。强制性的配额交易体系是指排放源企业被强制进入减排榜单，承担强制性的和具有法律约束力的减排责任；自愿性的配额交易体系是指排放源企业自愿参与碳减排义务，承担非强制性的减排责任。欧盟的排放交易体系属于强制性交易体系，而美国和澳大利亚属于自愿性交易体系。基于项目的碳金融交易机制是指以碳信用额为交易对象的减排项目，减排量的产生依托于具体的减排项目。《京都议定书》的清洁发展机制和联合履约机制属于基于项目的交易机制。

二、市场参与者

国际碳金融市场的参与者主要涉及主体包括受碳减排约束的国家、减排项目的开发者、咨询机构以及金融中介，分为需求者、供给者以及中介机构。碳排放权的供给者是指碳减排项目的开发者，碳排放权的需求者是指受碳减排约束的企业或者国家，中介机构是指碳减排供给者与需求者之间的媒介。一个完善的碳金融市场必须有完善的监管体系，对供需双方以及中介机构等参与者的行为进行监督和管理。完善的金融监管体系要做到以下两点：一是设立完善的碳金融交易规则和制度；二是对不符合碳金融交易规则的行为进行引导和纠正。

三、交易规则和制度

良好的交易规则和制度是保证碳金融交易顺利进行的基础和保证。具体来讲，基于项目交易的碳排放交易机制是指低于基准碳排放的项目可获得相应的碳减排单位，超出基准碳排放的国家或者企业可以通过购买碳减排单位的方法抵销减排义务；基于配额的碳排放交易机制是指在确定总量配额的前提下，通过一定的分配机制对总量配额进行分配的交易机制。基于项目交易的碳排放交易机制和基于配额交易的碳排放交易机制提供了排放权交易的基本框架。

四、碳金融衍生品市场

(一) 碳金融衍生品的特征

随着碳金融的不断发展，国家碳金融交易市场上出现了各种形式的交易衍生品,目前碳融资市场上主要的融资产品是碳衍生品。碳金融衍生品从碳减排量转换为碳虚拟商品,再在虚拟商品的基础上衍生出碳虚拟衍生品。碳金融衍生品主要有以下特征。

一是交易标的虚拟性。碳金融衍生品的交易对象是对基础碳排放权交易单位在未来不同条件下处置的权利和义务,其运行独立于碳基础工具交易机制,到期或符合交割条件时,按照金融衍生品的价格计算收入或者损失。

二是与现货价格的联动性。碳期货的价格变动规律与碳原生品的价格变动一致性程度较高,而且衍生品的价格变动相对来说更为敏感。

三是交易目的的多重性。鉴于碳金融衍生品本身具有规避风险和投机获利的功能,市场参与主体旨在通过持有衍生品来达到套利和保值等目的。

(二) 碳金融衍生品的交易机制和碳金融衍生品

碳金融衍生品的交易机制是指衍生品交易的基本规则与模式,包括交易平台、交易产品以及价格形成机制等要素。主要包括以下几个要素。

第一,交易平台。全球主要的碳金融衍生品交易所有四个,分别为欧洲气候交易所(ECX)、芝加哥气候交易所(CCX)、印度碳交易所(MCX和NCDEX)、纽约商业交易所控股公司(NYMEX Holding, InC)。部分交易所还开通了场外交易结算通道,如欧洲气候交易所(ECX)。

第二,交易产品。碳金融衍生品主要包括碳远期、碳期货、碳期权以及其他金融衍生品。

第三,价格形成机制。不同的衍生品交易场所不同,所采用的价格形成机制也有所不同。总的来说,碳金融衍生品交易机制主要有做市商制度、集中竞价制度和协议定价制度。做市商制度是指交易中介一方面向投资者提供价格信息,另一方面按照提供的价格与投资者进行交易;集中竞价制度是最为普遍的交易方式,所有的买卖指令需在特定时间内进行收集,并在交易所内进行集中交易,最终形成衍生品价格;协议定价制度首先收集合约交易意向方的意向价格,然后通过合约出售方的规则进行筛选,最终符合条件的买卖双方进行交易。

全球主要的碳金融衍生品主要有:一是碳基金,以减少碳排放为交易和投资标的而建立的基金;二是碳信托[①];三是碳能效融资项目,是对碳

[①] 作为英国"气候变化税(climate change levy, CCL)"一揽子方案的重要组成部分,碳信托最早于2001年在英国能源和气候变化部的资助下成立。

减排项目的定向融资;四是碳远期交易①。

第三节 国际碳金融发展现状及实践经验

一、国际碳金融发展现状

"低碳经济"一词最早便是英国提出的,碳金融的概念也是随着低碳经济衍生而来的。作为倡导环境治理的先驱者,英国的碳排放交易体系为后来各个国家的碳排放体系的建立提供了经验借鉴。早在2000年,英国便先于其他国家提出了"气候变化计划",将环境保护与市场机制相结合,并相继推出了"气候变化协议""碳基金"等政策措施。继2003年能源白皮书之后,随后英国政府又推出了"斯特恩报告",报告中分析了发展低碳经济对经济发展的重要推动作用。

(一)英国碳排放交易体系的建立

2002年3月,英国建立了首个碳排放交易体制(UK ETS),为世界各国的碳排放交易体系提供了"范本"。UK ETS的创新之处在于首次将市场机制与碳减排联系在一起,或者说通过一种"基于市场的方法"达到减排的目的。在UK ETS交易机制下,政府在市场上颁发一定数量的碳排放许可证,并授权企业相应的排污信用额度。若企业的排污量超过了其额度,则要受到惩罚;反之,若低于其额度,可以将多余的额度进行出售,从而达到有效减排的目的。

1. UK ETS的运作模式。

英国的碳排放交易体制的运作模式主要有两种:配额交易和碳信用额交易。配额交易模式是指在绝对量目标下进一步规定各国企业的具体排放额度指标;信用额度模式是指相对于绝对减量目标提出的额外减量,额外减量是由其他减量计划或其他提升能源效率的方法提出的。

由于英国碳金融交易体系涉及不同的参与者,因此,对于不同的参与者,其运作机制也存在差异。首先,对于直接参与者而言,各个企业要根

---

① 双方约定在未来的某个时间以某个确定的价格购买或出售一定数量的碳额度或者碳单位的行为。

据《京都议定书》提出的总量绝对减排目标，通过拍卖的方式竞标排放配额。若最终温室气体的排放量达到1998~2000年的平均排放量，达标的企业会相应获得一定的奖励；相反，未达标的企业需要购买一定的碳排放权指标，相应的就要损失一定的资本金。通过上述运行机制，一方面调动了参与企业的减排温室气体的积极性，另一方面把环境保护和市场机制有效结合，是发展低碳经济迈出的坚实一步。

需要指出的是，不同于绝对总量减排目标，英国政府对于协议参与者设定的是相对减排目标。一方面，直接参与者和协议参与者之间存在"闸门控制机制"，设置"闸门控制机制"的目的在于限制排放权在相对部门和绝对部门之间进行转移；另一方面，对完成减排目标的企业实施减免80%的气候变化税的激励制度。

2. 奖励金制度。

需要特别指出的是，英国政府还设置了奖励金制度。一方面，奖励金通过竞拍，并作为排放配额分配给直接参与者；另一方面，不同企业也可以通过竞拍多余的减排量，并为企业所有。这一举措极大地调动了各个企业节能减排的积极性，并取得了较好的实际运行效果。在2002年3月的首次执行拍卖过程中，共有38家企业参与了整个拍卖过程，而且最终由32家企业将其运行机制贯彻到底。

综上所述，上述运行机制下形成了两种类型的自愿减排企业：第一种是自愿承诺绝对减排目标的企业。一方面，此类企业获得政府的财政支持；另一方面，若企业未达到预期的减排目标也将面临着一定的惩罚措施，如减少配额或者财政补贴缩水。第二种是自愿承诺相对减排目标的企业。首先，政府和企业之间需要达成自愿协议，签署气候变化协议（CCA）。对于上述两类企业，减排的衡量标准为基准线减排量与企业年承诺减排量的差额[①]。并且企业的碳信用额是可以进行交易的，这也是英国碳排放交易体系的精髓所在。

从这一制度设计的实践效果来看，英国的碳排放交易体系是非常成功的。根据有关数据显示，2002年登记交易量为248万吨二氧化碳，现货价格由当年4月的4欧元升至当年9月的12欧元，可见需求量是较大的；2002~2006年，32家直接参与者的企业总共减排700万吨二氧化碳；

---

① 基准线减排量的衡量标准为1998~2000年的平均碳排放量。

2006年全球的碳交易成交量中有60%来自英国。① 可以说作为低碳经济的先驱，英国的碳排放交易体系为其他国家提供了宝贵的经验。

（二）欧盟碳排放交易体系

2005年1月，欧盟创建了全球首个跨国碳排放交易体系——EU ETS。自20世纪90年代起，欧盟开始着手建立碳排放交易体系；2000年，欧盟建立了"欧洲气候变化项目"，项目的主要内容为寻找有效的措施实现环境保护与经济发展的共同发展。随后欧盟推出了"气候与能源一揽子计划"，2007年提出了"20－20－20"的可持续发展目标。在此基础上，2008年12月，欧盟通过了气候与能源的一揽子计划，旨在评估和修正EU ETS的运行结果，并将减排气体种类和减排行业纳入其中。

1. EU ETS的发展历程。

经过十多年的发展，现已经成为全球最大的碳排放交易市场。作为第一个跨国交易体系，EU ETS也经历了几个发展阶段，不断走向成熟。

（1）EU ETS的萌芽阶段（2005年之前）。20世纪90年代，伴随着美国减排二氧化硫的方法②逐渐得到了越来越多的关注，与此同时，欧盟的各个成员国对于节能减排的呼声也越来越高，节能减排战略也得到了欧盟的关注。2000年，欧洲委员会颁布《温室气体绿皮书》，正式将碳排放交易作为欧盟气候政策的重要组成部分。

2003年10月，《建立欧盟温室气体排放配额交易机制的指令》（2003/87/EC指令）颁布，《指令》一方面对EU ETS的具体实施时间做出了明确的规定，另一方面对覆盖的行业范围和温室气体种类做出了规定，这是欧盟排放权交易机制的基础性法律文件。

（2）EU ETS的探索阶段（2005～2007年）。作为首个跨国的碳排放交易体系，EU ETS在运行体制和交易制度等方面都是在"摸着石头过河"中进行，欧盟委员会也根据2005～2007年的运行状况来对交易体系的运行机制做出不断地调整和改进。

在EU ETS运行初期，欧盟并未加入《京都议定书》框架下的其他机制。碳排放交易体系的运作特点主要分为以下几点。

第一，《京都议定书》中规定了需要减排的六种温室气体，欧盟仅将

---

① 田永：《美国退出巴黎协定与全球碳定价机制实践的宏观解析》，载《价格理论与实践》2017年第10期。

② 1990年，美国通过了《清洁空气法案修正案》，旨在控制二氧化硫排放。

二氧化碳作为 EU ETS 交易商品，并未对其他五种温室气体做要求；第二，共有 25 个欧盟成员国参与 EU ETS，主要参与企业为占欧盟二氧化碳排放量一半的企业，数量多达十多万家；第三，第三方认证机构参与了各成员国的年碳排放数据的审核工作，以保证交易过程的公正性和真实性。

在 EU ETS 的探索阶段，各个参与成员国首先制定碳排放分配协议计划（NAP），提交给欧盟委员会，随后欧盟委员会根据 NAP 向各成员国分配不同的碳排放额度，基准排放量为 1990 年的历史排放量，随后各成员国再分配给各自国家的企业。企业可免费获得成员国政府分配的 95% 的碳排放配额，剩余 5% 的配额通过竞拍的方式获得。企业的实际排放额若超出既有的排放指标，则需要向其他企业购买排放权；同时超标排放的企业还将面临着一定数量的罚款；反之，若企业未超出既有的排放指标，可将多余的碳排放额出售给其他企业。通过以上分析可以看出，欧盟碳排放交易体系本质上与英国的碳排放交易体系是一脉相承的。有效减排的企业通过交易碳排放权指标，一方面可以增加自身的资本金来扩大自身的生产规模，另一方面提升全社会的资源利用率。从实际运行来看，在交易体系运行的第一年，共进行了 362 吨二氧化碳交易，价值约为 72 亿欧元。

(3) EU ETS 的发展阶段（2008~2012 年）。在这一阶段，EU ETS 承诺五年内，需实现《京都议定书》制定的 8% 的减排标准。需要指出的是，这一阶段一氧化二氮的排放也纳入了该交易机制，根据前期探索阶段积累的经验，欧盟委员会在这一阶段仍然采用配额制度，但将减排配额降低到 6.5%，各成员国免费额度调整至碳排放分配协议计划（NAP）申请计划的 90%。此外，列支敦士登、挪威和爱尔兰宣布 2008 年也加入 EU ETS，至此 EU ETS 已覆盖到 27 个成员国。

从实际运行结果来看，相比起 2005~2007 年，这一阶段的碳交易的市场成交量大幅增加，占全球碳排放交易的比重由 2005 年的 45% 上升至 2011 年的 76%。但需要指出的是，EU ETS 也存在着一系列问题，主要表现在以下两个方面：首先，EU ETS 采用的是总量配额制，相对宽松的配额制使得碳排放额出现了供给大于需求的局面，由此造成了碳排放价格的降低。其次，外界经济的不景气，[①] 一方面，造成了企业生产的积极性下降；另一方面，也降低了企业碳减排的积极性。尽管这一阶段运行过程中出现了一系列的问题，但总的来看，EU ETS 的价格机制已经初步形成。

---

① 2008 年美国次贷危机。

同时欧洲金融机构的加入大大提升了欧盟碳交易市场的流动性。

（4）EU ETS 的完善阶段（2013~2020 年）。这一阶段 EU ETS 的行业覆盖范围扩展到能源、农业、交通、电力以及制造业。同时在上述三个发展阶段的基础上，欧盟委员会对碳减排交易机制做出了一定程度的调整和完善。主要表现在以下两个方面：首先，取消之前采用的配额制度，采用调整后的碳排放指标；其次，不同行业采用不同的碳排放标准，不再统一化。同时，EU ETS 逐渐实现从配额制向拍卖制的过渡。从这一阶段开始，欧盟分配的配额逐年递减，目标是到 2020 年，相比 2005 年减少 21%。

2. 欧盟碳交易市场的交易机制。

2003 年，《建立欧盟温室气体排放配额交易机制的指令》（2003/87/EC 指令）颁布。该《指令》一方面对 EU ETS 的具体实施时间做出了明确的规定，另一方面对覆盖的行业范围和温室气体种类做出了规定；之后陆续颁布 2008/101/EC 指令和 2009/29/EC 指令，2008/101/EC 指令把航空业纳入节能减排的范围，2009/29/EC 指令在此基础上进一步扩大了行业的覆盖范围，并增加了 2020 年的减排目标，对前期的配额交易方案做了进一步修正。经过十多年的不断发展完善，欧盟的碳金融市场已经有了成熟的市场基础和灵活的交易机制。

总的来说，经历了十几年的发展，欧盟碳排放交易市场交易机制逐步实现了从"计划经济"逐步向"市场经济"的过渡。每一阶段实施之前都要求各会员国向欧盟委员会提交分配计划（NAP），经委员会核准后方可执行。

第一个实施阶段（2005~2007 年）：碳排放交易体系的会员国仅限于欧盟成员国，各企业可免费拿到 95% 的碳排放权。

第二个实施阶段（2008~2012 年）：欧盟以外的国家也可参与到碳排放交易体系中，各企业可免费拿到 90% 的碳排放权，分配手续要在运作前的 12 个月前完成。

第三个实施阶段（2013~2020 年）：EU ETS 的交易机制实现从配额制向拍卖制的过渡，排放配额拍卖的目标比例由 2013 年的 30% 升至 2020 年的 75%。在这一阶段，免费的碳排放配额比例下调至 50% 以下，其余的碳排放额通过竞拍的方式出售，目的在于改变前两个阶段由于过于宽松的碳排放配额导致的碳市场价格的走低的状况。

3. EU ETS 的总量设定与分配机制。

欧盟碳交易机制属于总量控制交易市场。所谓总量控制，是指先对市场中的碳排放总量进行设定，再对其分配机制进行相关的设定，然后发放至具体的企业。在这一过程中，涉及了两个问题：总量设定的方法和分配机制的确定。

从总量设定上来看，EU ETS 隶属于《京都议定书》的框架，其行业覆盖面也不断蔓延。最初仅以高排放的工业行业为对象，发展到后来，所覆盖行业的二氧化碳排放量占整个欧盟总排放量的 40%。其总量设定的方法也经历了一个不断完善的过程。由最初的以历史累计数据作为参考依据，发展到后来的根据《京都议定书》中规定的减排目标进行总量设定。从实际运行效果来看，这种相对宽松的总量配额设定导致对碳排放指标的供大于求。

从分配方式上来看，EU ETS 最初的分配方式主要依据按照各个国家提交的分配计划，欧盟委员会对各国的分配计划干预较少，同时在明确的分配制度下也建立了较为严格的惩罚机制，对于超额排放的企业，其罚款由最初的每吨 40 欧元增加到后来的每吨 100 欧元。具体来看，EU ETS 的分配方式采用免费与拍卖的方式，并在运行过程中不断提升通过拍卖方式进行配额分配的比例。自 2013 年开始，拍卖的比例超过配额总量的 50%。上述分配方式的变化主要目的在于保证碳交易市场供求关系的平稳。从实际运行效果来看，这种免费与拍卖相结合的方法的确取得了良好的效果，分配机制体现了灵活性、公平性和统一性。欧盟各参与国基本上完成了《京都议定书》中所承诺的减排目标。

4. EU ETS 的供求机制。

简单来说，在欧盟的碳交易市场上，供求双方主要通过交易 EUA 和 CER，从而形成 EU ETS 的供求机制，但是在 EU ETS 发展的不同阶段，供求双方也不同。供给方与需求方的主体变化主要体现在以下几点。

（1）EU ETS 的探索阶段（2005~2007 年），欧盟碳交易市场的需求方为碳排放超额的企业，供给方则为碳排放低于实际配额的企业。

（2）EU ETS 的发展阶段（2008~2012 年），这一阶段引入了相应的市场补充机制——清洁发展机制（CDM）与联合履约机制（JI）。CDM 机制目的是为发展中国家的碳减排提供支持，在 CDM 运行机制下，发达国家可向发展中国家购买 CDM 项目所产生的核证减排量（CER）来抵销减排量。此外，金融中介机构在这一阶段的作用逐渐显现。与 CDM 不同，JI 市场项目主要来自非 EU ETS 欧洲国家。在上述背景下，欧盟碳交易市场的供给主要通过碳排放低于实际配额的企业和向第三方国家购买 CER

的方式两个渠道获得。

（3）EU ETS 的完善阶段（2013~2020 年），由于在这一阶段拍卖份额得到了一定程度的提升，因此市场的供求机制也发生了一定的变化。从需求方来说，受分配机制的变化以及所覆盖行业的扩张的影响，碳排放指标的需求增加；从供给方来说，对欧盟碳排放权的供给已扩展到全球发展中国家的节能减排项目。因此，这一阶段的供给量远大于需求量。

总的来说，EU ETS 机制是迄今为止全球交易量最大、市场流动性较高的排放权交易体系，虽然在实际运行过程中出现了价格波动以及缺乏有效的监管措施等问题，但总体来讲还是很成功的，是值得学习和借鉴的蓝本。

5. 欧盟碳排放交易体系对中国的启示。

从欧盟的经验来看，我国在建立碳排放交易市场的过程中尽量避免欧盟在清洁发展机制中的不公平现象，尤其注意以下七个方面。

第一，分阶段逐步建立碳排放权交易市场。按照欧盟发展的经验，体系的建立是一个循序渐进的过程，结合我国的实际情况，我国的碳排放交易市场也应该分阶段逐步建立。第一阶段，在全国主要地区实施碳排放交易试点，以此作为试验积累经验，为建立全国性的碳排放交易市场奠定基础。第二阶段，形成全国统一的碳排放交易市场，以自愿方式为主，逐步扩大纳入强制减排交易的行业和企业。尤其将一些关键的行业，如交通和建筑等，纳入到交易范围内。第三阶段，逐渐扩大涵盖范围和领域，逐步过渡到与欧盟相类似的完全强制性的碳排放交易市场。第二阶段、第三阶段作为从自愿交易向强制性交易的过渡阶段，可以先通过免费配额的方式运作，减少实施中的阻力，逐步增加拍卖比例。其后的阶段，逐步完善交易制度、增加纳入强制交易的行业范围、增加拍卖比例、增强监督力度，实现市场的正常运行。

第二，建立健全相关法律法规，保证碳排放交易市场的合法运作。碳交易市场的建立需要一整套法律框架支撑，欧盟的经验值得中国借鉴学习。欧盟碳排放交易体系有一套完整的法律支撑，《联合国气候变化框架公约》和《京都议定书》为体系提供了国际法依据，而欧盟碳排放交易指令则提供了详尽的法律基础。除此之外，欧盟还颁布了一系列的指令、规则、决定等，将体系的各项制度细化，使其更具有操作性。我国建立自己的碳交易体系，也要有相应的法律制度体系，确立碳交易的法律地位，并通过法律法规的形式将各项制度、规则确定下来，使其具有法律效力。

第三，加强能力建设。碳排放数据的真实性、有效性和及时性是碳排放权交易市场有效性和公平性的基础，因此，通过加强相关立法和执法以及方法学的研究与培训，提高纳入强制交易企业和独立第三方核证机构的诚信度及其进行碳盘查、提供碳足迹的能力，以保证碳排放的历史数据、现实状况和未来预测建立在真实、科学的基础之上，为碳交易市场的健康发展提供坚实的基础。

第四，配额分配方式要向拍卖方式过渡。配额分配方式是碳排放交易市场中最为敏感的内容，拍卖方式固然会取得较好的经济效果，有效降低行政管理成本。但是，拍卖方式会带来巨大的阻力，特别是引起排放密集企业的抵触。另外，如果直接采取拍卖方式分配配额，也会在短时期内使企业生产成本大幅增加，企业利润会降低甚至亏损，这也不利于我国经济的健康发展。因此，在碳市场建立的过程中，配额分配方式也应该根据不同行业的实际情况，从免费分配逐步向拍卖方式过渡。

第五，国家统一市场与地方独立管理的协调平衡。要实现中国对外所做出的减排承诺，就必须通过全国范围内的整体调控实现。但是，中国幅员辽阔、省份众多，碳排放交易市场完全由中央统一管理并不现实，特别是涉及企业排放配额分配、监督管理等工作，就更需要地方政府落实执行。欧盟体制为我国解决这一问题提供了思路，即建立统一市场并实行地方管理，各省市的排放总量要经过中央批准，对碳排放交易的管理分为省级和中央两个层面进行，所有配额在全国统一市场上进行交易。在这一过程中应合理分配中央与地方之间的权力，妥善处理碳排放交易市场所带来的经济利益分配问题。

第六，在各省之间实行共同但有区别原则。中国各个地区在经济发展和温室气体排放量方面都存在巨大的差异，这就有必要在不同地区实行共同但有区别原则。欧盟委员会制定了多项措施保护东欧国家的相关产业，给予一定的过渡期以适应碳成本增加所带来的负担，使其不会在短时期内受到过度的冲击，这些制度同样可以运用在中国建立碳排放交易市场中。

第七，应逐步与国际市场相对接。欧盟碳排放交易体系作为最开放、最具影响力的碳交易市场，不仅与 CDM 和 JI 对接，还将与其他碳排放交易体系进行链接，逐步影响和控制了国际碳市场的定价权。鉴于欧盟的经验，中国碳排放交易市场也要通过逐步与国际市场对接，实现国内、国际市场双向流动，进而对国际碳交易及其定价拥有话语权。另外，通过与其他碳排放交易体系，特别是与欧盟碳排放交易体系对接，有利于活跃国内碳排放交易，扩大中国碳交易市场规模。

（三）美国碳排放交易体系

美国的碳排放交易体系主要有芝加哥气候研究所（CCX）、区域温室气体行动（RGGI）和西部气候倡议（WCI）等。

1. 芝加哥气候研究所（CCX）。

（1）芝加哥气候研究所（CCX）运行概况。芝加哥气候研究所（CCX）成立于2003年，是全球第一个自愿减排温室气体的平台，也是全球第二大碳汇市场。芝加哥气候研究所的交易产品为所有温室气体，行业涉及交通、电力和运输等十多个行业。与EU ETS体系类似，CCX采用"总量控制与交易体系"的模式。2006年通过的《芝加哥协定》对CCX温室气体排放种类、排放量以及交易方案等做出了详细的规定，是CCX开展碳交易活动的制定依据。后因经营不善等问题，2010年被收购。

交易所采用会员制，加入交易所的会员有减排承诺，CCX交易会员主要分为四类：第一类是直接排放温室气体的基本会员（members），第二类是间接排放温室气体的协作会员（associate members），第三类是推动交易能够顺利进行的参与会员（participant members），第四类是基于某种特殊碳平衡目的而进行专项交易的参与商（exchange participant）。CCX根据1998~2001年的平均年度温室气体排放量为基准制定对应的减排计划。减排计划分为两个阶段：相比1998~2001年的排放量，在减排的第一阶段（2003~2006年），会员需减排4%以上；相比2003年的碳减排量，在减排的第二阶段（2006~2010年），会员在这一阶段需减排6%以上。

（2）与欧盟碳排放交易体系（EU ETS）的比较。EU ETS和CCX都在推动节能减排方面提供了成功的经验，两者也存在许多共同之处，如便捷的信息化交易平台、成熟的运作机制以及明晰的法律支持等。但需要指出的是，两者在市场类型、交易的产品种类等方面还是存在着一定的区别。主要体现在以下几个方面。

第一，市场类型不同。CCX是自愿性减排交易市场，若会员违反了减排承诺时，会员要承担合同违约责任，而EU ETS是强制性减排交易市场。因为美国尚未签署《京都议定书》，没有强制减排的任务；而欧盟在签署《京都议定书》的同时，通过了基础性的法律文件，即2003/87/EC指令。

第二，交易产品种类不同。CCX的交易产品有三种，分别是温室气体排放配额（GGEA）、经过验证的先期行动补偿量（CEAC）和经过验证的排放补偿量（CEO）。EU ETS 的交易产品为排放配额（EUA）和核证减排量（CER）。GGEA 包括六种温室气体的配额，与 EUA 类似；CEO 与 CEAC 和 CER 类似，只是 CEO 与 CEAC 对项目的开展双方没有做出强制性要求，而 CER 主要针对在发展中国家开展的减排项目。

第三，交易对象不同。CCX 的会员包括四类：分别为基本会员（members）、协作会员（associate members）、参与会员（participant members）和专项交易参与商（exchange participant）。与 CCX 不同，EU ETS 的交易对象为欧盟的 27 个成员国以及两个非欧盟成员国——挪威和瑞士的企业。

第四，配额分配不同。CCX 是自愿性减排的交易市场，各会员并没有强制性减排要求，通过制定减排基准来实现会员自愿减排的目的。而 EU ETS 是强制性减排的交易市场，减排任务具有强制性和约束性。

从实践效果来看，芝加哥气候交易所在第一阶段和第二阶段都顺利完成了 4% 和 6% 的减排任务。期间还建立了欧洲的分支机构—欧洲气候交易所（2004 年），在加拿大建立了蒙特利尔气候交易所，并与印度商品交易所进行了合作（2005 年）。最重要的是，作为自愿性减排温室气体的成功案例，CCX 不仅推动了美国的节能减排事业，而且其公开透明的市场价格和便捷的交易模式，为其他各国提供了良好的借鉴经验。由于 CCX 是自愿性减排市场，各个会员没有强制减排的任务，因此，减排市场的稳定性还有待加强。

2. 区域温室气体行动（RGGI）和西部气候倡议（WCI）运行概况。

作为美国第一个强制性减排体系，区域温室气体行动（RGGI）于 2008 年 9 月进行首次排放许可拍卖，2009 年起正式实施，仅将电力行业纳入其中。美国东北部有九个州已参与计划，一个州和加拿大的三个省作为观察员。区域温室气体行动（RGGI）主要经历了两个发展阶段：第一阶段（2009~2014 年）目的是保证固定的所辖区域内和各州的排放总额；第二阶段（2015~2018 年）内容是在 2009 年的基础上，实现各州年减排量每年递减 2.5%。此外，区域温室气体行动（RGGI）引入了安全阀机制和碳抵消触发机制，目的在于解决碳价过高和配额价格波动剧烈的问题。RGGI 的实践结果也出现了配额供过于求和碳价格过低的问题。

西部气候倡议（WCI）于 2007 年发起，2013 年运行，采用区域限额与交易机制，碳排放目标是在 2005 年的基础上，到 2020 年将该地区的温室气体排放量降低 15%。实施初期覆盖了发电行业和大工业企业；2015

年，将居民、商业和其他工业、交通燃料行业纳入其中。

（四）澳大利亚的碳排放交易体系

作为《京都议定书》的一员，2008年，澳大利亚政府提出一个能源政策计划——碳污染减排机制（CPRS），旨在实现对澳大利亚75%的碳排放的覆盖，但后来因金融危机的原因遭参议院驳回。为改变先前CPRS一步到位的做法，2008年11月，《清洁能源法案》获得澳大利亚国会通过。主要内容是引入并宣布实施三年过渡性的固态碳价计划（CPM），2015年7月实施总量控制，建立ETS体系。继欧盟和新西兰之后，澳大利亚成为第三个引入ETS机制的发达国家。2012年，澳大利亚与欧盟签署协议，对接时间为2015年7月到2018年7月。最终实现双方碳排放价格和配额的一致，如图5-4所示。

```
┌─────────────┐   ┌─────────────────────────────────────────┐
│ 2008年12月  │──│ 政府提出碳污染减排机制（CPRS），第一次正式  │
└─────────────┘   │ 提出排放物交易体系（ETS）计划             │
                  └─────────────────────────────────────────┘
                                    ↓
┌─────────────┐   ┌─────────────────────────────────────────┐
│ 2011年11月  │──│ 国会通过包含固定碳价计划（CPM）的《清洁    │
└─────────────┘   │ 能源法案》                               │
                  └─────────────────────────────────────────┘
                                    ↓
┌─────────────┐   ┌─────────────────────────────────────────┐
│ 2011年11月  │──│ 政府与欧盟签署碳交易市场对接协议，拟于2015年│
└─────────────┘   │ 7月1日起对接双方的碳排放交易体系           │
                  └─────────────────────────────────────────┘
```

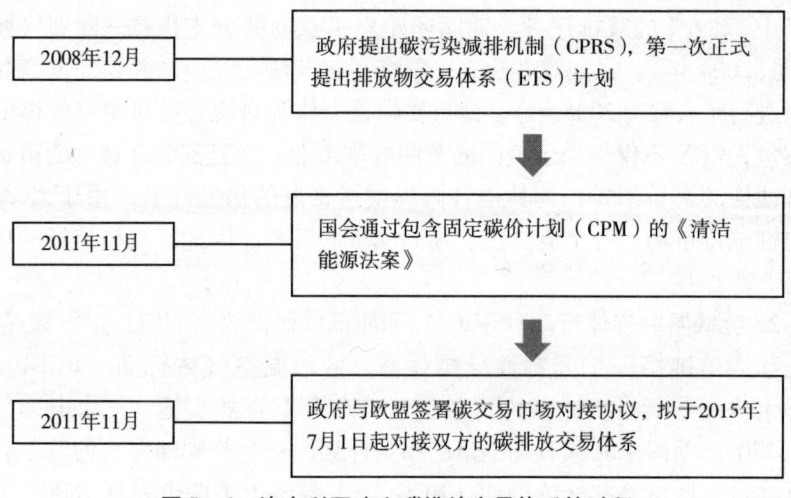

图5-4 澳大利亚建立碳排放交易体系的过程

此外，澳大利亚还建立了长期减排计划，主要分为短期、中期和长期计划，如表5-2所示。同时，为了保证排放物交易体系（ETS）计划的顺利进行，与欧盟交易机制类似，澳大利亚也引入了一系列的补偿机制。补偿计划主要有EITE援助计划、就业与竞争力方案、清洁能源和气候变化项目投资计划和家庭资助计划。

表5-2　　　　　　　　　澳大利亚的温室气体减排计划

计划时间区间	计划内容
短期计划（2008~2012年）	2012年，排放量不超过1990年水平的108%
中期计划（2013~2020年）	在2000年基础上，2020年本国温室气体排放减少5%~15%；在国际社会签署全球性的温室气体减排协议的情况下，这一比例可调整为25%
长期计划（2021~2050年）	在2000年的基础上，2050年温室气体排放量减少60%

资料来源：根据碳排放交易网数据自行整理获得。

需要指出的是，澳大利亚的碳价格形成机制也经历了一个渐进式的发展阶段。主要经历了从固定碳价制度（2012~2015年）到浮动碳价格机制（2015~2018年），再到完全市场浮动碳价制度（2018年之后）。与EU ETS的配额分配制度类似，澳大利亚的配额分配制度也经历了一个"计划分配"向"市场分配"的过程，即在逐渐减少免费配额的基础上相应逐渐增加拍卖比例，最终实现配额的全部拍卖。

通过以上分析可知，由于澳大利亚的碳排放交易体系走的是一条渐进式的发展道路，因此，保证了交易机制的稳定性，这是与芝加哥气候研究所（CCX）的不同之处。

（五）日本碳排放交易体系

日本是碳交易体系建设较早的国家之一，在《京都议定书》的签订阶段，就建立起地区性的基于强制总量与配额体系的碳排放权交易市场。2006年，日本正式实施自愿排放交易计划（Japan Voluntary Emissions Trading Scheme，JVETS），计划采用减排补贴刺激政策，参与该计划的企业有389家，如果其减排项目通过环境省审批，企业可获得政府对项目施工费用1/3的补贴。参与的企业主要是食品加工企业、一般制造性企业。2008年，日本实施核证减排计划（Japan Verified Emission Reduction Scheme，JVERS），该计划根据项目方式进行减排信用的生成、认证和交易活动。2010年4月，东京都总量限制交易体系正式投入运营，该体系覆盖了1100个商业设施和300家工厂，占东京总排量的20%。具体来说，该交易体系的温室气体减排目标为：配额总量目标在第一履约期（2010~2014年）较基础碳排放下降6%，第二履约期（2015~2019年）基础碳排放下降17%，并制定了非常严格的惩罚措施。若覆盖设施在第一阶段为足量缴还配额，则会在第二阶段被扣除其1.3倍的短缺配额。该交易体系运行四年来，减排效果非常显著。2014年排放量较基准年的平均排放量下降了25%。①

梳理日本的碳交易体系发现，日本的碳交易市场法律法规比较健全，通过对不良交易的可能隐患提前进行了规避设计，有效地限制了投机性的操作，没有出现价格的大幅变动；基础的数据非常完备；在构建的过程中排除了市场中的一些不稳定因素。

二、国际碳金融发展经验对中国的启示

（一）发挥政府的引导作用，正确处理政府、企业和市场的关系

政府要利用法律、制度等手段在一国碳金融的发展中发挥着引导性作用。立足于中国碳金融发展现状，进一步发挥政府对于碳金融的正确引导性，需要采取以下措施：第一，稳步推进碳金融市场的法制化建设。国际经验表明，法律法规的支持是碳金融快速健康发展的制度性保障。应当适时地调整、完善、制定有利于碳金融发展的法律，使金融机构的绿色化有法可依、违法必究。第二，建立与碳金融相关的政策性金融机构。国外的发展经验表明，政府设立的环保政策性金融机构在本国碳金融的发展中发挥了重要的作用。中国迄今为止尚没有此类专注于环保和可持续性的政策性机构。因此，政府应当通过该银行设立环保基金、发行绿色信贷产品，引导社会资金投向环保领域。第三，正确处理政府、企业和市场的关系。在碳排放交易体系建立的初期，政府需要发挥其应有的引导作用，通过行政手段进行碳排放配额的合理设定，同时着重完善碳排放交易体系的监管机制，为企业进行碳交易提供良好的制度环境。随着交易体系的日趋成熟化，政府要逐步退出碳金融市场，充分发挥碳金融市场的资源配置作用，在这一过程中政府要逐步实现从行政干预向管理监督角色的过渡。

（二）树立碳减排意识，建立企业碳排放核算报告制度

企业首先要树立碳减排的意识，建立相应的碳排放核算制度，重要的是要建立一套完善的内部碳交易核算体系。一套完善的内部碳排放交易体

---

① 王颖：《分析日本碳交易市场发展的三个阶段》，碳交易网，2014年2月25日。

系主要有以下几个方面。

第一，制定碳减排中长期战略规划。首先要从企业发展的全局出发，结合理性预期，明确企业在不同发展阶段的碳排放规划和具体目标。具体来说，短期来看，要通过引进环保设备致力于企业的技术改造和升级；长期来看，企业要将碳减排提升到企业的战略发展高度。第二，成立相关的碳管理机构，对企业的碳排放实现科学管理。碳管理机构的具体职责在于进行企业碳排放源的核查、碳排放量的科学计算、碳排放配额的科学使用、碳排放配额的收集以及碳排放信息的科学披露等。第三，在企业内部形成良好的低碳发展文化。企业要树立拥有的社会责任感，积极开发节能减排产品，降低污染物的排放，提高资源的综合利用效率。第四，企业要树立一定的危机意识，要认识到低碳经济发展给企业带来的危机和机遇。危机主要表现在企业要主动具备识别低碳发展可能带来的市场风险、法律风险以及体现在碳交易环节中的具体风险。

（三）建立完善的碳排放信息披露制度，推进碳金融衍生品创新

首先，建立完善的碳排放信息披露制度。要建立碳排放的内部信息传导机制，降低碳排放信息的不对称问题；针对企业普遍存在的碳排放数据缺失的问题，要加强碳排放的数据监测与收集，逐步建立科学的碳排放核算制度，建立科学的碳排放管理系统，实现科学运作，为企业的碳排放核算和科学管理奠定基础。在加强信息披露的同时，企业要加强内部的监督。在进行碳排放量化核查的过程中，企业要对量化标准、计算过程以及最终的计算结果进行科学细致的核查。在必要时可以聘请第三方机构参与企业的内部核查，实现碳排放过程的科学管理。

在加强碳金融衍生品创新方面，可以将国外的成功经验与本国市场需求情况加以整合，在业务模式上，积极拓宽碳金融的范围和领域，利用获取信息成本低和金融知识丰富的优势，提供融资租赁、项目协调、托管基金等业务服务模式，强化中介功能；在金融产品和服务上，应当加大研发力度，使绿色产品和服务不再囿于为环保产业提供的绿色信贷或项目融资，而努力把绿色基金、绿色证券、绿色保险等衍生类碳金融产品添加到金融机构的产品组合中，同时也为客户提供投资咨询顾问、项目分析等服务。此外，随着国内碳金融的发展，银行等金融机构应该将碳金融的客户扩大到批发银行和零售银行中的所有绿色企业和消费者。

第六章

碳排放权交易设计的中国尝试

在 2009 年哥本哈根会议以后,世界各国逐渐认识到实现低碳经济发展是实现健康可持续发展的重要路径。所谓低碳经济发展,就是通过采取各种措施和方法使各种资源和能源的利用效率提高,减少世界各国对化石能源的依赖性,转变经济增长方式,提高生产和运营单位产出效率的一种发展方式。实现低碳经济发展有很多的措施可供世界各国选择,而碳排放权交易是一些国家或地区基于市场机制的一种降低温室气体排放的措施。该措施的有效实施有利于促进该国家或地区转变经济发展模式,实现企业低碳可持续发展。低碳经济发展模式的逐渐开展有利于产业结构的升级、国家经济结构和发展模式的调整,也有利于一个国家和地区消费模式和生活模式的变革,这些升级、调整和变革又会促进国际金融行业的结构性革命,碳金融将会逐渐走上历史的舞台。

第一节 碳排放权的认知与辨析

1968 年,戴尔斯(Dales)首次界定了排放权,即权利人在法律法规允许的范围内向大气环境中排放污染物的权利。从对排放权法律界定的视角看,碳排放权就是世界各国和地区为积极应对全球气候变化相互博弈协商如何在大气环境能承受的容量范围之内,在利用地球拥有的资源满足自身发展需要的过程中而向外部环境中排放温室气体的权利。全球流动性是大气环境容量资源具有的典型特征,要想使之成为博弈的基础,对碳排放权力的确定应该是国际法首先界定的。但是,国际法对碳排放权力的确定并不妨碍它在制度设计阶段充分借鉴国内法的一些惯常做法:就碳排放权这种权力客体而言,它和土地、矿藏等其他自然资源并不一样,是对一种自然资源的分配及使用权利,只不过这种自然资源不是实物状态,是大气环境容量资源而已;就碳排放权这种权利主体而言,碳减排责任在各国之间分配之后,还必须由国家以许可证的方式进一步分配给各行业的公司或企业等微观主体以进一步落实减排任务;就碳排放权利的内容而言,对它的占有、使用、收益、处分等各项权力功能的实现也明显具有浓厚的私权色彩。

就一个国家而言,碳排放权是指国内各企业在符合国家有关法律法规规定的条件下,在生产活动中根据其所获得的二氧化碳等温室气体排放权,向大气排放温室气体的权利。碳排放权的性质主要体现在以下几个方面:(1)确定性。碳排放权的数量通过法令所确立的程序按照一定标准分配,行使过程中不受国家、组织或任何人的不当干涉。(2)支配性。一个企业拥有了排放权后,对这个权力的支配具有充分的自由。企业既可以直接利用这种权利排放温室气体,也可以在排放权交易市场上将该权利交易,让有需要的其他企业来进行使用。企业对其碳排放权的使用或交易行为,其他任何组织或个人都没有权利任意侵犯或干涉。通常来说,行使传统财产权可以直接现实占有客体来实现,而碳排放权的支配性和传统财产权的行使不同,必须通过一定的技术手段才能实现。(3)可交易性。拥有碳排放权的各生产厂商之间的排放权交易是被允许和鼓励的。交易可以促进排放权在具有不同碳减排成本的企业之间合理流动,从而以全社会最低的总成本来达到特定减排的目标。碳排放权作为准物权,具有的可交易性不仅是其一个重要的特征,也是其权利主体行使权利的一种非常重要的手段。而世界各个国家或地区为了确保实现各自确定的减排目标、有效平衡各责任主体之间的负担和利益,通常会利用行政手段对其交易行为制定相应的监管和限制措施。

第二节 碳排放权交易环境的形成

联合国政府间气候变化专门委员会在2007年的第四次评估报告中指出,温室气体是引起全球气候变暖的主要原因。世界各国逐渐意识到,如何控制并逐步降低人为因素导致的温室气体,特别是二氧化碳的排放是现阶段应对气候变暖的核心措施之一。而在以前,由于二氧化碳等温室气体的排放具有外部性,在生产或消费中基本没有什么体现,这使碳排放者在追求最大化自身利益的过程中,不用考虑其碳排放对社会与环境所造成的危害,而是将由此造成的后果直接转嫁给社会。科斯（Coase,1960）的现代产权理论是碳排放权交易市场形成的理论基础。现代产权理论的观点是在满足一定的条件下,经济的外部性可由相关利益方之间的相互谈判得到一定的纠正,这有助于优化整个社会的效益,使其向最大化靠近；同时该理论也认为,经济外部性的受害者和制造者之间若交易成本为零,只要产权被清晰的界定,这种权利无论最终分配给哪个市场的参与者,市场将在帕累托最优处实现均衡。戴尔斯（1968）以此为基础提出了排放权交易的思想。该思想的主要观点是把自然环境作为一种商品,而该商品的初始所有权归政府所有,企业作为社会活动的参与者,可以从政府手中购买这种商品,从而拥有该种商品的使用权。1997年签订的《京都议定书》对附件一的国家[①]设定了可排放温室气体的总量目标,《京都议定书》具有法律约束的效力,这使得这些国家在经济社会发展的过程中不得不将控制碳排放纳入考虑的范围。由于各国之间控排的责任、经济发展的水平、产业之间的结构、发展的技术水平各不相同,使得世界各个国家减排的成本形成了很大的差异,另外在《京都议定书》的框架里设置了比较灵活的交易机制,如排放交易机制（ET）、联合履约机制（JI）和清洁发展机制（CDM）等,这些机制和措施给减少排放温室气体成本不同的国家降低总减排成本提供了可行性,使得碳交易市场的形成和发展有了现实的基础。

通过运用市场交易手段,碳排放权交易制度能够以较小的成本实现控排的目标逐步成为国内外学者的共识。市场化手段的应用相对于传统的行政管制手段来说更为优越。市场化手段的应用使得促进污染控制技术创新、减少政治阻力、降低成本、提高效率、调动经济主体积极性等方面取得了更好的效果（Tie,1985；Hahn and Hester,1989；Sterner,2002）。碳排放权交易制度相比其他市场手段也具有比较优势,在市场竞争充分的前提下,排污税、排污限额和排放权交易三种制度中,排放权交易被认为纠正污染外部效应的效果最佳（Plott,1983）。随着世界各国陆续建立起碳排放权交易市场,碳排放权交易积累了一定的经验。按照地域或性质上的不同可以有以下两种基本分类。

[①] 附件一国家,是联合国气候变化框架公约附件一中的各工业化国家,这些国家每年向气候变化秘书处递交本国温室气体排放的详细报告。

一、依交易所涉及地域可分为国际和国内两个市场

作为一种自然资源，温室气体的环境容量具有整体性和地区差异性。环境容量具有的整体性，地球环境一体化的存在是世界范围内构建统一的排放权交易市场的物质基础；环境容量具有的差异性使得其在不同区域之间具有实现环境容量资源市场化配置的潜力和可能性。不同区域之间劳动生产效率的不同和经济活动耗费环境成本的高低构成了其能够在世界范围内构建统一的碳排放权交易市场的现实动因。

国际碳交易市场是一个新兴的以碳排放权为标的的交易市场，近年来发展非常迅速。1992年签订的《联合国气候变化框架公约》（UNFCCC）及1997年初步形成的限制温室气体的方案《京都议定书》中创设的灵活履约机制为国际碳排放权交易市场的建立奠定了法律和现实基础。国际碳交易市场依据交易原理可分为基于项目和基于配额的交易市场两种。前者是一种基准交易市场，其基本原理是先设定一个基准的排放水平，当具体减排项目实际排放水平低于基准排放水平时，经相关部门核证后该减排项目可获得相应的减排单位。而该减排单位可通过市场交易机制进行交易，以调整受排放配额约束的国家或企业所面临的排放约束。基于配额的交易是一种限量交易，该交易控制温室气体排放的总量，在排放总量确定的基础上向减排范围之内的参与者免费发放一定数量的碳排放权配额，目的是达到一定确定的环境标准。碳排放权的交易主体通常是企业，可依据自身的情况和需要在有偿的基础上进行排放配额的买卖，从而相互调剂排放权。国际碳交易市场从创立至今，尽管遭遇始于2008年的全球经济危机和其后的全球范围内政治经济形势持续动荡，但是交易额仍然在不断扩大。2015年，全球碳市场交易总量约为79亿吨，交易总额为573亿欧元。欧盟和北美碳市场在2015年全球碳市场总交易量中分别占据约85%和13%的份额，在总交易额中分别约占84.8%和14.9%的份额。从交易实体来看，欧盟仍然是全球交易中市值最大的市场。

国内碳交易市场指的是在一个主权国家或地区所辖范围之内构建的碳排放权交易市场。美国是世界上第一个构建国内碳交易体系的国家。2009年，区域温室气体减排行动（RGGI）正式开始运行，其交易范围是美国东北部的10个州中的发电部门。澳大利亚、新西兰、日本、韩国等也先

后构建了自己的全国范围内的碳交易市场。我国已经在北京、天津、上海、重庆、湖北、广东和深圳七省市开展了碳排放权交易的试点工作，全国性的碳交易市场还在积极筹建之中。

二、依交易性质可分为一级市场和二级市场

比照证券发行的相关称谓，碳交易市场可分为一级市场和二级市场。一级市场即为初始分配市场。在一级市场里，经济个体获得的容量资源的使用权是政府部门以排污许可证的形式给予的。容量资源的使用权由于能够在二级市场上进行交易使得其具有了价值，从这个角度看，获得容量资源产权初始配置的企业就相当于获得了相应数量的财富。值得注意的是，排放权的一级市场并非是完备的市场形态，行政行为和市场行为在其中并存。

第三节 中国碳金融发展现状

中国作为目前世界上最大的发展中国家，资源紧张、环境污染严重、低效的能源利用效率以及生态系统退化的问题较为突出，粗放的经济增长方式以及经济的结构性矛盾使得中国实现碳减排、发展低碳经济方面面临着较大的压力。如何有效地实现碳减排，控制温室气体的排放是当前中国在实现经济转型过程中面临的重要议题。

一、中国碳金融的主要发展历程和相关政策支持

由表6-1可知，中国在推动低碳环保生产生活方面一直努力。《中国应对气候变化国家方案》使得中国成为发展中国家第一个发布应对气候变化政策性文件的国家。2003年通过的《清洁生产促进法》对若干行业的碳排放标准进行了相关设定；2008年发布的《中国应对气候变化的政策与行动》白皮书对我国"十二五"期间碳减排行动进行了总体部署；2009年，全国人大常委会通过了关于积极应对气候变化的决议；同年发布了控制温室气体排放的明确行动目标。

表6-1　　　　　　　　　　中国的碳金融主要发展历程

时间	内容
1993年	中国政府核准《联合国气候变化框架公约》
2003年	第九届全国人大常委会通过了《清洁生产促进法》
2007年	发布了《中国应对气候变化国家方案》
2008年	发布了《中国应对气候变化的政策与行动》白皮书
2008年	启动制定省级应对气候变化方案的工作
2008年	立项"我国温室气体检测分析系统建设实施方案（一期）"
2009年	全国人大常委会通过关于积极应对气候变化的决议
2009年	控制温室气体排放的行动目标对外宣布
2013年	《"十二五"控制温室气体排放工作方案》颁布
2015年	2015年政府工作报告，提出要扩大碳排放交易试点
2015年	国务院颁布了《关于加快推进生态文明建设的意见》
2015年	生态文明体制改革总体方案颁布
2015年	中美元首气候变化联合声明
2015年	《碳排放权交易管理暂行办法》颁布

资料来源：根据作者自行搜集整理。

为在经济发展和碳减排方面找到合理的平衡点，中国近年来也出台了相应的政策以支持碳金融各方面的改革。中国人民银行早在1995年就发布了《中国人民银行关于贯彻信贷政策与加强环境保护工作有关问题的通知》；同年，国家环保局颁布了《国家环境保护局关于运用信贷政策促进环境保护工作的通知》；中国银监会2007年发布了《节能减排授信工作的指导意见》，银行被禁止向环保不达标的公司提供贷款，国家借此强调绿色信贷的作用；中共十八大报告明确提出要把生态文明建设融入经济建设、政治建设、文化建设和社会建设的各个方面和全过程当中[1]。该报告引导着包括金融业在内的各产业部门更加关注环保问题；国务院2013年颁布《"十二五"控制温室气体排放工作方案》，提出国内单位GDP二氧化碳排放2015年要较2013年下降17%[2]。2015年3月，中国在政府工作

---

[1] http://news.xinhuanet.com/energy/2012-11/13/c_123947375_2.htm.
[2] http://www.gov.cn/zwgk/2012-01/13/content_2043645.htm.

报告明确提出要扩大碳排放权交易试点；同年9月发布的《生态文明体制改革总体方案》和《中美元首气候变化联合声明》中，明确提出要在2017年启动全国碳排放交易体系建设。

二、金融机构在碳金融方面的实践

金融机构也进行了一定的实践。2006年，兴业银行推出了节能减排贷款；2007年，与联合国环境规划署签署了《金融机构关于环境和可持续发展的声明》；2008年，承诺采纳"赤道原则"。北京银行在2011年12月31日前已经发行了金额超过10亿元的"节能贷"产品。民生银行2010年成立了绿色金融专营机构。此外，银行积极开发新型绿色融资产品，创新低碳融资模式。招商银行2010年推出绿色融资租赁及绿色设备买方信贷方面的服务。各家银行都在积极采取措施促进自身的可持续发展，利用新制度、新技术不断降低运营中的能源消耗和环境影响。

三、中国碳交易市场建设

中国的碳交易市场建设包括两条主线：第一条主线为碳交易试点，第二条主线为CDM交易体系和自愿减排交易体系的构建。下面主要就这两条主线的发展历程作阐述。

（一）中国碳交易试点的发展历程

中国早在1990年就开始在16个城市试点推行"大气污染物排放许可证制度"。2007年，财政部批复了陕西省、浙江省、天津市和江苏省等11个省市作为国家级试点单位开展排污权交易。按照2014年国务院办公厅发布的《关于进一步推进排污权有偿使用和交易试点工作的指导意见》提出的到2017年试点地区排污权有偿使用和交易制度基本建立、试点工作基本完成的要求，截至2017年，11个试点地区大多已经全部基本建立了排污权有偿使用和交易的基本制度。

国务院在2011年发布了《"十二五"控制温室气体排放工作方案》对碳交易市场提出具体工作建议；国家发改委同年颁布了《关于开展碳排放交易试点工作的通知》中提出建立碳排放交易试点的设想。2013年，北京市、天津市、上海市、广东省和深圳市的碳排放交易试点陆续建立并实行了交易。在 2013 年的十八届三中全会公报中明确提出，为积极应对全球气候变化，我国将扩大碳排放权交易的试点；同年 9 月在发布的《生态文明体制改革总体方案》和《中美元首气候变化联合声明》中，明确提出要在 2017 年启动全国碳排放交易体系建设。

《碳排放权交易管理暂行办法》于 2015 年 1 月在我国全面实施。该办法是第一份中国碳市场的立法文件。暂行办法的实施一方面从法律角度进一步确立了国家碳市场建设的制度框架和管理体系；另一方面细化了碳排放权交易中相应各主管部门的管理职能。中国碳排放交易市场的基本框架如图 6-1 所示。

管理体系	覆盖范围	配额总量
国务院碳交易主管部门和省级碳交易主管部门	纳入行业：采取"抓大放小"的策略；地方行业覆盖范围具有灵活性，可大于国家标准；纳入气体：以二氧化碳为主	国家和地方配额总量均由国家发改委确定；国家配额总量等于地方配额总量之和加上国家预留配额，预留配额主要用于新入预留和市场调节

配额分配	交易管理	登记系统
以免费分配为主；免费分配方法标准由国家统一确定，地方可在此基础上从严分配	交易原则上应在确定的交易机构内进行；交易机构由国家负责确定并对其业务实施监督；交易主体为重点排放单位及符合交易规则规定的机构和个人；初期的交易产品为排放配额和CCER	建立和管理碳排放交易注册登记系统；为国家和省级管理机构、重点排放单位、交易机构和其他市场参与方等设立具有不同功能的账户

MRV	调节机制
技术标准由国家统一发布；排放报告和核查由省级发改委管理；核查机构资质由国家进行管理	市场调节机制由国家统一建立和管理

图 6-1　中国碳排放交易市场的基本框架
资料来源：根据《碳排放权交易管理暂行办法》整理。

（二）中国 CDM 交易市场状况

现阶段中国有两个碳金融交易市场：一个是 CDM 碳排放市场，另一个是自愿减排市场。CDM 碳排放市场是基于《京都议定书》框架下形成的，是发达国家与发展中国家进行项目合作的交易市场，在这种交易机制下，发达国家通过在发展中国家进行减排项目的开发可获得一定的核证减排量（CER）。

清洁发展机制（CDM 机制）是目前我国开展碳交易的主要模式。根据联合国气候变化框架公约提供的数据，截至 2015 年 10 月，CDM 项目中已经进入注册和完成注册的共有 7876 个，所有项目中已经签发 CERs 的有 1628 百万吨二氧化碳当量（$MtCO_2e$）；从注册项目类型来看，主要是可再生能源方面的项目，统计显示生物能、太阳能、风能、水能方面的项目占所有项目比例达 11.4%。

表 6-2 为中国 CDM 交易市场的相关政策。从表 6-2 来看，中国的 CDM 市场经历了一定的发展历程。2005 年，国内首个 CDM 项目——内蒙古辉腾锡勒风电场项目获得国家批准，标志着我国国内 CDM 市场正式开始启动。截至 2016 年 8 月，我国获得国家批准的 CDM 项目有 5074 项，预计年减排量高达 782052997 吨二氧化碳当量（tCO_2e）。

表 6-2　　　　　　　　中国 CDM 交易市场的相关政策

时间	相关内容
2004 年	颁布了《清洁发展机制项目运行管理暂行办法》
2005 年	颁布了《中国 CDM 项目运行管理办法》
2005 年	中国首个 CDM 项目——内蒙古辉腾锡勒风电场项目获得批准
2007 年	中国清洁发展机制基金（CDMF）正式运营
2009 年	我国 CDM 项目注册的数量达到世界首位
2010 年	颁布了《中国清洁发展机制基金管理办法》
2011 年	颁布了《清洁发展机制项目运行管理办法（修订）》
2012 年	印发了《中国清洁发展机制基金有偿使用管理办法》

资料来源：根据中国清洁发展机制网自行整理所得。

据中国清洁发展机制网统计，截至 2016 年 8 月 23 日，获得国家发改委批准的 CDM 项目共有 5067 项。从图 6-2 的省份分布统计可知，获批的项目在统计图中的各个省份的分布相对比较均匀。从图 6-2 中可以看出，目前获批 CDM 项目最多的省份为四川省（565 项），其次为云南省（483 项）和内蒙古自治区（381 项）。

截至 2016 年 8 月 23 日，CDM 项目预计每年的减排量合计可达到 782052997 万吨二氧化碳当量。从省份分布来看，估计年减排量最多的省份为四川省，占比为 11.36%，其次为山西省和内蒙古自治区，占比分别

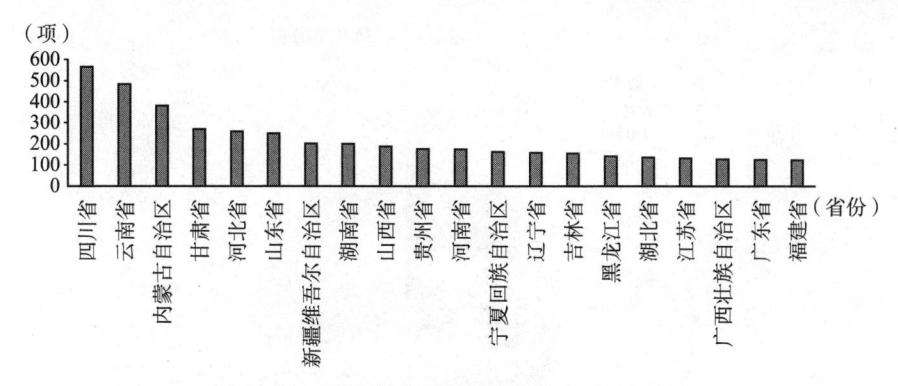

图 6-2　CDM 批准项目的省份分布（TOP20）

资料来源：中国清洁发展机制网站，时间截至 2016 年 8 月 23 日。

为 7.14% 和 7.06%，如图 6-3 所示。从 TOP20 的省份分布和年减排量的省份分布来看，大部分省份是重叠的，需要指出的是，湖北省和福建省的获批项目数在 TOP20 之列，而估计年减排量却不在前 20 之列；浙江省和陕西省的年减排量在 TOP20 之列，但获批项目数却不在前 20 之列，这在一定程度上表明了浙江省和陕西省获批的 CDM 项目单位年减排量较高。

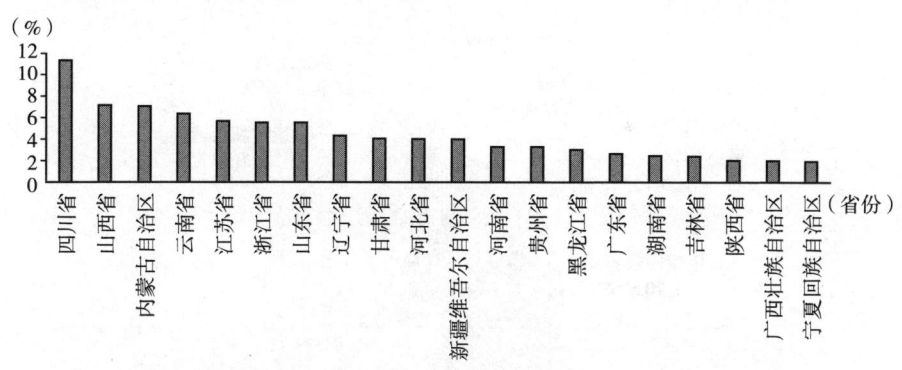

图 6-3　CDM 批准项目估计年减排量 TOP20（按省区市分布）

资料来源：中国清洁发展机制网站，时间截至 2016 年 8 月 23 日。

从图 6-4 减排类型的角度看，截至 2016 年 8 月 23 日，在中国已获批的 CDM 项目中，新能源和可再生能源类减排项目占比是最高的，占比达 73.57%；其次是节能和提高能效类项目，占比为 12.46%，甲烷回收利用类位列第三位，占比为 9.38%。

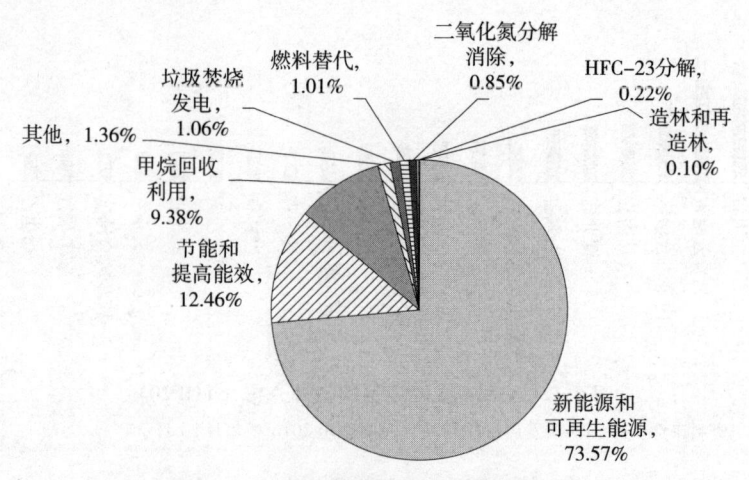

图 6-4　CDM 批准项目的减排类型分布

资料来源：中国清洁发展机制网站，时间截至 2016 年 8 月 23 日。

从图 6-5 估计年减排量的减排类型角度看，新能源和可再生能源类项目占比为 58.74%，超过其他所有类型，排名第二位、第三位的是节能和提高能效类项目及甲烷回收利用类项目，占比分别为 12.42% 和 10.50%。

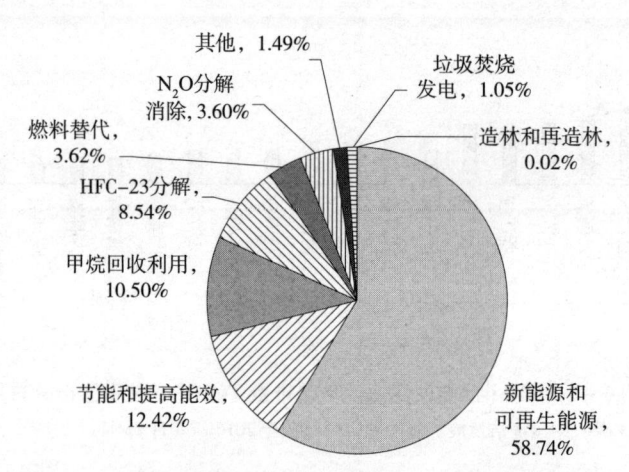

图 6-5　CDM 批准项目估计年减排量（按减排类型分布）

资料来源：中国清洁发展机制网站，时间截至 2016 年 8 月 23 日。

在实际运行过程中，CDM 市场存在项目分布不合理、缺乏规范指导、信息不对称以及管理体制有待完善等问题。

(三) 中国自愿减排交易体系

1. 中国自愿减排交易体系的发展历程。

除了积极参与 CDM 项目，中国也在稳步推进国内的自愿减排交易体系。国内的自愿减排交易开始于 2007 年；2012 年颁布的《温室气体自愿减排交易管理暂行办法》对自愿减排交易做了具体的安排；2013 年 3 月，中国公布了第一批 52 个自愿减排方法学；"中国自愿减排交易信息平台"于同年 10 月正式上线；11 月，公布了第二批自愿减排方法学；第三批自愿减排方法学于 2014 年 1 月公布，三批方法合计 175 个。①

2013 年，北京环境交易所完成了中国第一笔自愿减排量（CCER）交易；2014 年，中国自愿减排交易信息平台成功备案了内蒙古巴彦淖尔乌兰伊力更 300 兆瓦风电项目和甘肃安西向阳风电场项目，正式开启了中国自愿减排项目的注册通道；上海碳市场在 2015 年开展上线 CCER 交易，完成了国内首个碳信托产品的 CCER 交易；四川联合环境交易所在 2016 年成为自愿减排交易机构，该交易所也成为中国第一家非试点地区的自愿减排交易机构。

2. 中碳市值指数和中碳流动性指数。

2014 年，中碳市值指数和中碳流动性指数②推出，旨在对试点碳市场的碳价走势、流动性及交易活跃程度进行较为直观的描述。从中碳市值指数的走势来看，2015 年，中碳市值指数在 600 点 ~ 900 点之间震荡，试点碳市场的配额价格整体呈下降趋势。在履约期间价格波动明显，在履约期之后价格趋于平稳；相比中碳市值指数，中碳流动性指数波动较为明显，但与 2014 年相比，交易分布较为均匀，呈现出明显的"履约效应"。中碳流动性指数在 2015 年年中的履约期间交易较为活跃，指数也出现了一定的震荡，在履约期结束后指数加速下行，2015 年下半年维持在低位震荡，具体如图 6-6 所示。

3. 中国自愿减排交易体系交易概况。

从总金额来看，2015 年七大地区交易所市场配额和 CCER 年交易量合计总量为 6767.3 万吨。其中，上海交易所的市场配额和 CCER 年交易量最大，金额为 2837.1 万吨，占全国交易量的 41.9%，较 2014 年增加了近

---

① 《中国自愿减排交易体系大事记》，中国碳排放交易网，2014 年 1 月 4 日。
② 北京绿色金融协会于 2014 年推出中碳指数体系，两只指数分别从价格和流动性两个维度入手，参考配额总量、成交量和成交额等，描绘市场走势。

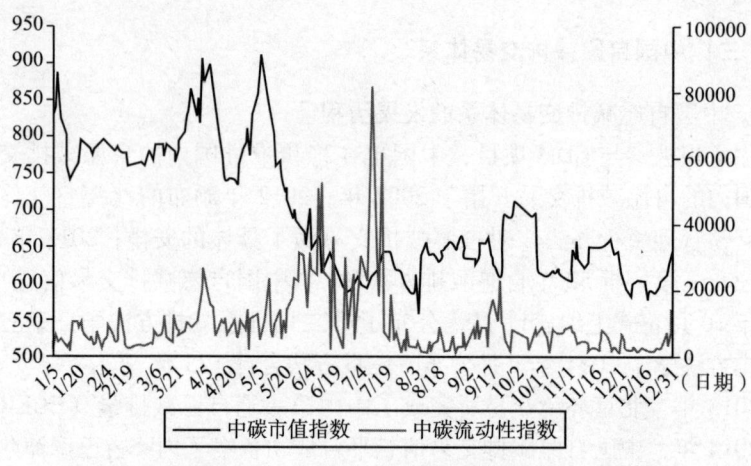

图 6-6　2015 年中碳指数体系走势

资料来源：北京环境交易所。

14 倍。湖北交易所以 1571.9 万吨的配额和 CCER 成交量位居第二位，广东交易所以 796.8 万吨的交易量位居第三位，北京交易所以 684.1 万吨的交易量位居第四位，具体如图 6-7 所示。

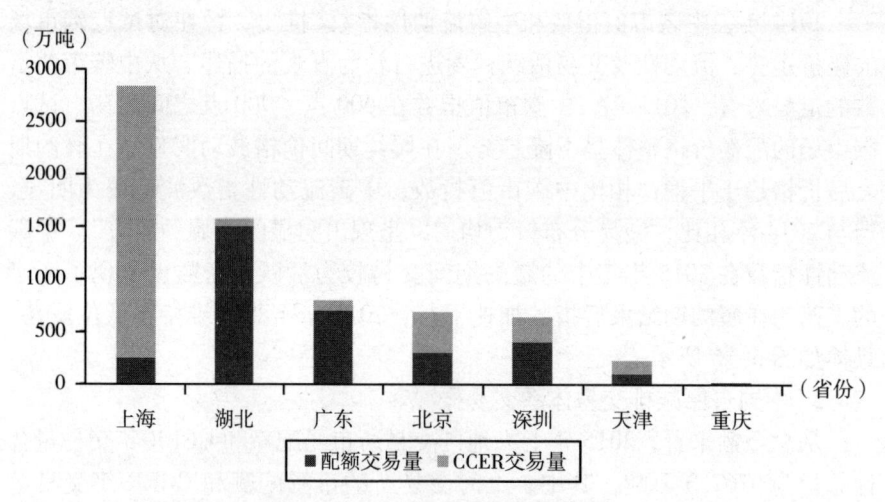

图 6-7　2015 年各试点交易量对比

资料来源：各交易所碳市场报告。

2015 年，CCER 产品上线交易促进了中国自愿减排交易的快速发展。2015 年，五大交易所的 CCER 交易量合计为 3336.94 万吨，如图 6-8 所示。从图6-8中可知,上海环境交易所CCER成交量为2543.1万吨,占比高达76.2%;北京环境交易所CCER交易总量为367.61万吨,排名全国第二。

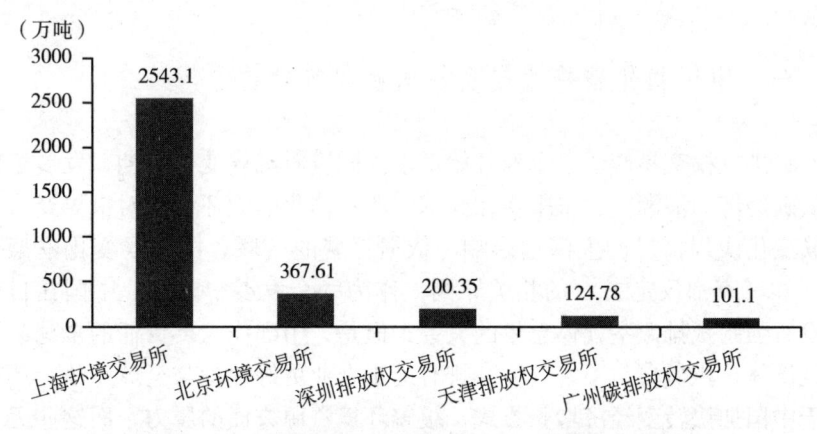

图6-8　2015年全国试点市场的CCER累计交易量

资料来源:各交易所公布的数据。

此外,自愿减排的公示审定项目增长速度很快。截至2015年底,公示的审定项目合计达1235项,其中2015年审定的项目为739项,同比增加66.07%,如图6-9所示。

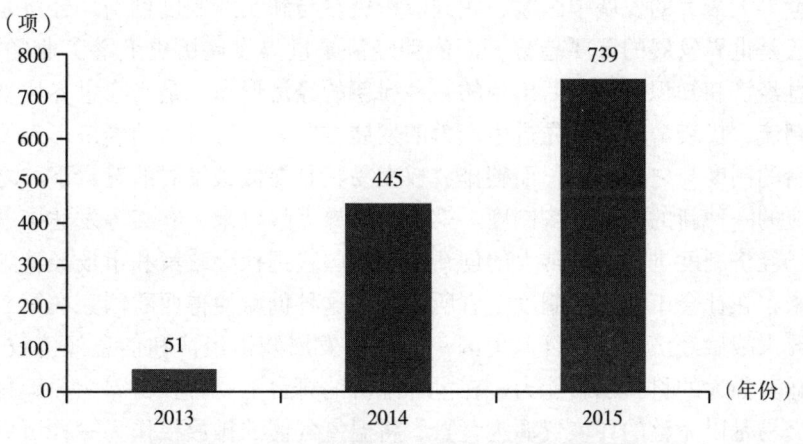

图6-9　2013~2015年公开审定的自愿减排项目

资料来源:中国自愿减排交易信息平台。

第四节 中国碳排放权交易市场机制设计

一、中国构建碳排放权交易的必要性分析

碳排放权交易产生于全球开始谋求共同应对气候变化时期，发展于建设低碳经济的浪潮中，未来将在全球经济一体化的大环境下对世界经济和气候变化谈判格局产生深远影响。依据签署的《联合国气候变化框架公约》和《京都议定书》的相关原则，作为一个发展中国家，中国在目前并没有强制减排温室气体总量的义务，但是，中国作为负责任的全球第二大经济体，积极参与温室气体减排有助于企业更好地参与全球竞争，还有助于中国加快转变经济增长方式，缓解环境资源方面的压力，而这些无疑有利于实现中国自身的可持续健康发展。因此，逐步建立完善规范的有中国特色的碳排放权交易市场非常必要。

（一）建立碳排放权交易市场是顺应时代潮流的需要

从全球经济的发展趋势看，低碳环保发展是 21 世纪发展的时代大潮流。碳排放权交易是在全球低碳发展背景下实践的一种重大制度创新，作为世界上最大的发展中国家，我国应积极参与和实践制度创新。经济全球化已是世界发展的重要趋势，而低碳经济是世界发展历史上继工业经济、信息经济和知识经济之后出现的一种崭新的经济形态，是当今世界发展的新潮流，代表着国际上先进生产力的发展方向。一种崭新的经济形态要求有新的制度与之相对应，而碳排放权交易正是在低碳发展的背景下与之相对应的一种新的市场经济制度。第二次世界大战以来，欧美等发达国家对市场经济制度进行了非常大的创新。西欧国家把社会政策和市场经济融合起来，在社会市场经济制度上有所创新，这种创新使得西欧国家在第二次世界大战后经济迅速恢复。美国一直着力发展知识经济和信息经济技术，依托其强大的科技创新能力，在世界经济的舞台上一直独占鳌头。碳排放权交易是以完整的环境资源为背景，将温室气体的排放权作为一种可用于交易的商品纳入世界经济体系之中。产权交易理论尽管已经比较成熟，但其内容从商品产权交易逐渐演变到要素产权交易和知识产权交易，直至发

展到现在的环境产权交易,这是市场经济制度不断革新的结果,也是适应于人类的社会进步和生产力的逐步发展。中国作为世界经济中的重要一极,必须适应时代变革发展的趋势,把握世界先进生产力的发展方向,加速发展低碳经济,积极构建碳排放权交易市场。

(二) 建立碳排放权交易市场是实现供给侧改革、实现高质量增长的需要

党的十八大报告中明确指出,要坚持科学发展主题,加快推进经济结构战略性调整。低碳经济发展的实质是在如何实现低能耗、低排放和低污染的前提下,加快技术创新和制度创新,提高能源利用效率,实现经济发展的高效益和高产出,最终实现可持续发展。向低碳经济转型就必须转变经济发展模式,从传统的以能源消耗为代价片面追求经济产出的发展模式,转变为低能源消耗、高环境质量和经济产出的发展模式。当前,我国经济正处于L型阶段筑底阶段,稳增长、调结构是当前的关键任务,构建中国特色的碳排放权交易市场有助于形成以低碳经济发展的经济模式,有助于深化经济体制改革和调整产业结构,也有助于促进环境与经济的和谐共赢。

(三) 建立碳排放权交易市场是取得国际碳金融竞争话语权的重要手段

碳金融是目前世界国际金融体系中的一个重要创新。梳理人类发展的历史可以发现,每一次重大的危机之后通常伴随着一场新的科技革命;而新的科技革命又会推动新一轮经济增长和繁荣。次贷危机和欧盟债务危机发生的根本原因是金融经济发展越来越脱离实体经济发展的必然结果,这也将孕育着新的金融方面的革命。碳排放权是一种天然的金融产品,该产品的出现是金融经济的一个重要创新,并将会成为金融工具中虚拟经济发展与实体经济发展之间一个非常重要的结合点。面对次贷危机与欧债危机之后出现的重大变革,中国必须抓住这个机会,构建碳排放权交易市场,开展碳金融的研究与实践,以在未来的金融竞争中拥有自己的话语权。

二、中国碳交易市场的现状

(一) 地区碳排放权交易试点的运行概况

2011年10月,国家发展改革委员会批准北京、天津、上海等七省市

开展碳排放权交易试点工作。2013年6月18日~2014年6月19日，获得批准的碳交易试点相继启动运行。

相继启动的碳排放权交易市场试点区域覆盖华北、中西部和东南沿海地区，所占国土面积达48万平方公里，人口总数约为2.5亿人，GDP合计为14.2万亿元人民币，能源消费约为8.3亿吨标准煤，分别占全国总量的19%、27%和24%。从试点省市覆盖地区的发达程度看，既包括了经济发达地区，又包括了中西部欠发达地区，它们在社会经济发展、产业结构、温室气体排放和能源消费结构等方面既有共性，又有地区之间的差异，代表性很强。

参与碳排放权交易试点的省市出台了一些具有不同效力的地方性碳交易法规、政府规章或部门规范性文件，初步确定了碳排放权交易的目的、作用、管理和实施体系。表6-3是试点省市出台的部分碳排放权交易的政策法规。各试点省市在综合考虑其温室气体排放强度指标、当前能源消费总量和未来增量目标及GDP增速等宏观指标的基础上，结合参与企业历史排放数据，采用自下而上和自上而下相结合的方式，确定了碳排放权交易体系适度增长的温室气体量化控制目标。表6-4是各试点省市碳排放配额总量、覆盖的范围及纳入企业的标准情况。

表6-3　　　　　　　　试点省市碳排放权交易政策法规

地区	政策法规	性质
北京	《北京市在严格控制碳排放总量前提下开展碳排放权交易试点工作的决定》（2013.12） 《北京市碳排放权交易管理办法（试行）》（2014.5）	地方法规 政府规章
天津	《天津市碳排放权交易管理暂行办法》（2013.12）	部门文件
上海	《上海市碳排放权交易管理办法（试行）》（2013.11）	政府规章
重庆	《重庆市人大常委会关于碳排放管理有关事项的决定》（2014.4） 《重庆市碳排放权交易管理暂行办法》（2014.5）	地方法规 政府规章
广东	《广东省碳排放管理试行办法》（2014.1）	政府规章
湖北	《湖北省碳排放权交易管理暂行办法》（2014.4）	政府规章
深圳	《深圳市人民代表大会常务委员会关于加强碳排放管理的决定》（2012.10） 《深圳市碳排放权交易管理暂行办法》（2014.3）	地方法规 政府规章

表6-4　试点省市碳排放配额总量、覆盖范围及纳入企业标准

地区	总量	行业与企业	纳入企业标准
北京	约0.55亿吨二氧化碳，约占地方排放的40%	电力热力、水泥、服务业、石化、其他工业企业	年二氧化碳排放1万吨（2009~2014年）；年二氧化碳排放5000吨（2015年）
天津	约0.16亿吨二氧化碳，占地方排放的50%~60%	钢铁、电力热力、化工、油气开采、石化五大重点排放企业	年二氧化碳排放2万吨（2009年以来）
上海	约1.5亿吨二氧化碳，约占地方排放的40%	钢铁、有色、纺织、石化、电力、化工、建材、化纤、橡胶等工业行业以及港口、铁路、宾馆、航空等非工业行业	工业行业：年二氧化碳排放2万吨；非工业行业：年二氧化碳排放1万吨（2010~2011年）
重庆	约1.3亿吨二氧化碳，约占地方排放的40%	冶金、建材、电力、化工等多个行业	年二氧化碳排放2万吨（2008~2012年）
广东	约4亿吨二氧化碳，占地方排放的50%以上	电力、石化、水泥和钢铁等行业	年二氧化碳排放2万吨（2011~2012年）
湖北	约3.24亿吨二氧化碳，约占地方排放的44%	钢铁、化工、汽车、电力、水泥、石化、有色金属、造纸、食品饮料、化纤、医药等行业	年二氧化碳排放6万吨（2010~2011年）
深圳	约0.3亿吨二氧化碳，约占地方排放的40%	能源生产、工业制造、加工转换、公共建筑等行业	工业行业：年二氧化碳排放3000吨；大型公共建筑和国家机关办公建筑：2万平方米

资料来源：笔者基于各个试点省市碳排放权交易政策整理所得。

各试点省市为保证碳排放交易体系贯彻实施和确定其实施效果，均具体情况具体分析地制定各自的分行业排放量的测量和报告方法，发布了相应的指南，构建了电子报送系统。并对纳入企业报送的历史数据和遵约数据进行了非常严格的第三方核查。而第三方核查机构的遴选，各试点省市均制定了相关标准，对其进行严格的审批和监管。表6-5是各试点省市技术标准、报告和核查制度的情况。

表6-5　　　各试点省市技术标准、报告和核查制度情况

地区	技术标准、指南	核查机构	电子报送
北京	6个行业排放核算和报告指南； 核查指南，核查机构管理办法，专家/机构复审	22家	电子报送
天津	5个行业排放核算； 1个行业报告指南	4家	电子报送
上海	通过《上海市温室气体排放核算与报告指南》（试行）； 通过9个行业的排放指南与报告指南； 第三方核查机构管理办法	10家	电子报送
重庆	核算和报告指南； 核查工作规范	11家	电子报送
广东	通过《广东省（单位）二氧化碳排放信息报告通则》（试行）； 通过4个行业排放报告； 报告与核查实施细则，核查规范	29家	电子报送
湖北	通过《湖北省工业企业温室气体排放检测、量化和报告指南》（试行）； 通过11个行业排放核算办法和报告指南； 核查指南、第三方核查机构管理办法	3家	电子报送
深圳	核算与报告指南； 对建筑物、出租车和公交车企业核算方法及特殊报告要求； 核查指南	28家	电子报送

资料来源：笔者基于各个试点省市碳排放权交易政策整理所得。

（二）温室气体自愿减排交易市场概况

我国自愿减排交易市场始于2007年，截至目前，除西藏外，国内有30个省市自治区均已进行资源减排项目的开发。虽然起步较晚，但在国家相关部门的大力推动下，我国自愿减排市场发展的速度非常快，截至2015年12月31日，7个备案的自愿减排量（CCER）交易机构已有6家进行了CCER交易，累计交易量已达到3500万吨二氧化碳当量。

根据《温室气体自愿减排交易管理暂行办法》和《温室气体资源减排项目审定与核证指南》的相关规定要求申请备案的自愿减排项目须在国家温室气体自愿减排交易注册登记系统进行登记。表6-6为2015年底中国温室气体自愿减排项目备案统计情况。

表 6–6　2015 年中国温室气体自愿减排项目备案统计情况

中国温室气体自愿减排项目类别	项目数量
采用经国家主管部门备案的方法学开发的自愿减排项目	230
获得国家发改委批准作为 CDM 项目但未在联合国清洁发展机制执行理事会注册的项目	39
获得国家发改委批准作为 CDM 项目且在联合国 CDM 执行理事会注册前就已经产生减排量的项目	183
在联合国 CDM 执行理事会注册但减排量未获得签发的项目	8

注：截至 2015 年 12 月 31 日。
资料来源：2015 年 12 月 31 日，笔者根据中国清洁发展机制网站的数据整理得到。

截至 2015 年底，累积公布资源减排交易项目 1240 个，备案资源减排项目 452 个，备案减排量为 3750 万吨二氧化碳当量，国家核证自愿减排量（CCER）交易量超过 3000 万吨。从交易量的角度看，其规模接近试点交易规模（2015 年为 3333.8 万吨），可观的交易规模反映出 CCER 价值被市场参与者逐步认可。从交易价格的角度看，一是不同试点地区 CCER 价格受地区配额供需情况差别比较大，如北京地区 CCER 公开交易价格曾高达 33 元/吨，而同期其他交易所的公开交易价格多在 10~20 元/吨；二是能用于试点碳市场履约抵消的项目 CCER 价格明显高于不能在试点碳市场履约的 CCER 价格，前者大多为 10~20 元/吨，后者大多为 10 元/吨以下。从交易市场消息透明度的角度看，出于对投资者的保护等原因，CCER 交易大多不公布详细的交易信息，交易信息的不透明不利于深化投资者对 CCER 交易市场的认知，不利于形成稳定的市场预期。

三、中国碳排放权交易制度设计

低碳发展已逐渐成为共识，碳排放权交易作为在此背景下产生的一种全新的经济制度形态，必将深刻影响世界未来的发展。构建有中国特色的全国碳排放权交易市场，既要借鉴国际上欧美等国家比较成熟的经验，又要结合我国的现实国情，充分考虑碳排放权制度构建的复杂性和系统性，科学规划，准确定位，精心设计，循序渐进地建立具有中国特色的碳交易制度。

（一）中国碳排放权交易制度构建的总体思路

构建有中国特色的碳排放权交易制度，是一项战略性的、连续性的工作，应站在统揽社会经济发展全局的高度，兼顾国内外社会经济发展的大势，设定我国碳排放权交易市场构建的战略定位及步骤，并紧密围绕该定位设计全国的碳排放权交易制度框架。

（二）中国碳排放权交易制度构建的基本原则

为高质量地构建全国范围内碳排放权交易市场，在设计时应遵循以下原则。

1. 遵循规律原则。

我国的碳排放权交易市场是在科学发展观的指导下建立起来的，应遵循经济发展的规律与技术发展规律。价值规律及供求规律是经济发展规律中的精髓。对于我国政府来说，碳排放交易市场的建设应更多地使用经济手段，而不是使用行政手段，这样不仅能够降低成本，还能提高其运行效率，增加国内企业节能减排的动力。技术规律就是构建的全国碳排放权交易市场在范围和程度方面应和我国现有的技术水平相适应，应在我国经济发展可承受的范围之内确定减排总量。

2. 政府引导原则。

碳排放权交易市场是一个外部性的产品市场，是基于《联合国气候变化框架公约》《京都议定书》和《巴黎气候协议》等协定基础上形成的。所以，该市场从诞生之日起并极具政府色彩。而作为市场主体的交易标的碳排放权，交易的主体虽然是企业，但政府却是市场规则的制定者，决定着企业以何种方式获得排放权和数量；决定着市场交易的法规和政策的制定；决定着如何注册登记、如何核查等。

3. 循序渐进原则。

当前，持续高速发展的中国经济对能源消耗依赖较大，构建完善的全国碳排放权交易市场是一个漫长和分阶段的过程。我国不同地区之间差异很大，发展很不平衡，现实的国情决定了全国碳排放权交易市场的构建和运行需要循序渐进地进行。我国目前实施的碳排放权先部分省市试点，然后再进一步推广的操作步骤正是全面建设循序渐进的体现。就地区而言，我国各地域发展不平衡，所以碳排放的差异也非常大，因此，各地区构建交易市场的条件和基础不同，应区别对待。就行业而言，不同行业之间由于技术水平和行业特点不同，减排成本有明显差异，因此，应首先选择竞争力强、减排成本相对低廉、减排潜力大的重点行业，再在此基础上进一步推广。

4. 统筹协调原则。

碳排放交易市场的构建是一个复杂的系统工程，涉及一个国家社会经济生活的方方面面，需要统筹协调多方面之间的关系。首先要协调社会经济发展和碳排放权交易市场之间的关系。碳排放权交易市场的运行无疑会增加一些企业的经营成本，短期内影响国家的社会经济发展。因此，要将碳排放权交易市场的构建纳入国家经济发展的总体规划之中，并进一步促进技术进步和产业结构调整；另外，要协调交易市场的各种关系，既要协调国际与国内碳排放权交易市场的关系，又要协调自愿交易市场与配额交易市场之间的关系。

（三）中国碳排放权交易制度构建的发展路线图

构建全国范围内的碳排放权交易市场是一个系统工程，再加上目前中国建立该市场交易制度的基础还比较薄弱。根据循序渐进、统筹协调等原则，要建立碳交易市场需要经历从初级到高级，从自愿市场到强制市场，从部分试点到全国推广的发展历程。要实现上述的总体目标，可分三个阶段进行：第一阶段，用10年左右的时间，积极试点国内区域性碳交易市场；第二阶段，再用10年左右的时间，建设全国范围内的碳交易市场，使之初步具备与国际接轨的能力；第三阶段，与全球碳交易市场接轨阶段，积极推进国内市场与国际市场的对接。

1. 第一阶段（2011~2020年）：试点阶段。

在此阶段，我国可积极推进国内具备条件的省市实行试点，在条件成熟的基础上推动试点地区形成互联的区域性碳排放交易试点。各试点在此阶段重点加强基础能力建设、统一数据的标准、探索不同的制度设计方案和交易模式及监理试点互联的区域性碳排放权交易市场，在"干中学"中为构建全国碳交易市场积累比较丰富的实践经验，为第二阶段争取实践做更充分的准备。

2. 第二阶段（2021~2030年）：全国市场阶段。

在此阶段，应在第一阶段摸索实践的基础上，建立一个全国范围内的结构完整、功能健全的交易市场。应在全国范围内建立一套统一的MRV技术规范、重点行业碳排放基准线和登记簿标准，根据市场运行的状况能够及时调整和完善碳交易制度的设计方案,加强碳交易市场的外围保障体系建设,为与国际碳排放权交易市场接轨做好制度和技术准备。

3. 第三阶段(2030年后):国际接轨阶段。

在此阶段,应稳步推进国内碳交易市场与国际碳交易市场的对接,积极主动参与并主导国际碳交易规则的制定。从《联合国气候变化框架公约》《京都议定书》《巴黎气候协议》等国际谈判的进程和欧美国家碳市场交易的发展趋势来看,碳排放权市场将会是一个拥有多类主体、多个层级和多种标的的市场,重点行业的碳排放将会采用基准线和统一登记簿标准。因此,我国应深入研究国际碳交易市场的趋势和规则,争取在国际碳排放权规则的制定中发挥全球主要经济体的积极影响和重要话语权,力求在控制排放目标分配制度、履约考核制度、重点行业碳排放基准线标准、MRV技术规范等方面主导国际规则的制定,同时力争在碳交易相关的全球贸易规则、结算货币规则等方面发挥更积极的作用。

第七章

低碳经济发展的核算监督分析

在人们对碳的认知提升到一个新的高度与深度的时代趋势下,基于碳排放权交易之大势所趋,碳排放权在事实上已经成为一种特殊商品,成为企业拥有的一种特殊经济资源,由此就要求会计方面具备同步的核算和监督。作为商业语言的会计,务必通过对碳排放权的取得、持有、处置等环节的分析研究,依照《企业会计准则》的相关指导思想,进行排放权的确认、计量、转换以及列报等会计处理,同时,与之相关联的审计监督也势必随之跟踪实施。

第一节 碳主题的经济解决思路

低碳经济作为一种全新的经济模式,给企业现有的会计核算系统带来了巨大困扰与挑战。会计学界已经开始悄然研究低碳经济背景下的会计问题,《京都议定书》签订后,我国相继建立了碳排放交易市场,"碳"逐渐成为一种有价值的资源。"碳会计"一词受到学者的追捧。

气候变化信息中心(Climate Change Information Center)2003年认为,我们需要记录碳排放源头,并进行归纳和汇报,即形成独立的碳排放会计,但并未给出关于碳会计的完整体系;斯图尔特·琼斯(Stewart Jones,2008)等指出,碳会计包括与碳相关的所有会计问题,并正式提出了"碳会计"一词,学术界在环境会计的基础上,又出现了一个新兴领域,具有里程碑意义;黑森海德(Hespenheide,2010)等认为如下界定碳会计,碳会计是碳排放和碳固的测算及其企业财务方面的影响,包括测量、监测、披露碳排放,以及企业为遵守碳方面法规与交易政策而对企业财务带来的影响;拉塔纳贡(Ratnatunga,2007)认为,碳会计所涉及的内容离不开碳排放与碳固会计。

张白玲（2010）认为，碳会计关注价值流，还要关注物质流；周志方、肖序（2010）和肖序、郑玲（2011）认为，碳会计包含的内容需要涵盖如何对碳会计进行确认、计量及披露问题，还要回答碳资产属性，信息披露内容与方法等多个方面的内容；王爱国（2012）认为，随着全球人才剧增、雾霾问题日益严重，环境趋于恶化以及可持续发展的需要，人们需要对碳排放对企业的影响作出回应，因此碳会计是碳问题在企业会计方面的体现，广义上可以由碳排放会计、碳成本会计、碳管理会计以及碳审计等多方面构成。徐爱玲（2014）认为，碳会计属于环境会计的范畴，研究领域是碳活动引起的物质量核算，也包括价值量变化的核算。一般可以从三个方面进行研究，第一，对碳活动引起的物质流的会计核算，这是进行后续价值核算的数据基础；第二，会计方面的碳核算，包括会计核算的确认、计量、记录和报告过程，分为碳减排与碳固业务核算、碳排放交易业务量两大类；第三，碳会计的相关扩展，比如碳管理会计、碳成本核算、碳审计与鉴证业务等问题。

本书认为，碳会计是两个事物的集合，是随着碳排放作为一种经济权利和资源的发展对企业的碳排放权进行会计确认、计量、记录和报告的过程。反映企业碳排放的物质流，也反映企业碳排放中的价值流。本质上属于碳财务会计的范畴。随着碳管理的需要，企业还要对碳绩效进行衡量，为企业提高碳管理水平提供依据，而随着投资者对企业碳业绩的关注，企业需要进行碳信息披露，需要相关第三方机构对企业碳信息进行鉴证。因此，碳绩效评价与碳审计也会应运而生。在学者研究的基础上，本章从碳会计、碳绩效和碳审计等方面展开探讨。

第二节 碳会计探讨

碳财务会计是指与碳相关活动的价值量的核算，而碳计量是碳交易的基础，因此，从企业在碳核算方面的经济业务着手，本书从两个方面展开对碳会计的阐述。

一、碳减排与碳固业务

（一）碳排放和碳固业务简介

碳排放和碳固业务是从物质流角度进行碳排放业务的核算，包括碳足迹的核算，这是企业碳财务会计的数据来源和核算基础。早在20世纪90年代开始，就有一些专家开始基于物质流分析角度，对一个碳排放主体的碳存量与流量大小进行核算。2016年，全国低碳计量技术委员会副会长王池认为，没有碳计量就没有交易，无论国内碳交易还是国际气候变化谈判，都离不开碳排放物质流核算，而对物质流核算就需要碳计量。只有具备了一个测量准确、报告真实、核查可信的碳计量体系，我们才能对碳排放主体顺利参与市场上的碳排放交易提供支撑；建立碳排放核查认可制度，确保排放数据的可靠性和可信度，是碳市场成功运行的基石，也是碳会计准确计量的基础。

当前，碳计量主要由各地方政府和国家层面制定"碳排放清单"，碳排放清单的报告主要有两种，统计方法和直接测量方法。统计方法是根据排放因子来计算碳排放量的方法，这种方法比较粗放，不能提供企业节能减排的精细计量；直接测量方法是基于"可测量""可报告""可核查"的三可原则，通过安装碳浓度测量装置和烟气流量计，用直接测量法得到碳排放量。该方法是当前美国和欧盟推荐采用的方法，是保障碳排放限额和交易公平性的技术基础，是准确计量先进碳计量发展的趋势。

我国相关部门为了准确计量企业碳排放情况，实现对重点行业和区域的有效监督，建立了企业污染物排放的申报制度和监测制度。前者是由企业提供自己排放的详细汇报，包括自己的工艺流程、废气排放多少、燃料燃烧情况、采取的治理措施与成效等，并定期向相关部门申报自身碳排放信息。后者通过监测制度、国家相关部门进行监督监测，通过安装监测设备可以实现对当地碳排放浓度的连续，实现不间断地及时准确的监督。

（二）企业碳排放与减排活动

我国国家质量监督检验检疫总局、国家标准化管理委员会于2015年11月批准发布了《工业企业温室气体排放核算和报告通则》等11项国家标准，为工业企业开展温室气体排放核算与报告活动提供方法参考。

企业碳排放活动以"企业"为基本边界，所有生产设施产生的碳排放，包括从燃料开放的排放，到中间环节的过程排放，还有一些间接地使用电力和热力的排放等。《工业企业温室气体排放核算和报告通则》以钢铁生产企业为例，温室气体排放核算和报告范围包括：钢铁企业使用的化学燃料在使用过程中的排放、过程排放还有一些间接排放。钢铁企业温室气体排放核算边界如图7-1所示。

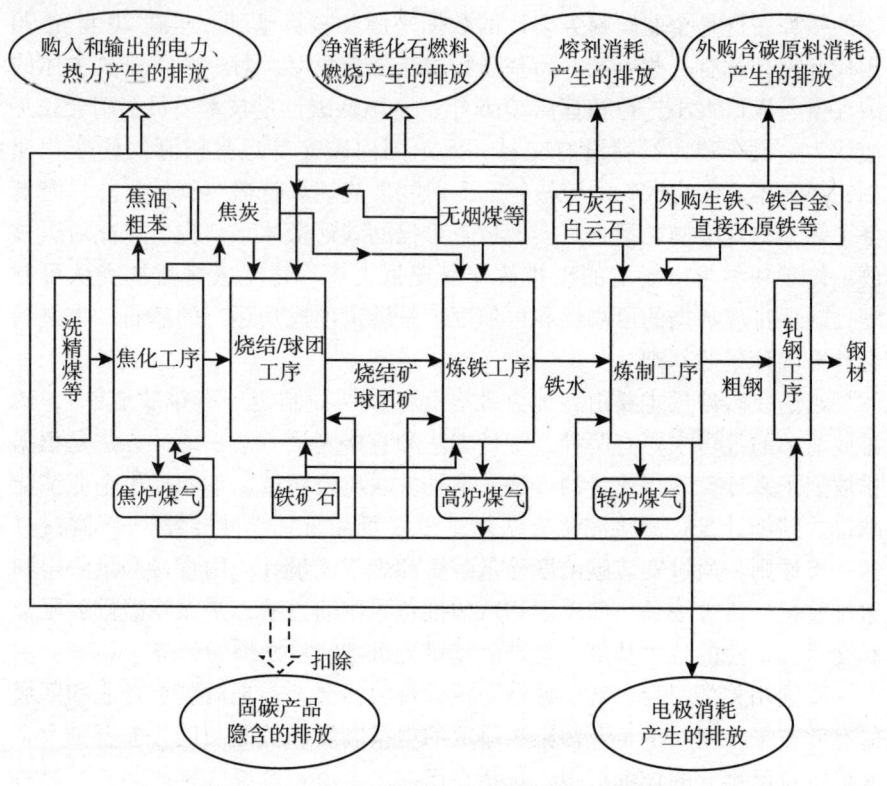

图 7-1　钢铁企业温室气体排放核算边界示意图

面对来自政府和社会公众的减排压力，企业必须开展碳减排活动。第一，使用清洁能源与低碳原料，这样能够在相同生产设备和技术水平条件下达到较低程度的碳排放，不过这显然会增加企业当年的经营费用，是经营性支出减排；第二，购买节能环保设备，应用低碳技术，这样能够实现同样能耗水平下的低排放，但也会增加企业的资本投入，属于资本性支出减排。

（三）会计处理

我们应该如何对碳减排与碳固业务进行会计处理呢，这个要具体问题具体分析。

情况1：与常规业务完全融合或基本相似。这种情况下不需要单独的碳科目设置，企业为了反映其自身为了碳减排付出的代价，可以在常规业务项目中设立碳减排明细分类账，并在财务报表附注中详细解释说明。

情况2：该业务可以与常规业务完全分开，设置专门碳账户进行确认与披露。比如，对于专门的碳固支出，企业可以设立"碳固消耗性资产""碳固长期性资产""碳固费用"等科目进行核算。"碳固消耗性资产"核算企业碳固消耗性材料的取得或耗用情况；"碳固长期性资产"核算企业为了将碳固效应而专门外购或自制的一些设施和固定资产，这个可以以计提折旧或摊销的方式进行成本回收；"碳固费用"核算企业为了使设备发挥碳固效应，发生的材料费、人工费或制造费用等。还可以设置"碳固生物资产"以核算企业额外取得的生物性资产的生物碳固。当前，有学者还提出了"竹炭会计"以核算体系，来核算树木的碳固职能，这是一种特殊的以竹子为碳汇载体的核算方式。

就我国当前来说，人们对碳减排与碳固业务的会计处理关注并不多，这可能跟该业务无法与其他经济业务相分离，或并非广泛存在有关。但是，我们相信，随着人们对低碳经济的关注度提高，企业对碳减排活动的重视，企业的碳固业务和减排设施的增多，该业务的核算也将不可缺少。

二、碳排放权交易业务

（一）碳排放交易的产生

企业碳排放权的形成机制分为总量——配额交易机制（cap-and-trade）和信用交易机制（carbon-trading）两种，前者是管理当局对一定区域、一定期间的排放上限进行排放配额（emission allowance）的分割，以免费分配或者有偿拍卖的方式给辖区内企业分配碳排放配额，企业有了配额之后，有权力排放相应额度的碳排放指标，但是超过就要额外购买，当然如果节约下来，也可以选择出售获取经济利益。后者是基于碳减排权的交易，比如CDM项目下的"经核证的减排量（certified emission reductions，CER）"就可以以冲抵发达国家的部分碳排放量。两种不同交易机制形成的碳排放权被分别称为"配额碳资产"和"减排碳资产"。

可见，本来并无价值的碳排放权，在《京都议定书》的约束下变成了一种有价值的稀缺资源，成为一种可供买卖的商品，会计上需要对这种商品进行确认、计量、记录和报告，需要报告给企业其带来的经营风险及不确定性，以及企业的应对措施等。

（二）碳排放权交易会计处理的国际相关准则

1. 美国规定。

1993年，美国联邦能源管理委员会发布的《统一会计系统》是目前美国处理碳排放权交易的唯一参考，它本用来规范二氧化硫排放许可交易，后被用于核算二氧化碳排放交易。文件规定，企业从政府无偿取得的碳排放权价值取0，而购买的碳排放权按购买成本确认为资产。企业排放二氧化碳时，按照存货成本发出原则确认为费用，出售时按照市场价格确认为企业的收入，期末资产负债表的碳排放资产与负债账面价值为0。

2003年，美国财务会计准则委员会下属的紧急问题任务处理工作组发布了《总量和交易制度下参与者获得排放配额的会计问题》，目的是对排放权交易会计处理进行规范。其中讨论的重点是对配额确认为何种资产，但工作组成员一致担心影响其他相关事项的会计处理被取消。

2. 日本规定。

日本会计准则委员会（ASBJ）在2004年11月发布了《排污权交易会计处理》，并于2006年7月进行了修订，根据排放权的持有目的不同分为无形资产和金融资产处理。一种是自用目的，可以确认为无形资产；另一种是为交易而持有，确认为存货，或衍生金融工具，并进行减值测试。

3. 国际规定。

国际会计准则理事会2004年12月发布了《国际财务报告解释公告第3号——排放权》（EFRIC3），全面系统地解释了有关排放权的会计处理。文件规定，碳排放权作为无形资产入账，计量属性上区分购买所得还是免费分配所得。如果购买得到，按历史成本确认；如果政府免费分配，按公允价值计量，同时贷记递延收益。企业实际排放时，消耗碳排放权，借记制造费用，并按市场机制确认负债。后续期间，对应按照国际会计准则《IAS37——准备、或有负债和或有资产》，可以把碳排放权配额的价值变动列入所有者权益，而负债方面的价值变化直接计入当期损益。由于IFRIC3对碳排放资产和负债采取区别对待的方式，不符合会计上的配比原则，遭到业内人士的批评，于2005年6月被撤销。

可见，国际上当前缺乏权威指导，导致会计信息不具有可比性，目前大部分企业主要以《国际会计准则第2号——存货》《国际会计准则第39号——金融工具的确认与计量》等核算碳排放交易。为了顺利推进国际碳排放交易的进展，国际会计准则委员会于2007年12月再次启动排污权交易项目的研究，只是没有直接发布准则，而是同普华永道和美国财务会计准则委员会一起制定了三个会计处理过渡方案。这三种过渡方案主要从碳排放配额的初始计量、购买的核算、配额后续计量、排放负债的初始计量和后续计量几个方面进行了说明，三种方案的分歧在于：初始配额计量基础是 0 还是当时配额的市场价值，后续计量是按市场价值进行调整的，还是历史成本需要时计提减值准备等，排放负债是按市场价值确认还是按照配额的账面价值确认，超额排放确认为负债等，后续是否需要对排放负债进行计量。

（三）我国碳排放权交易会计处理的尝试与探索

我国于 2013 年 6 月在深圳进行了碳排放权交易试点。2017 年启动全国统一碳排放交易市场。但是相对而言，我国碳会计规范缺失问题严重，财政部并未给出任何有关碳排放权及其交易的准则规定。在学术界，一些学者进行了大量研究，但研究结论争议较大。张鹏认为，清洁发展机制项目下的经核证的碳减排量可以作为存货进行处理，因为可以短期变现。而王爱国等认为碳排放权没有实物形态，可以作为无形资产。还有学者认为，可以作为金融资产在交易市场进行买卖套利。表 7-1 是我国学者对清洁发展机制下碳减排量的资产属性及理由。

表 7-1　　　　清洁发展机制下碳减排量的资产属性及理由

资产类别	赞同理由	反对原因
存货	CDM 项目下的碳减排量是为了执行销售合同持有的，最终目的是销售	碳减排量是无形的，碳排放权不同于存货，价值没有转移到产品中
金融资产	碳减排量是金融衍生产品，拥有自由交易市场，始终以公允价值计量	缺乏有效的碳交易市场，持有的目的可能并非交易
无形资产	不具有实物形态，可以单独出售或转让；且由于 CDM 项目实施过程中存在风险，未来经济利益不确定，不属于以固定或可确定的金额收取的资产	碳减排量属于流动资产，不属于长期可使用资产，其价值随着碳排放义务的解除而一次性消耗殆尽

本书认为，碳排放权作为一项资产有其特殊性，不同于当前我国现行会计准则中的任一资产项目，无论作为存货、无形资产还是金融资产，都存在未能自圆其说的一方面，后续计量中也存在局限性。我们不应该简单

套用现行准则,应该创新设计安排。

(四) 交易案例分析

目前,国内已经有多个省市开展了碳排放交易试点。据了解,各地的碳排放管控和交易的模式大致相同,主要特点如下:政府向碳排放管控企业采取全部免费或少量收费的方式发放配额;配额可用于抵销企业的实际碳排放量,也可用于出售;企业可以在市场上自由买卖配额;配额和实际碳排放量以日历年度为计算周期;当年的实际碳排放量将在下一年度与企业所持配额予以抵销;抵销时,企业需要有足够配额,否则将面临罚款等行政处罚;如果企业所持有的配额不足,需要从市场上购买。

1. 案例简介。

甲公司为上市公司,于 2013 年被当地政府纳入碳排放管控范围。甲公司于 2013 年 12 月 10 日从政府无偿取得 97 万吨碳排放权配额,此外,甲公司以 60 元/吨的价格从政府购买 3 万吨碳排放权配额。甲公司所持有的配额的目的是用于抵消其实际碳排放量,而不是用于交易目的。当地碳排放权市场于 2013 年 12 月成立,甲公司可以在该市场买卖碳排放权配额。根据中国碳排放交易网的统计数据,当地碳交易市场的交易并不频繁,截至 2014 年 1 月中旬的成交量仅为 12 万吨,成交价格均在 60 元/吨左右。

为了在下述分析中更好地体现出不同观点下的会计处理差异,假定配额于 2013 年 12 月 10 日的市场价格为 65 元/吨,于 2013 年 12 月 31 日的市场价格为 70 元/吨。

甲公司所在地区的碳排放管控的基本情况如下:

(1) 配额发放:政府发放的免费配额的比例为 97%,有偿配额为 3%;企业如果不购买有偿配额,则免费取得的配额只能用于抵销企业的实际碳排放量,而不能用于交易。

(2) 实际碳排放量:企业应自行计算其 2013 年的实际碳排放量,并需在 2014 年上半年将经过第三方专业机构核查的实际碳排放量汇报给当地监管部门。

(3) 配额抵销:企业在 2014 年 6 月底将 2013 年的实际碳排放量与所持有的配额进行抵销;即企业在 2014 年 6 月底需要有足够配额用于抵销其碳排放量,否则将面临罚款等行政处罚;因此,如果企业所持有的配额不足,则需要从市场上购买。

（4）剩余配额的处理：年度配额超过实际碳排放量的剩余部分，可用于出售或者结转至后续年度使用；配额的有效期为 3 年。

问题：第一，企业收到政府发放的碳排放权是否需要作为一项资产确认？第二，如果对收到的政府发放配额作为资产确认，如何进行初始计量？第三，如果对收到的政府发放配额进行初始确认和计量，如何进行后续计量？

2. 案例分析。

对于碳排放权交易的会计处理，本书参考国际财务报告解释委员会（IFRIC）于 2004 年发布的《IFRIC 3：排放权》的原则进行处理。根据 IFRIC 3 的原则，结合我国目前碳排放交易系统的具体规定，上述问题的会计处理分析如下。

（1）碳排放权的确认。无论是政府授予还是从其他方购入的碳排放权，且无论企业意图用于出售或抵消自身碳排放量，均能产生经济利益流入或减少经济利益流出，因此，碳排放权满足资产定义，应确认为一项资产。

根据《企业会计准则第 6 号——无形资产》第三条无形资产的定义，碳排放权源自政府授予的法定权利，并且可用于出售、转移等交易，因此，属于满足可辨认条件，且没有实物形态的非货币性资产，企业应根据《企业会计准则第 6 号——无形资产》的规定，在满足确认条件时将所获得的碳排放权确认为一项无形资产。具体来说，对于碳排放权的核算科目，我们认为，由于其属于无形资产准则规范范围，故无须新增核算科目，仅需在"无形资产"科目下增设二级明细科目"碳排放权"，并在财务报表中作为"无形资产"列报。

（2）碳排放权的初始计量。对于企业以低于市场的价格，或者无偿从政府主管部门直接取得的碳排放权，满足《企业会计准则第 16 号——政府补助》中政府补助的定义，应按该准则的规定进行处理。即在满足该准则规定的确认条件时，可以取碳排放权的公允价值，如果存在与获得碳排放权直接有关的注册费等费用，则还需要加上注册费，作为初始计量的数额；反之，如果无法可靠取得其公允价值，则可以取其名义金额作为计量金额。同时，贷方确认一项递延收益，将这项收益在碳排放权的有效年限内通过分摊的方法，计入企业的营业外收入。

对于企业从其他方购入的碳排放权，企业应该参照《企业会计准则第 6 号——无形资产》，在初始计量时，取企业为获得该碳排放权所支付的对价的公允价值。

（3）碳排放权的后续计量。关于碳排放权的后续计量问题，我们分为两种情况，如果初始计量是公允价值的，可以后续通过摊销的方式计入企业相关成本或费用；如果初始计量是名义金额的，后续可以不再进行摊销。当企业后续出售多余的碳排放权时，可能所获得的价款超过其账面价值，这时可以确认为营业外收入，当然，如果低于账面价值，则可以确认为营业外支出。反之，如果碳排放权到期，我们预期其无法为企业带来经济利益，可以将账面价值做转销处理，借记营业外支出，贷记无形资产。

（4）碳排放权的减值测试。碳排放权持有期间，当出现减值迹象时，应按《企业会计准则第8号——资产减值》的规定，对该碳排放权做减值的测试，如果确实其可变现净值低于账面价值，我们要计提相应的减值准备。

（5）企业超额排放的处理。如前所述，当企业实际排放量超过政府主管部门核定碳排放配额，且无法从其他方购入相应的碳排放配额用于抵销时，将可能受到政府主管部门的处罚。此时，企业可能承担的负债属于《企业会计准则第13号——或有事项》的范围，应按该准则的规定进行处理。具体而言，当同时满足或有负债的确认条件时，企业应当将超额排放所产生的义务确认为预计负债。

第三节　碳绩效评价

随着《联合国气候变化框架公约》《京都议定书》和"南非班德一揽子决议"的通过与实施，企业作为碳减排主体，正在积极参与到碳减排活动中来，尤其是碳交易制度的实施，为企业努力减排搭建了交易平台。那么如何评价企业碳活动的状况、效果以及效率呢？这就迫切需要我们进行碳绩效评价，开展碳绩效评价理论与方法的研究。

一、碳绩效评价的内涵与特点

关于绩效的含义，学者早有研究，从字面意思看，绩效是一种产出，是一种行动，也是一种能力。普雷母詹德（1995）认为，绩效表示效率、产品或服务的质量和数量以及所做出的贡献。绩效也可以是通过投入、过程、产出或结果来描述的外部效果和内在努力（亚洲开发银行，2001）；亦可以是实施某项活动所获得的相对于目标的有效性和公众满意程度（Jack Diamond，1994）。丛树梅等人认为，企业碳绩效可以从行为过程和行为结果两个维度进行考虑，反映出企业在减少碳排放所采取的行为和活动的结果方面的效率和效果。王爱国（2014）指出，碳绩效是衡量一种投入和产出的效果对比，具体而言，就是企业为了降低碳排放量，在碳技术开发与应用、碳能源结构调整、项目投资与碳交易或碳信息披露等活动中付出的努力，与收到的效果进行对比。王思卉（2011）认为，企业碳绩效是在现有的财务评价指标的基础上，融入企业为减少环境污染采取的一系列行为和措施。综上所述，碳绩效指标除了具备传统的经济性、财务性和货币性等一般特征外，还具有下列特殊性：

第一，政治性。碳绩效问题不单单是经济问题，还是一个关心国家是否能长远可持续发展的政治问题，要真正提高碳绩效，需要改变国家能源结构、能源规模和粗放式经济增长模式，否则只是在一个保持适当经济增长速度前提下的绩效。

第二，全球性。追求碳绩效的提高，需要全球每个国家、地区或民族的共同努力，不能单单以某一个国家或地区。也就是说，碳绩效的提高需要全球公民的行动，世界各国需要摒弃偏见、诚意合作、协商沟通和共同应对。

第三，公益性。虽然谈到绩效，大家会强调经济收益，但是碳绩效更多带来的是遵纪守法、道德与伦理方面的责任。尽管目前碳排放交易制度的设计，允许企业出售多余配额而获利，但其主要还是为了控制企业减少碳排放量，并非以获利为主，碳减排才是主要目标。

第四，自愿性。碳绩效目前并非是强制责任，是企业出于道德良知、气候形象和社会声誉的一种自愿追求，是一种软责任，外部强制性的"硬责任"还相对较少。倡导企业提高碳绩效难以通过行政命令或法律法规实现，只能依赖宣传教育等途径。

二、碳绩效评价维度与指标

目前，关于如何评价或计量碳绩效的研究，还处于探索性阶段，学者的研究也未取得一致成果，但还是有很大进展。

(一) 碳足迹视角

1. 碳足迹的内涵。

碳足迹是目前国内外普遍认可的用于应对气候变化、解决定量评价碳排放强度的研究方法,"足迹"概念最早源于哥伦比亚大学的里斯和维克纳枢(Rees and Waekernagel)提出的生态足迹的概念。布鲁斯(Brussels,2007)提出用"碳足迹"来核算产品或服务的碳排放;2001年,全球报告组织和可持续发展世界工商委员会制定了温室气体议定书(greenhouse gas protocol),将企业碳排放分为直接和间接两大类。欧盟学者指出,产品"碳足迹"是指产品或服务从"摇篮到坟墓"的整个生命周期中所产生的二氧化碳排放量。基于碳足迹视角,人们用"产品碳足迹的降低幅度"来衡量企业碳绩效。

2. 碳足迹计算方法与标准。

近年来,一些国家和国际组织陆续发布了碳足迹的测评方法,主要包括以下几种:

(1) 温室气体核算体系(greenhouse gas protocol,GHG Protocol)。GHG Protocol 指的是一系列温室气体核算与报告的标准和指南,由世界资源研究所和世界可持续发展工商理事会于2003年主导,由全球的企业、非政府组织、政府机构和其他合作伙伴等多方共同开发完成。该体系认为,企业温室气体核算体系包括公司核算、项目核算、价值链核算和报告标准以及产品核算与报告标准等情况。温室气体核算体系是温室气体排放核算的最高标准,被众多组织采用。例如,参与2010年碳排放披露项目(carbon disclosure project)调查的2487家企业中超过85%的企业或直接使用温室气体核算体系,或通过参加其他气候变化相关的项目使用该体系。其中一些比较有影响的机构包括气候登记处、墨西哥的温室气体计划、巴西的温室气体核算计划和英国DEFRA自愿报告准则。该温室气体核算体系不同于以往注重生命周期评价的方法,它更倾向采用投入产出的分析方法,把与企业相关的所有碳排放都归纳进去,其中包括价值链条中的上下游的间接排放量。

(2) ISO14067。ISO14067是"碳足迹"的具体计算方法,国际标准化组织(ISO)制定的标准,在2013年正式发布出来。该标准认为产品碳足迹是企业从原料获取、生产、物流、出售、发挥功效到废弃整个过程所产生的温室气体的排放总量。温室气体是指京都议定书所包括的主要的六种气体。产品碳足迹有利于产品供应方和消费方了解产品信息，明白生产或消耗某产品给环境带来的影响，从而为减排碳排放，改善环境提供了可能。除了 ISO14067，国际标准化组织还制定了其他系列标准，比如 ISO14040（2006）、ISO14044（2006）、ISO14065（2007），这些标准或依据为企业测算碳足迹、披露或核算产品碳排放提供了可能。

（3）PAS 2050。《PAS 2050：2008 商品和服务在生命周期内的温室气体排放评价规范》由英国标准协会编制，为评价商品和服务在生命周期内的温室气体排放明确提出其必要条件，该规范在碳信托有限公司和英国环境、食品与农村事务部赞助下研制完成。该规范在关键生命周期评估技术和原则的基础上，对商品和服务在生命周期内的温室气体排放的评价提出要求，适用于企业评价在产品的完整生命周期内的全部温室气体排放，还包括产品从摇篮到大门（cradle-to-gate）的温室气体排放。该标准从适用范围、规范参考文献、条款和定义、原则和实施、排放源、补偿和分析单位、系统范围、数据和排放量分配、产品温室气体排放量的计算等方面进行了阐述。不过虽然该规范试图涵盖所有类别的产品或服务，但它对产品使用过程的描述不多，忽略了产品的维护过程和开环回收，因此，它应该是针对消费品的一个评价方法，不适用于长寿命的产品，如汽车、家电等。

（4）JIS TS Q0010。JIS TS Q0010 是指产品碳足迹评估与标示之一般原则，由日本产业经济省于 2009 年制定它基于 ISO14044《环境管理生命周期评价——要求和指南》而编制，该指南对产品在生产过程中各个阶段如何收集原始活动情况数据和次级数据，并如何计算各个阶段的碳排放情况作了详细的说明。适用于对生产过程和原材料零部件很多的家用电器设备的评价。但是该指南也指出对于某些材料可能无法获取相应的排放数据，比如碳排放贡献率小于 1% 的过程或材料。

（5）企业温室气体排放核算方法与报告指南。2013 年 10 月 15 日，我国发展改革委员会组织制定并发布了《企业温室气体排放核算方法与报告指南》，该指南主要针对十个重点环境污染行业，要求这些行业企业针对经济与核算报告指南，实行温室气体排放的报送规定，报送的数据可以用于企业参与碳排放交易、披露碳排放数据，或制定减排方案使用。该指南对于加快建立国家、地方和企业三级温室气体排放核算工作具有重要意义。

此外，法国、新西兰、韩国等多个国家也开发了相关的核算体系。

3. 方法评价。

（1）目前全国碳足迹计算方法并未达到完全统一，这会影响产品碳足迹核算的可比性，企业采用不同方法会得到不同的结果，不利于产品在全球流通。

（2）碳足迹主要基于产品生命周期评估方法，是"从摇篮到坟墓"的碳排放核算，涵盖了原料的取得—生产—物流—出售—使用—丢弃等全过程的排放，既有直接的排放也有间接的排放，空间上有深度，时间上有广度。这是从整个社会角度来看的碳足迹，但对于某个排放主体（如企业）而言，它所要管理的碳排放是自身所承担的部分，是从摇篮到企业大门的时间段的评估。为了防止产品碳足迹的重复计算，应尽量让上下游的企业采用合理方式分配分担碳排放责任，以避免问题所在。

正是由于上述两点理由，用碳足迹降低幅度表示碳绩效高低尚不准确，不能客观准确地评价企业在碳减排中付出的努力。

（二）投入产出视角

为了进行不同企业之间以及企业不同时期的对比，人们提出进行关联数据的比率分析。巴特姆斯（Bartelmus，2004）指出，可以用生态效率和生态强度等相对指标，来进行不同企业间或企业在不同时期的碳投入和碳产出情况的对比，其中生态效率＝经济产出/投入量。赫夫曼（Hoffman，2006）建议采用"单位营业收入的碳排放量"这个相对指标来衡量企业的碳排放降低程度。

1. 碳投入与碳产出的界定。

与碳相关的企业经营活动包括碳投入和碳产出两个方面，不同学者对碳投入与碳产出的界定不同。张彩平和肖序（2011）认为，碳投入是碳基燃料和能源的使用，碳产出是企业产品生产和使用过程中所产出直接和间接的碳排放。借鉴 GHG Protocol，即温室气体议定书的界定，碳产出包括三个范围的数据。其中，范围 1（scope 1）只核算直接的碳排放，数据收集和分析相对简单；范围 2（scope 2）核算购买能源的使用所产生的间接排放。由于范围 1 和范围 2 没有核算价值链上下游所转嫁的碳排放，因此，范围 3（scope 3）核算价值链上下游的碳排放，具体如表 7-2 所示。

表7-2　　　　　　　发电企业直接和间接的碳投入和碳产出

范围	碳投入	碳产出
范围1	直接的碳投入： 内部生产过程中使用的碳材料； 锅炉中直接投入的化石燃料； 内部发电使用的化石能源	直接的碳排放： 内部生产过程产生的碳排放； 锅炉中化石燃料产生的碳排放； 内部发电产生的碳排放
范围2	间接的碳投入： 为购买能源（电、热、蒸汽）所投入的燃料和能源	间接的碳排放： 消耗购买能源（电、热、蒸汽）所产生的碳排放
范围3	其他的间接碳投入： 价值链上下游所需的碳投入； 转售采购电力所需的碳投入； 价值链上下游产生的碳排放	其他的间接碳排放： 价值链上下游所产生的碳排放； 转售采购电力所产生的碳排放； 价值链上下游产生的碳排放

徐光华和林柯宇（2015）则认为，碳投入包括碳源、资金、人员和设备，碳产出包括碳排放强度、碳处理能力和碳治理效果等。具体而言，碳投入具体包括（1）碳源。碳源投入值是企业一定期间内消耗的煤炭、石油、天然气等化石能源或碳基燃料的消耗量。（2）资金。是企业在碳治理的过程中发生的专用治理设施的购买、使用、维护等费用，统称"碳治理运行费用"。（3）人员。用参与碳活动的专职环保工作人员的职工薪酬来表示。（4）设备。用企业投入的用以减排或零碳排放的专业碳治理设备的耗费来表示。碳产出具体包括：（1）碳排放强度。是碳排放量与产值的比值，该值越低越好。（2）碳处理能力。是指一定期间内，碳治理设备在对二氧化碳、二氧化硫、氮氧化物、烟尘、粉尘等关键废气物排放的处理量。（3）碳治理效果。是企业经过专用技术设备处理后，最终排放的重要废气（二氧化碳、二氧化硫、氮氧化物、烟尘和粉尘）的达标率情况。

企业碳投入与碳产出的指标体系如表7-3所示。

表7-3　　　　　　　企业碳投入与碳产出的指标体系

一级指标	二级指标	三级指标
碳投入	碳源	煤炭消耗量
		石油消耗量
		天然气消耗量

续表

一级指标	二级指标	三级指标
碳投入	资金	碳治理运行费用
	人员	专职环保人员费用
	设备	碳治理设备费用
碳产出	碳排放强度	碳生产率
	碳处理能力	碳治理设施处理量
	碳治理效果	二氧化碳排放达标率
		二氧化硫排放达标率
		氮氧化物排放达标率
		烟尘排放达标率
		粉尘排放达标率

2. 碳投入产出的绩效评价方法。

鉴于企业碳投入产出与经济指标之间的非线性关系，张彩平和肖序（2011）提出了碳强度、碳依赖度、碳暴露度和碳风险四个碳绩效指标，这四个指标结合了静态、动态、实物和货币四个维度。碳强度是物质流视角的静态指标，碳依赖度是物质流视角的动态分析指标，碳暴露度是货币视角的静态指标，碳风险是货币角度的动态指标。

其实，早在 2005 年，舒尔茨与威廉姆森（Schultz and Williamson）就考虑到碳排放权价格的变化因素，基于货币流的视角，建议从更广的视角考虑气候变化事件所造成的成本差异。瑟森特和哲纳瑞（Societe and Generale，2007）将碳暴露度指标之界定为目前的碳排放与未来碳排放的排放成本之比。为了反映气候变化或化石燃料使用所带来的不确定影响，学者提出了"碳风险"指标，乌尔达尔（Urdal，2006）等认为，碳风险是由于碳基能源的适用碳排放给企业带来的价值风险，具体用碳（主要是 CO_2 配额）价格的波动对能源企业股东价值的影响来衡量；卡本（Carbon，2006）以未来法规和市场的变动对排放价格的影响来衡量气候变化风险，具体表现为企业息税前利润对碳排放价格变动的百分比。

徐光华和林柯宇（2015）为了获得企业碳绩效指标，对企业的碳投入指标和碳产出指标进行了系统分析，并利用数据包络分析法（data envelopment analysis，DEA）得到企业的碳绩效数额。数据包络分析法由于其并不需要对原始数据进行无量纲处理，而且它能够运用数据自身生成有关投入和产出的权重，从而大大降低了人为主观情绪的影响，可以用于分析多投入、多产出的复杂的经济系统，当前被广泛地应用于企业、行业等决策单元的绩效评价研究中。徐砥中、廖培（2010）提出了熵理论的企业低碳管理绩效综合集成评价模型；杨红娟、郭彬彬（2010）也运用数据包络分析法对低碳供应链的绩效进行评价。

还有学者基于模糊综合评价和层次分析法对企业碳绩效进行评价。张岩、史琼、田翠香（2012）结合电力企业的运作特征，建议从能源消耗、电力消费和碳管理三个方面来进行绩效评价。向海燕、张同建、刘涛（2011）认为，碳绩效的评价不能只是考虑碳排放、碳行为和碳效益，还可以从碳技术创新和监督机制着手。王明杰和郑烨（2010）认为，在低碳经济环境下，我们要把环境因素纳入企业绩效管理评价指标之一；龙昀光（2011）建立了低碳绩效指标体系，包括"三废"排放率、环保投资率、污染治理投资率、单位利润材料消耗率、新能源使用率等。吴念和颜毓洁（2012）认为，企业应在盈利能力、偿债能力、营运能力和发展能力四大类指标的基础上，引入了低碳能力指标，包括单位产值能耗、单位利润排碳量、碳资产比重、次生资源再利用、污染物减排率等。

3. 评价。

（1）基于碳投入和碳产出的碳绩效评价方法，不同于碳足迹指标，是从相对数角度来评价企业碳绩效，同时考虑了企业碳基能源消耗和碳产出，有利于不同规模、行业企业之间的比较。如果碳排放强度或碳依赖度比较低，表明企业碳绩效比较高。

（2）该方法既考虑基于实物流视角，同时也考虑碳排放权价格的变化因素，能够从货币流的视角来对碳绩效进行测量，这样能够为外部利益关系人比较和评价企业碳减排绩效提供决策依据。

（三）碳"五力说"视角

1. 碳"五力说"内涵。

传统的企业财务指标分析主要是陈共荣、龚慧云（1996）提出的"五力说"，包括偿债能力、营运能力、盈利能力、发展或成长能力、资产周转能力等能力组合。借鉴财务管理视角的"五力说"，王爱国（2014）认为，一个企业碳绩效的好坏，同样受到碳财务能力强弱的影响，碳财务能力的"五力说"是碳投入能力、碳营运能力、碳产出能力、碳发展能力和碳风险能力五个方面。

2. 碳"五力说"绩效评价。

碳"五力说"所谓的"五力"是指碳投入能力评价指标、碳营运能力评价指标、碳产出能力评价指标、碳发展能力评价指标、碳风险能力评价指标。碳投入能力评价指标包括碳资产占用率、碳投资率、碳研发费用率、碳从业人员率、碳基能源投入率等；碳营运能力评价指标包括碳资产周转率、能源加工转换率、能源配置效率、能源规模效率等；碳产出能力指标包括低碳或零碳产品产出率、碳资产收入率、碳资产利润率、单位产品碳基能耗率、单位产品碳排放率、单位能耗碳排放率等；碳发展能力评价指标包括碳资产增长率、碳投资增长率、碳收入增长率、碳利润增长率、低碳或零碳产品增长率等；碳风险能力评价指标包括碳暴露度变动率和 CER 认证率等。具体如表 7-4 所示。

表 7-4　　　　　　　　碳"五力说"指标体系

项目	一级指标	二级指标	指标解释
碳投入能力评价指标	碳资产占用率	碳资产占有率 = 碳资产/总资产×100%	其中，碳资产是指已确认入账的配额、基准、信用和各种碳减量认证等，不包括各种含碳的存货、固定资产、在建工程等。该指标用来反映碳资产投入的规模或存量，数值越大，说明碳资产投入能力越强，碳绩效越好
	碳投资率	碳投资率 = 碳投资额/投资总额×100%	其中，碳投资额是指投资于低碳项目、低碳技术和低碳工艺流程等方面的实物或资本投资额。该指标用来反映碳投资投入的规模和程度，数值越大，说明碳投资投入能力越强，碳绩效越好
	碳研发费用率	碳研发费用率 = 碳研发费用/营业收入总额×100%	其中，碳研发费用指企业在特定时期用于低碳或零碳产品研究与开发所发生的全部费用。该指标用来反映研发低碳或零碳产品支出投入的情况和程度，数值越大，说明碳研发投入能力越强，碳绩效越好
	碳从业人员率	碳从业人员率 = 碳从业人员总数/员工总数×100%	其中，碳从业人员是指企业在特定时期从事低碳、零碳业务或节能减排人员。用来反映低碳或零碳劳动力投入，规模数值越大，说明碳劳动力投入能力越强，碳绩效越好

续表

项目	一级指标	二级指标	指标解释
碳投入能力评价指标	碳基能源投入率	碳基能源投入率 = 碳基能源投入量/全部能源投入总量×100%	其中，碳基能源主要是指以石油、煤炭、天然气等为代表的化石燃料或能源，一般用全部能源扣除核能、可再生能源等清洁能源后的差额来表示。用来反映碳基能源投入或消耗的总量情况，数值越小，说明碳基能源投入或消耗越低，碳绩效越好
碳营运能力评价指标	碳资产周转率	碳资产周转率 = 碳资产周转额/平均碳资产总额×100%	其中，碳资产周转额用该时期实现的碳收入总额来表示。该指标用来反映碳资产营运的能力与效率。一般用碳收入与平均碳资产总额的比率来计算，数值越大，说明碳资产营运能力越强，碳绩效越好
	能源加工转换率	能源加工转换率 = 加工转换产品量/加工转换能源投入量×100%	其中，能源指的是碳基能源，产品量指的是碳基能源加工转换的产品量。该指标用来反映能源加工转换装置、产品工艺先进与否以及碳管理水平的高低，数值越大，说明投入能源转化效率和效果越优，碳绩效越好
	能源配置效率	能源配置效率 = 能源经济效率/能源技术效率×100%	其中，能源经济效率是指企业一定时期总产值与能源消耗总量的比值。能源技术效率是指单位能耗产出的实际值与最优值的比率。该指标数值越大，说明能源配置效率越优，碳绩效越好
	能源规模效率	能源规模效率 = 规模报酬不变的能源技术效率/规模报酬变化的能源技术效率×100%	该指标数值越大，说明能源规模效率越优，碳绩效越好
碳产出能力评价指标	低碳或零碳产品产出率	低碳或零碳产品占有率 = 低碳或零碳产品数量或金额/全部产品数量或金额×100%	用来反映"好"的碳产出的规模和能力，数值越大，说明好产出能力越强，碳绩效越好
	碳资产收入率	碳资产收入率 = 碳收入/平均碳资产总额×100%	其中，碳收入主要是指配额、基准、信用和各种碳减排认证等碳资产的出售或转让收入总额。该指标用来反映碳资产产出效益，数值越大，说明碳资产产出效益越优，碳绩效越好
	碳资产利润率	碳资产利润率 = 碳利润或碳亏损/平均碳资产总额×100%	如果是碳资产损失则以负数表示。该指标数值越大，说明碳产出效益越优，碳绩效越好

续表

项目	一级指标	二级指标	指标解释
碳投入能力评价指标	单位产品碳基能耗率	单位产品碳基能耗率＝碳基能耗总量/产品总量×100%	用来反映碳基能源的具体效能，一定意义上也反映了企业的碳管理和技术装备水平，说明单位产品依赖碳基能源的程度。数值越小，说明碳绩效越好
	单位产品碳排放率	单位产品碳排放量＝碳排放量/产品总量×100%	该指标用来反映"坏"的碳产出水平，数值越小，说明碳绩效越好
	单位能耗碳排放率	单位能源碳排放率＝碳排放量/能耗总量×100%	其中，能源主要指的是碳基能源，也可以指消耗的全部能源。该指标指企业每消耗一个单位的能源所产生的碳排放量。用来反映"坏"的碳产出水平，数值越小，说明碳绩效越好
碳发展能力评价指标	碳资产增长率	碳资产增长率＝碳资产增加额/期初碳资产余额×100%	用来反映碳资产的增长速度，数值越大，说明碳资产增速越快，碳绩效越好
	碳投资增长率	碳投资增长率＝碳投资增加额/期初碳投资余额×100%	用来反映碳投资的增长速度，数值越大，说明碳投资增速越快，碳绩效越好
	碳收入增长率	碳收入增长率＝碳收入增加额/期初碳收入总额×100%	用来反映碳收入的增长速度，数值越大，说明碳收入增速越快，碳绩效越好
	碳利润增长率	碳利润增长率＝碳利润增加额/期初碳利润总额×100%	碳利润的增长速度，数值越大，说明碳利润增速越快，碳绩效越好
	低碳或零碳产品增长率	低碳或零碳产品增长率＝低碳或零碳产品增加量/期初低碳或零碳产品总量×100%	用来反映低碳或零碳产品的增加速度，数值越大，说明增速越快，碳绩效越好
碳风险能力评价指标	碳暴露度变动率	碳暴露度变动率＝（预期的碳暴露度/基期的碳暴露度−1）×100%	其中，碳暴露度指特定范围和财务年度内，由碳基燃料与能源的投入或碳排放的产出所带来的财务影响，具体而言等于单位碳投入量乘以投入时的碳价格与单位碳排放量乘以产出时的碳价格之和与营业收入之比
	CER认证率	CER认证率＝CER认证成功数/CDM项目总数×100%	东道国为发展中国家的企业在某一时期开展CDM项目所获得的CER认证数占全部CDM项目总数的比率。用来反映开展CDM项目可能发生的各种风险及其成功状况，数值越大，说明风险越小，碳绩效越好

3. 评价。

碳"五力说"是在传统财务能力"三力说"（张俊民，1996）、"四力说"（张先治，2001）和"五力说"（陈共荣、龚慧云，1996）的基础上，考虑到碳财务能力的强弱而构建的。这些指标相辅相成、密切相关、互为一体，是一个较为完整的碳财务综合评价指标体系。但是碳"五力说"指标较多，难以用其中某个指标来综合反映企业碳绩效，需要通过逐项打分法，并设定权重，计算总得分，得到某个企业的综合碳绩效水平。

（四）平衡计分卡视角

自1992年提出平衡计分卡以来，很多学者只用于绩效评价，碳绩效评价也不例外。

1. 平衡计分卡内涵与特点。

早在1992年哈佛商学院罗伯特·卡普兰和诺朗诺顿研究所所长戴维·诺顿共同提出平衡计分卡（balanced score card，BSC），它是驱动绩效指标设计的一整套标准。包括财务、客户、内部业务流程、学习与成长四个维度。主要特点是打破了传统的注重财务指标的绩效管理方法，同时对财务和非财务指标进行考核，是基于公司战略角度的全面绩效衡量的指标体系。

2. 碳绩效考核体系框架构建。

要采用平衡计分卡进行企业碳绩效评价，关键在于怎样将碳指标纳入平衡计分卡中，并设置相应的碳指标来有效衡量企业低碳发展状况。本章内容试图构建低碳绩效考评体系，实现碳指标与平衡计分卡四个维度的有效融合。

第一是财务维度，财务维度是平衡计分卡中的首要指标，是企业碳管理的起源，该指标帮助企业了解碳管理带来的财务影响及应对之策。具体而言，可以把碳排放指标与财务指标有效结合，以表达企业碳行为的实施与执行对企业财务效益的关联。

第二是客户维度，客户是企业的上帝，是企业盈利实现的保障，企业只有让顾客满意，收入才能持续增长。在碳绩效管理方面，企业必须基于客户的立场，了解客户对企业碳指标的要求，并积极满足客户。

第三是内部业务流程维度，企业内部业务流程是关键，直接关系到企业对目标顾客群体的吸引力，对股东要求的满足率。因此，企业一定要制定良好的内部业务流程,将环境碳指标与内部业务流程良好融合。

第四是学习与成长维度,学习和成长是企业发展的原动力,是企业不断进步的源泉。

基于平衡计分卡的碳绩效评价指标如图7-2所示,在这一框架下,我们首先得到基本指标值,再得到综合评价结果。通过指标的明细与具体化,企业可以通过自身行为的调整和改变,逐步调整碳绩效指标,为了提高碳绩效,可以具体到每一个人、每一个部门,通过层层的任务下达与分解,将企业战略碳绩效管理目标转化为每一位员工的责任,并让员工自觉转化为行动,最终提高企业碳绩效。

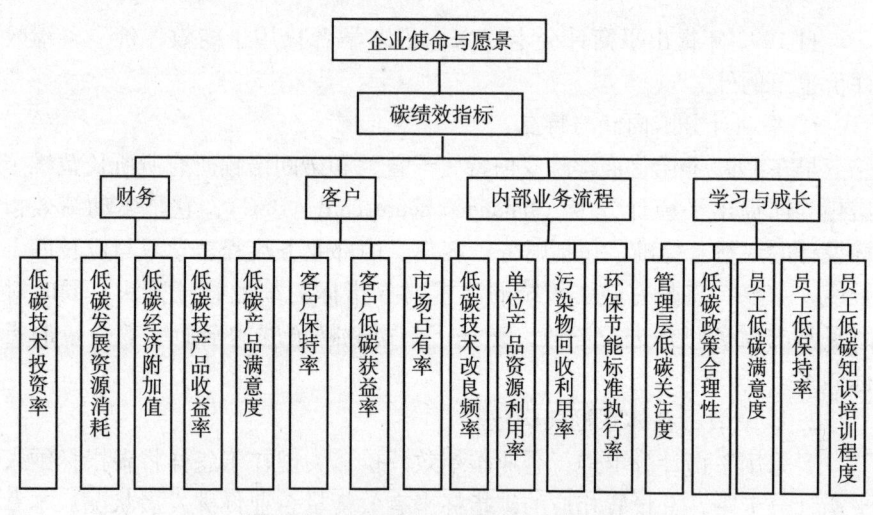

图7-2 平衡计分卡碳绩效评价指标

3. 评价。

利用平衡计分卡工具来评价企业碳绩效,优点是能够较明晰地概括出碳绩效总体战略目标与组织战略目标的关系,为战略目标的落实和执行提供参考,有利于企业改善碳绩效水平。

但是到底如何选择四个维度的具体评价指标,是影响其评价效果的关键。本章上述构建未必完善,还有待于进一步推敲,需要每一个企业在实际考评中,考虑自身的行业生产特点及自身战略需求,设计有针对性的平衡积分卡的绩效考评体系。

第四节 碳审计探讨

碳审计是在低碳经济背景下衍生出的新概念,属于环境审计的范畴,是一种全新的环境规制工具,标志着环境审计工作的新指向。

一、碳审计的内涵与必要性

(一) 碳审计的内涵

碳审计的先河可以追溯到2007年的荷兰审计员的审计,该审计对2000～2005年的包括工农业、交通运输业和能源发展等多个主体在内的企业进行二氧化碳减排情况的审计。之后,英国、美国等国家也开始进行相关研究,探讨如何在各个领域有效开展碳审计。王帆(2010)指出,当前全面碳审计做得最好的是英国环境审计委员会,其在年度汇报中指出了碳审计的起源、方向和内容。苏西莫洛尼(Susie Moloney, 2010)指出,碳审计是相关主体依据国家相关碳文件,运用恰当的方式、方法对某个主体的生产经营过程中的以碳为主的排放进行客观公正评价、审核、鉴证的行为,其目的是经济监督和评价。我国碳审计方面的研究比较滞后,李兆东(2010)认为,低碳政策制定是否合规、执行是否到位、低碳资金使用情况怎么样、低碳产品是否属实,这些内容都是碳审计范畴。赵放(2014)认为,碳审计是对企业碳减排的合理合法和效率性进行审计、对碳信息的真实公允性进行评价鉴证的过程,在这个过程中,方法和主体是关键。它比较特别,不同于传统的财务审计,是低碳经济背景下环境审计的新指向。此外,陈燕燕和彭兰香(2010)、王爱国(2012)都对碳审计的定义进行了研究,强调监督和评价功能,对审计内容也作了说明。本章借鉴王爱国(2012)的说法,认为碳审计是相关审计主体对社会环境中的碳排放进行独立、客观、公正的审查鉴证,并出具报告的行为。

(二) 碳审计的必要性

审计能够提高信息的可靠性,有利于提高信息的价值含量(Jenny Dawkins, 2004; Janek Batnatunga, 2008; Susie Moloney, 2010),有效地

开展碳审计工作具有十分重要的意义。

第一，为社会可持续发展、避免"透支未来"保驾护航。为了发展低碳经济，政府投资巨大，那么资金流向了哪里，用途如何，是否发挥预期效应，可以通过碳审计进行查验。另外，企业碳排放数据是多少，碳交易是否真实合理，有没有遵守政府的法律法规规定，有没有进行低碳技术改造等内容也是碳审计解决的难题。

第二，能够为京津等碳排放权交易市场提供审计评价和认证服务，有利于碳排放交易市场的顺利开展。在碳排放交易市场中，企业的真实碳排放量是一个有价值的数据，而单单依靠企业报备肯定是不准确的，需要相关第三方进行确认和审核，这样才能为碳交易正常发挥作用提供可能。

第三，能够为企业了解自身碳排放信息提供帮助，督促其加强碳固、碳汇、碳抵消步伐，减少碳排放。通过碳审计可以起到监督作用，让企业对自己的情况来个大摸底，重视环保知识，尽量多植树造林，少排放。并可以通过数据对比，分析是否有必要购买碳减排技术或设备等。这些都是有用的决策。

二、碳审计的主体和内容

（一）碳审计的主体

不同于传统的财务审计，碳审计对审计主体要求较高，在知识储备上，不仅要熟悉掌握审计学，还要有环境学、生态学等知识；在审计方法上，不仅要熟练运用检查、观察等传统方法，还要懂得碳足迹核算功底，产品生命周期理念等方法。这么高难度的要求需要政府进行推动，对会计师事务所人员进行专业知识培训，或者由现在环境方面的专家学习审计知识。

（二）碳审计的目标与内容

1. 碳审计目标。

碳审计的目标是对企业碳排放政策执行情况、低碳技术应用情况、碳排放责任履行情况、碳信息披露的真实性、碳标签数据的真实性等进行审计。

2. 碳审计内容。

具体而言，包括以下内容：第一，企业对低碳政策的遵从性审计。我国制定了很多碳排放的相关政策，政府对这些政策或文件的遵从情况首先是审计的内容。第二，企业对碳管理内控的符合性审计。碳管理是一个系统工程，需要企业多方部门和人员配合进行，在这个过程中，企业的组织架构、活动目标、职能部门、权责分工、工作流程、授权机制等内控系统会起作用，影响到碳管理的效果，所以要进行符合性测试，了解企业对碳管理内控的重视程度。第三，对碳减排资金的财政审计。政府投入的大量碳资金是否落到实处，是否真正用于企业进行碳技术研发或设备购入，或者废气污染治理等，这些问题是我们需要关注的。第四，碳足迹合理公允性的审计。碳足迹核算了企业整个生命周期的碳排放量，会引导或影响某些消费者的购买行为。这就需要审计部门审计碳足迹的真实可靠。第五，对会计核算恰当性的审计。碳会计的产生需要企业设立相关账户进行碳核算，那么最后生成的报表信息是否正确，会计核算过程是否合理，方法是否得当，计量属性的选取等都是审计的内容。

三、碳审计尚需解决的问题

随着全球气候变暖的日益严峻，碳审计已不可避免地成为审计学科发展的又一全新领域，但是我国目前开展碳审计工作还困难重重。

（一）尚未形成"三位一体"的联动碳审计体制

碳审计主体包括国家审计、民间审计和内部审计，这三个审计主体应该建立互动机制，共同开展碳审计。因为单单靠国家审计，是无法涵盖中国众多企业的审计工作的，也无法保证审计信度和效度，无法实现低碳经济审计的全覆盖工作。但从我国当前环境审计的实施状况来看，明显处于国家审计状态，仅仅对少数企业采取社会审计的方式，内部审计方式就更少了。

（二）碳审计依据欠缺

碳审计实践已在不少国家和地区展开，那么碳审计的标准是什么呢，不同于财务审计，有企业会计准则做依据，我们碳审计的依据就是国家零散琐碎的低碳政策和法规等，缺乏一个完整系统的审计依据。审计依据如果不健全，会引发审计程序、审计评价等规则的缺失，是一个亟待解决的问题。

(三) 碳审计专业人才匮乏

从碳审计内容我们看到，碳审计人员除了需要具有很强的事业心、责任感、进取精神和良好的职业道德，具备较强的综合分析、组织协调能力、创新能力，掌握传统审计人员熟悉的法规、政策、资金的审计外，还涉及大量的低碳产业和技术等方面的专业知识，比如了解企业/组织的碳排放源，核算企业碳排放状况，了解如何进行碳排放数据的取样与分析，了解低碳技术的应用前沿，计算清洁能源贡献率、碳资产净利润率等低碳绩效指标，懂得碳排放核算方法等，这些显然对现有审计人员是一个巨大挑战。对于大多数只是具备会计、管理、经济等背景的财经院校毕业生而言，需要对自身知识体系进行大的更新，否则难以胜任碳审计工作。

四、碳审计的支撑体系建设

要解决碳审计组织体制不健全、审计依据和人才缺失的问题，有关部门应该积极加强建设，为发展中国低碳经济，改善空气环境保驾护航。

(一) 建立"三位一体"分类分层碳审计体制

当前国外环境审计已经开始由外部审计转向外部审计与内部审计相结合的方式，强制性方面也开始转向与自愿审计结合，这是值得我们学习的。因为碳审计对象众多，涵盖了多个主体，审计过程复杂多样，我们必须建立国家、民间、企业"三位一体"的审计体制。具体而言，国家审计是碳审计工作的主导，起到宏观统领的作用，对全国地区碳审计工作进行指导和监督；而对于难度较大、项目众多的碳审计项目可以以购买服务的形式，交给社会审计机构开展；同时，通过企业成立的内部审计部门，按照政府统一规范、统一标准、统一方法、统一程序对自身碳排放、碳会计核算、碳信息披露等开展自审。切实将国家审计与民间机构专项审计、企业内审有机结合，建立碳审计的"三位一体"的网络化审计平台。

(二) 加强碳审计依据的顶层设计

当前，我国政府在低碳经济方面和环境审计方面已经制定了系列政策,但由于缺乏强制性和约束性,大多以号召激励为主,不能作为强有力的法律依据。因此,要将碳审计纳入法制化轨道,第一,在法律层面,可以考虑将碳审计列入法定范畴,或者修改《公司法》相关章节条款,为碳审计留下法律可能;第二,在审计准则层面,制定碳审计相关准则依据,并介绍碳审计方法,碳审计手段,碳审计证据等内容;第三,在审计规范和方法层面,要提高审计的信度和效度,增加可行性,加强标准过程的顶层设计。

(三) 加强碳审计培训,培养"双复合型"审计人才

双"复合型"审计人才是指既掌握传统审计的审计理论与方法,又能够理解碳减排知识、碳减排量核算、碳减排统计与分析、碳信息核算处理等知识的人才。该人才的培养,需要对参与碳审计工作的人员或机构进行培训,提高其业务水平和适应能力。在审计过程中,要保证整个审计团队知识结构的合理性,既有财务方面的专业人才,也要有环境工程技术方面的专业人才,同时要保证审计项目负责人是"复合型"人才,因为不论是制定审计项目、组织实施审计项目还是出具审计报告,审计项目负责人必须思路清晰、重点明确措施(方案选择人员分工等)得当。

第八章

低碳模式信息披露的实证研究

企业信息披露是社会公众和众多投资者了解企业信息的桥梁，也是企业与社会公众之间沟通的主要途径。在低碳经济背景下，企业的碳行为信息直接影响着企业未来低碳竞争力，已经成为企业重要的活动信息，对碳行为信息的披露可以帮助投资者发现企业的气候风险与机遇，降低投资风险并提高投资效率。基于信号传递理论，在投资者和企业之间信息不对称的情况下，实施低碳行为的企业有动机通过自愿性的信息披露，向投资者传递企业碳减排治理安排、减排计划、行动和减排绩效等信息，以展示企业低碳方面的竞争优势，从而降低企业资本成本，提升企业价值。

第一节 企业低碳行为信息披露现状

当前并未有学者系统地对"企业低碳行为"进行界定，但是部分学者开始提出低碳成长战略、低碳绿色管理、低碳绿色战略（吴维库和李贞恩，2010）、低碳成长（王智宁和吴应宇，2011）、低碳管理（陈军，2010）等概念，表明学者已经开始关注企业的低碳行为，但只是针对某一方面进行的研究，缺乏全面系统性。本章界定企业的低碳行为的具体表现，并分析信息披露现状，为进一步研究信息披露决策机制与价值相关性提供基础。

一、企业低碳行为界定

（一）企业低碳行为的表现

在低碳背景下，我国政府对企业低碳工作非常重视，制定了一系列低碳政策、规定和意见等,以约束或激励企业实行减排,这些政策本身在制约和激励企业低碳方面就具有重要作用,同时还引起了全社会对企业低碳问题的关注度,提高了消费者和社会公众的低碳意识,形成了低碳舆论压力。在这一背景下我们认为,企业低碳行为是指企业对政府制定的低碳政策和公众自身低碳偏好的一种反应(包括积极和消极的反应),并基于企业发展目标的实现,根据企业自身情况而采取的有利于实现低碳的行为。

结合我国政府出台的系列低碳政策,通过浏览企业的年度报告、董事会决议、公司重大投资公告等文献资料,我国企业的低碳行为表现为:(1)披露国家低碳背景;(2)了解认知国家低碳政策;(3)披露企业面临的低碳机遇与挑战;(4)关停小火电机组;(5)淘汰落后产能;(6)节能项目技术改造;(7)投资新能源;(8)参与清洁发展机制;(9)开展合同能源管理业务;(10)申请低碳认证;(11)其他行动;(12)获得低碳补助或奖励等。

(二)企业低碳行为分类

根据不同的分类标准,企业低碳行为可以分为:第一,被动和主动低碳行为。被动低碳行为是企业在强制政策规定下必须采取的低碳行为,例如,关停小火电机组、淘汰落后产能等;主动低碳行为是企业在低碳财税等优惠政策的引导下自愿采取的低碳行为,例如,投资新能源、项目技术改造、开展节能服务业务等。这是一个非常具有研究价值的分类,正如余瑞祥和朱清(2009)所述,"如何通过一系列的环境政策工具组合,使企业积极地响应环境政策,主动采取环境行为,是有重要研究意义的一项课题"。第二,低碳认识、行动和成效。低碳认识是企业低碳的第一步,只有了解低碳背景和政策,认识低碳带给企业的机遇或挑战,企业才有可能采取低碳行动。而低碳行动是获得低碳成效的前提,只有企业采取了低碳行动,才有可能获得政府的低碳补助或奖励。我国企业低碳行为表现(1)(2)(3)属于低碳认识层面,(12)属于低碳成效层面,其他几项属于企业低碳行动层面。第三,绿色、蓝色、黄色、红色和黑色。借鉴王远等人对环境行为的评价方法,根据企业发生低碳行为的数量把样本分为五个等级:很好、好、一般、差、很差,并依次以绿色、蓝色、黄色、红色、黑色标示。样本发生了3项及以上的低碳行为取绿色,2项低碳行为取蓝色,1项低碳行为取黄色,没有发生低碳行为取红色,违背国家低碳政策或受到低碳罚款的样本取黑色。

二、企业低碳行为信息披露现状

（一）研究样本

利用"中国上市公司文献库"对我国上市公司公开的年度报告、董事会决议报告、社会责任报告等文献资料进行特定关键词搜索。选定的关键词为："低碳、合同能源、碳排放、减排、清洁发展机制"，逻辑关系是"任意字词命中"，在"全部"（而非"标题"）中进行检索，时间范围为2005年01月01日到2017年12月31日，检索结果命中856篇，然后逐个浏览样本，删除下列样本：一是虽提及上述词汇，但与企业采取低碳行为无关的样本；二是对企业同一低碳行为的重复公告，只选取首次提及该低碳行为的样本；三是非A股上市公司的样本。最后得到有效样本716个。

（二）分析方法和变量界定

分析方法是内容分析法，具体分析内容：一方面研究样本披露的低碳行为表现的数量，计算依据是企业披露的低碳行为数量的加总。另一方面是企业低碳行为信息披露的质量，结合我国企业的低碳行为披露情况，选择了披露显著性、披露形式、披露渠道、披露频数四个维度。表8-1为企业低碳行为信息评价维度和赋值依据。

表8-1　　　　企业低碳行为信息的评价维度与赋值依据

评价内容	评价指标	变量	赋值依据
数量	低碳行为信息数量	heji	逐个浏览样本对低碳行为表现进行评分，如果样本中披露了采取某项低碳行为信息，赋值1，否则赋值0，然后把低碳行为信息表现的分值加总得到该指标
披露质量	披露显著性	pi_xian	若样本公告单独披露低碳行为信息，则披露显著性赋值1，反之，同时披露了其他行为信息，赋值0
披露质量	披露形式	pi_xing	若样本公告对低碳行为信息只是文字性描述，赋值0，反之，除了文字性描述外还有定量信息说明，则赋值1
披露质量	披露渠道	pi_qu	若样本公告是专门的低碳行为报道公告，赋值1，反之，样本公告是董事会决议报告、年报、重大投资公告等非专门的低碳行为报道，赋值0
披露质量	披露频数	pi_pin	某一企业的低碳行为信息重复公告的次数

续表

评价内容	评价指标	变量	赋值依据
其他因素	公司次数	cishu	同一企业在研究样本中出现的次数
	公告长度	length	企业公告低碳行为信息的公告的长度，用总字数表示
	公司所处行业	sind	借鉴肖淑芳和胡伟（2005），根据《上市公司环保核查行业分类管理名录》，把重污染行业归为八类：采掘业、水电煤业、纺织服装皮毛业、金属非金属业、石化塑胶业、食品饮料业、生物医药业和造纸印刷业，其他14个行业为非环境敏感行业。若公司所处行业为环境敏感行业，赋值1，否则即为非环境敏感行业，赋值0
	文献出处	source	研究样本的文献来源有上海证券报和证券时报，若文献出处为上海证券报的取1，证券时报取0
	交易所	exchange	公司在深圳交易所上市取1，上海交易所上市取0

（三）描述性统计分析

1. 低碳行为信息披露的总体状况。

表8-2报告了低碳行为信息披露样本的总体状况。样本披露的低碳行为数量（heji）的均值为2.218，最小（大）值为1（5），表明每一个研究样本公告的企业低碳行为个数平均为2个，最小为1个，最多为5个，这与我们选取的低碳行为表现有关，因为很难有一个企业能同时发生我们界定的全部低碳行为，大部分企业披露的低碳行为信息是低碳认识和行动。

表8-2 低碳行为信息披露的总体状况

变量	均值	标准差	最小值	中位数	最大值
heji	2.218	0.724	1	2	5
pi_xian	0.337	0.473	0	0	1
pi_xing	0.378	0.485	0	0	1
pi_qu	0.285	0.452	0	0	1
pi_pin	1.036	0.267	1	1	6
cishu	4.455	3.725	1	3	14

续表

变量	均值	标准差	最小值	中位数	最大值
length	3579	6986	218	1625	68506
sind	0.724	0.447	0	1	1
source	0.492	0.500	0	0	1
exchange	0.488	0.500	0	0	1

资料来源：笔者按照前述选样方法、变量设计与赋值方法，搜集得到资料。

披露的显著性（pixian）、披露的形式（pixing）和披露的渠道（piqu）的均值分别为 0.337、0.378 和 0.285，表明在 716 个研究样本中，单独披露企业低碳行为的公告占 33.7%，采用了货币化披露形式的样本占 37.8%，披露渠道为专门的低碳行为报道的样本占 28.5%。而披露的频数（pipin）的均值为 1.036，表明大部分样本没有重复披露，仅披露了一次，但最大值 6 也表明有些样本的低碳行为信息被多次提及。公司出现的次数（cishu）的均值为 4.455，最小为 1，最大为 14，表明同一公司出现的次数平均为 4.455，从 1 次到 14 次不等。该指标可以用来判断企业是否低碳，如果我们把仅出现 1 次的企业认定为低碳企业，存在误判概率的话，那么我们把出现 3 次以上的企业认定为低碳企业，则可以大大降低误判的概率。公告的长度（length）的均值为 3579，最小值为 218，最大值为 68506。环境敏感行业（sind）的均值为 0.724，研究样本大多来自环境敏感行业，占 72.4%。从文献出处（source）和交易所（exchange）的均值来看，接近一半研究样本的文献出处为《上海证券报》，公司所处交易所为上海交易所。

2. 低碳行为信息披露的年份、类别与行业分布。

表 8-3 报告了低碳行为信息披露样本的年份与类别分布情况。我们发现，从《京都议定书》生效的 2005 年开始，企业低碳行为信息披露的样本数量呈不规则增长趋势，从 2005 年的 6 个低碳样本突增到 2007 年的 53 个样本，再到 2008 年的 74 个样本和 2012 年的 101 个样本，最后到 2015 年的 60 个样本，涉及公司数量也在不断增加。我们认为，低碳行为数量的增长与我国政府对低碳的重视程度以及低碳政策的出台等密切相关。

表 8-3　低碳行为信息披露样本的年份与类别分布情况

年份	公司数量	低碳行为样本数		低碳行为类别1			低碳行为类别2		
		数量（个）	比例（%）	主动	被动	主动比例（%）	绿色	蓝色黄色	绿色比例（%）
2005	5	6	1	6	0	100	4	2	66.67
2006	9	14	2	13	1	92.85	6	8	42.86
2007	10	53	7	42	11	79.45	12	41	23.29
2008	43	74	10	63	11	84.62	21	53	27.88
2009	67	83	12	70	13	84.04	24	59	28.72
2010	54	84	12	67	17	79.84	28	56	33.06
2011	76	98	14	85	13	86.81	28	70	28.57
2012	75	101	14	94	7	93.21	19	82	19.00
2013	50	76	11	73	3	95.54	25	51	32.43
2014	42	67	9	64	3	96.12	16	51	23.76
2015	35	60	8	51	9	85.34	26	34	43.23
合计	466	716	100	628	88	87.56	209	507	29.05

资料来源：笔者按照样本选取方法、变量设计与赋值方法等，对原始数据分析整理得到。

从低碳行为类别分布情况来看，主动低碳行为信息披露样本所占的比重集中在80%~90%，一方面与我们低碳行为表现的选取有关，因为12项低碳行为中仅有2项为被动低碳行为，数量基数就低；另一方面也与我们选取的上市公司样本有关，因为在国家强制关停的落后生产线之列的企业中大部分为中小企业，上市公司比较少。从绿色低碳行为样本的比例来看，披露3项（含）以上的低碳行为信息的样本比重比较少，约70%的低碳行为信息样本为蓝色或黄色样本，也就是说，只披露了2项或1项低碳行为信息，与表8-3中低碳行为信息数量（heji）的均值结果相互一致。

3. 低碳行为信息披露的具体表现分布。

表8-4报告了低碳行为信息披露的具体表现分布。从统计结果看到，我们筛选出的716个低碳行为信息样本均披露了低碳背景（lejie），19.14%的样本熟悉低碳政策（zhce），仅有13.20%的样本认识到低碳机遇或挑战（jiyu）。而在低碳行动方面，排名前两名的是节能项目技术改造（jigai）

和投资新能源（txin），分别占披露低碳行为信息样本的 28.71% 和 12.38%。这两项行为一个能够提高传统能源利用效率，一个能够调整能源结构，是目前我国降低碳排放量的主要途径。而披露了关停小火电机组（gting）、淘汰落后产能（taotai）、参与清洁发展机制（cdm）和开展合同能源管理业务（emc）四项低碳行动信息的样本所占比例较低，均不足 10%。

表 8–4　　　　　　　　低碳行为信息披露的具体表现分布

低碳表现	低碳认识			低碳行动								成效
	(1)	(2)	(3)	(4)	(5)	(6)	(7)	(8)	(9)	(10)	(11)	(12)
样本量（个）	716	137	94	67	45	205	89	63	50	0	69	54
比例（%）	100	19.14	13.2	9.41	6.27	28.71	12.38	8.75	6.93	0	9.57	7.59

数据来源：笔者按照样本选取方法、变量设计与赋值方法等，对原始数据分析整理得到。

　　分析原因，关停小火电机组和淘汰落后产能作为政府管制下的强制性行为，在中小企业中的体现更为明显，而我们的研究样本限于 A 股上市公司，因此披露企业实施此类低碳行为的样本较少。而近年来虽然清洁发展机制项目在我国发展迅速，但由于申请程序烦琐、前期投入高、成功率低等原因，一些公司不愿涉足；合同能源管理虽然是一种先进的能源管理模式，但是在我国面临着政策约束力低、责任机制与激励机制不完善、融资困难、节能示范效应不强和社会认知度不高等系列问题，影响了该模式的推广。而低碳认证数量为 0，说明我国企业自愿低碳行为严重不足，也侧面反映出我国社会公众对企业低碳形象并不关注。

　　4. 低碳行为信息披露的特征分布。

　　（1）披露形式分析。表 8–5 报告了部分低碳行为的信息披露形式分布。统计结果显示，在我国上市公司披露的低碳行为信息中，参与清洁发展机制和收到低碳补助或奖励两项行为以定量披露为主，分别占到披露该项行为信息样本总数的 73.58% 和 86.96%。这与此类行为本身特点有关，企业在披露此类行为时，需要披露"温室气体减排量的转让总量、每吨二氧化碳当量的转让价格""收到财政补贴款金额、财政奖励款金额"等信息。而开展合同能源管理业务信息披露以定性阐述为主，企业只是简单"公司经营范围主要为合同能源管理，从事节能技术的研发、咨询、服务"等。其他四项低碳行为——关停、淘汰、技改和新能源投资等，披露形式以定性占多数，约 40% 左右的样本披露了涉及的货币性金额，如技术改造的效果、投资额多少、能源节约量估计等。

表8-5　　　　　　部分低碳行为的信息披露形式分布

披露形式	关停	淘汰	技改	新能源	清洁机制	合同能源	碳奖	合计
定性	31	17	98	37	46	7	47	282
定量	36	28	107	52	17	43	7	291
定量比例	45.61	36.84	47.70	41.33	73.58	14.29	86.96	49.28

数据来源：笔者按照样本选取方法、变量设计与赋值方法等，对原始数据分析整理得到。

（2）披露渠道分析。上市公司低碳行为信息的披露可以通过多种渠道，比如发布专门的低碳行为报道、企业董事会决议报告、企业监事会决议报告、重大事项公告或提示、对外投资公告、对外担保公告和募集资金投向变更公告等。表8-6报告了低碳行为信息披露的渠道分布，可以看出，在我国上市公司低碳行为信息的披露渠道中，排在前三位的是董事会决议报告、专门低碳报道和对外投资公告，分别占低碳行为信息披露总样本的30.20%、28.55%、10.07%，三者之和达到68.82%。而采用年度报告、重大事项公告和业绩预增（亏）公告的披露渠道进行披露的样本占总样本比例均不超过5%。另外，表8-6中的"其他渠道"包含内容有：股东上市公告书、关联交易公告、对外担保公告、募集资金投向变动公告等。

表8-6　　　　　　低碳行为信息披露的渠道分布

披露渠道	专门报道	董事会公告	股东大会公告	年度报告	重大事项公告	对外投资公告	业绩预增（亏）公告	其他渠道	合计
样本数量（个）	204	216	21	27	20	72	35	119	716
比例（%）	28.55	30.20	2.97	3.80	2.81	10.07	4.95	16.65	100

资料来源：笔者按照样本选取方法、变量设计与赋值方法等，对原始数据分析整理得到。

（3）披露显著性分析。企业低碳行为信息披露要引起投资者的关注，就要尽量提高低碳行为信息的显著性。一般来说，如果企业的公告全文只是披露企业的某项低碳行为信息，可想而知，会大大提高低碳行为信息披露的显著性。表8-7报告了企业低碳行为信息披露样本的公告长度与披露显著性的关系。由于企业低碳行为样本的公告长度是连续变量，从218

字到 68506 字不等，为了研究需要，我们按照公告长度的大小，把低碳行为样本等额分为五组。我们发现，组1和组2公告长度较短，分别为418字和911字，但该类公告对于低碳行为信息披露的显著性较高，分别为71.31%和49.59%。而随着公告长度的不断变长，低碳行为信息披露的显著性却开始下降，组3~组5公告长度的均值从1639字增长到12195字，而披露显著性也从28.10%下降到5.79%。这主要是因为企业公告变长之后，企业不再是单单披露某项低碳行为信息，而是同时披露了企业的其他行为信息，这自然会分散低碳行为信息的显著性。而从总样本来看，公告长度均值为3579字，披露显著性比例为33.66%，这表明我国企业对低碳行为信息还缺乏足够的重视，单独披露的比例比较低。

表8-7　　低碳行为信息披露样本的公告长度与披露显著性

公告长度分组	组1 (218~578)	组2 (579~1255)	组3 (1261~2080)	组4 (2086~3771)	组5 (3786~68506)	样本
公告长度均值	418	911	1639	2759	12195	3579
披露不显著	41	72	103	124	136	475
披露显著	102	71	40	19	8	241
显著占比（%）	71.31	49.59	28.10	13.22	5.79	33.66

资料来源：笔者按照样本选取方法、变量设计与赋值方法等，对原始数据分析整理得到。

三、我国企业低碳行为信息披露的特点分析

根据对我国上市公司低碳行为信息披露的现状分析，我们归纳了上市公司低碳行为信息披露的特点。

（一）披露了低碳行为信息的企业数量并不多，但有逐年提高的趋势

本章收集到的716个低碳行为信息样本共涉及466家上市公司，即便与低碳密切相关的环境敏感行业公司数量979家相比，也才仅仅占一半，表明我国大部分上市公司并未实施低碳行为，或者缺乏低碳信息披露意识。但令人欣慰的是，从2005年开始，披露低碳行为信息的公司数量有逐年提高的趋势，这表明随着我国政府对碳减排的重视和环境信息披露政策规定的出台，我国上市公司的低碳发展与信息披露意识在不断增强，披露低碳行为信息的样本在不断增多。

(二) 披露的主动低碳行为信息比重较高，绿色低碳行为信息比重较低

相对于被动低碳行为信息，披露了主动低碳行为信息的样本比例较高，平均占 85% 左右，这与我们选定的 12 项低碳行为表现中被动低碳行为数量较少有关，只有 2 项。我们还发现，相对于蓝色与黄色低碳行为样本，属于绿色低碳行为样本的比例较低，表明大多数企业披露的低碳行为数量为两项或以下。考虑到我们低碳行为表现很难在一个企业同时发生，这种现象也属正常。

(三) 披露低碳行为信息的样本多集中在环境敏感行业，非环境敏感行业比例低

不同行业面临的环境潜在负债和管制风险是不同的，相对于其他行业，环境敏感行业受到的低碳影响更大，披露低碳行为信息对降低该公司的管制风险，传递公司低碳信号更有意义，对企业长远发展更有利。我国上市公司低碳行为主要集中于环境敏感行业，占到总样本的 72.44%，大约是非环境敏感行业样本比例 27.56% 的 3 倍。这表明环境敏感行业受到国家低碳政策的影响比较大，对低碳比较重视。

(四) 低碳行为表现以低碳认识为主，低碳行动与成效比例偏低

企业为了避免政治成本披露碳信息，虽然表明我国低碳政策规定初见成效，但这种出于合法性管理目的的披露，会造成企业仅乐于披露低碳认识和理念等较为空泛或正面的信息，不愿披露具体低碳行动或负面的信息。所有的低碳行为信息披露样本均表明了公司了解国家低碳政策背景，而披露公告企业实施低碳行动信息的样本最大仅为 28.71%，即便把各个低碳行为信息样本比例加总得到 89.61%，也未达到 100%，这表明大多数公司对当前低碳背景有所认识，但具体低碳行动信息披露不足，低碳潜在负债等负面信息也避而不谈。

(五) 低碳行为信息披露形式非货币化，以定性描述为主

公司对低碳行为信息多以定性描述为主。比如低碳认识的三项行为：了解低碳背景、熟悉低碳政策、明白低碳机遇或挑战等均是定性描述，而低碳行动中除了"参与清洁发展机制"和"收到低碳补助或奖

励"以定量信息披露之外,其他低碳行动信息也多半是定性描述。这可能是因为企业对低碳行为进行定量分析,测算企业的碳排放量等,需要耗费一定的人力、物力和财力,所以在没有强制压力的情况下,企业往往容易做定性描述,而不做定量披露。但这种定性描述,由于缺乏对低碳行为本身的成本效益分析,也没有预计该行为对企业碳排放强度或数量的影响,造成我们难以评价和估算企业低碳行为的绩效,降低了信息的有用性。

(六)低碳行为信息披露缺乏固定规范的渠道,明晰性差

上市公司对低碳行为的信息披露的渠道多种多样,专门的低碳行为报道仅占全部低碳行为样本的28.55%,其余是通过董事会决议公告、股东大会决议公告、重大事项公告或提示、对外投资公告、对外担保公告和募集资金投向变更公告等渠道披露的。众多的公告渠道,使得我们难以通过标题来识别企业是否实施了低碳行为,造成低碳行为信息不明晰。因此,我们需要相应的碳会计准则,专门对企业低碳信息披露做出规定,以规范企业低碳行为信息的披露渠道,提高低碳信息的明晰性。

(七)低碳行为信息披露内容不独立,未能体现低碳信息的显著性和重要性

约2/3的低碳行为样本的篇幅比较长,且同时公告企业多项决议或行为,而不是单独披露企业的低碳行为信息,这大大降低了企业低碳行为信息的显著性,因为我们难以在众多的信息中快速搜寻到企业低碳信息。同时也反映出企业对低碳信息不够重视,认为该信息的决策有用性差,或对企业价值的评估影响不大。

(八)缺乏对公开披露的低碳行为信息的鉴证,真实性难以保证

我们对企业低碳行为信息的获取是通过企业公开披露的相关公告或报道,也就是说,我们假设了企业公开披露的低碳信息的真实性。而实际上,由于缺乏有关部门或机构对企业发布的低碳信息的鉴证,企业低碳信息的真实性难以保证。这与我国碳信息披露还处于初级阶段,缺乏相应的准则规范有关,未来我们需要加强企业碳信息披露的规范与审计工作。

第二节 企业低碳行为信息披露的影响因素研究

通过对我国企业低碳行为信息披露现状的分析，我们发现，我国上市公司中披露低碳行为信息的仅占少数，大多数公司并未披露其低碳行为信息。也就是说，上市公司之间的低碳行为信息披露存在显著差异，那么为什么企业之间的低碳信息披露存在显著差异？企业低碳行为信息披露的驱动力何在？本节拟对这一问题进行回答，以揭示企业低碳行为信息披露的决策机制。

一、理论基础与研究假设

（一）制度压力理论

制度（system institution）是一套有形无形的框架和规则体系，它通过规范、专业、整合而降低交易成本，关注的是外部因素对企业决策的影响，强调社会和文化压力对企业行为决策的作用（Scott，1994），合法性和利益相关者理论均是企业面临制度压力的体现。合法性是企业的一种战略资源，是企业获得生存与发展的权利的必要条件，它能够帮助组织获得其他资源（Zimmerman and Zeitz，2002）。一个企业拥有合法性，代表了这个企业的行为符合了社会共同的期望，代表了社会对企业存在的接受和认可。因此，企业许多行为并不单纯因为效率，而是源于追求合法性以求生存的需要。企业行为还会受到企业利益相关者的影响，企业作为一个契约组织，与其他利益相关者之间是有隐性契约存在的，公司必须满足这些隐性契约的要求，以求获得生存与发展。公司利益相关者是这样一些群体或个人，他们会影响公司的使命或目标的实现，同时又会受到公司目标的影响。弗里曼（Freeman）1984年在《战略管理：利益相关者管理的分析方法》中定义了利益相关者理论，并指出公司的利益相关者包括公司的员工、顾客、投资者、政府、供应商、媒体和其他会帮助或损害公司利益的社会团体。利益相关者的期望可以通过舆论或市场行为对企业施压，进而影响公司的行为。

制度压力理论可以解释企业低碳行为信息披露的动因。因为企业通过信息披露，可以进行企业与社会公众之间的沟通，帮助政府与利益相关者了解和认识企业,获得生存的合法性。林德布卢姆(Lindblom,1994)就认为企业设法将自身的表现与行为告知利益相关者,就是合法性管理战略之一;迪根(Deegan,2000)等指出,合法性管理本身就是一种披露;纽森和迪根(Newson and Deegan,2002)认为,影响企业合法性的是信息披露,而不是未披露的企业行为的改变。

假设1:企业面临的制度压力越大,企业披露低碳行为信息的可能性越大。

(二)社会声誉理论

社会声誉理论于1982年第一次由克雷普斯(Kreps)提出,该学者在研究企业理论问题过程中,在委托代理关系中借鉴重复博弈思想,形成了经济学中比较正式的声誉模型。该模型的核心是将企业看作具有声誉的载体,研究了企业是如何形成自身的声誉,又是怎样将自身的声誉转变为一种有价值的资产。克雷普斯认为,现实世界的很多交易在谈判过程中都不可能预知所有情况,存在不可预见事件,但正是企业声誉的存在,交易才得以达成。而一个企业对不可预见的事件的处理方式,会直接增强或削弱企业的声誉,并影响企业的利益相关群体的利益。一个企业如果不再有动力保护并维持自身声誉,它就不再被人们信赖,好的企业声誉是不容易建立的,且随着企业的维护而逐渐增强,企业要取得长远发展,获取长期利益,就必须保护并维持好自身的声誉。

企业声誉理论包括三种理论:一是声誉交易理论(Tadelis,1999),该理论认为声誉是企业的一项重要的无形资产,该资产的价值不是一成不变的,而是随着人们对企业的认识变化而自动发生变化,因此,该资产是逐步形成和逐渐削弱的,需要企业投资进行声誉维持;二是声誉信息理论(Tadelis,2002),该理论认为声誉的形成本身是一种信号的传递活动,是反映企业一切历史记录与行为的信息;三是第三方治理理论(Milgrom and North,1990),该理论认为,为了让企业的声誉变得更加有效,我们需要引入第三方治理机制,对不维护声誉的企业进行惩罚。比如法律、正式制度和司法系统等均属于第三方治理。福布伦和多瓦(Fombrun and Rindova,1996)把企业声誉看作历史所有行为与结果的系统表现,可以反映出企业向利益相关者创造收益的能力;福布伦(1998)认为,财务绩效、商品质量、雇员关系、社区活动、环境表现和组织事务六个方面构成了企业的声誉来源。

企业声誉是在企业的日常活动表现中逐步形成的，是企业过去行为方式的一种反映。而企业声誉是可以进行管理的，企业可以通过自身的行为方式，有意识地影响人们对企业的看法，并通过交互传播，逐渐提高利益相关群体对企业的可信性。而这种信心有助于投资者对企业发展前景做出较好评价，从而方便企业获取利益相关者的支持。企业声誉获得后，不是一成不变的，需要企业进行声誉的维护。基于此，可以预计，在低碳经济时代，企业为了维护自身的社会声誉，不会对低碳政策置之不理，而会有意识地披露低碳行为信息，向利益相关者传递企业的社会责任、注重环境表现的信号，使自身社会声誉得以保持和提升。

假设2：企业的社会声誉越高，披露低碳行为信息的可能性越大。

（三）内部治理理论

现代公司制度的核心内容是建立完善的公司治理结构。公司治理的本质是通过一系列的内部控制制度安排，对内部人的私利动机进行约束和制衡，缓解企业代理冲突，提升企业信息披露的质量。公司治理结构包括外部治理和内部治理。前者包括产品竞争市场、公司控制权市场、债权人治理、公司经理人市场和独立审计制度以及法律和社会监督等，后者包括企业股东大会、董事会、管理层激励机制、股权结构、大股东治理以及信息披露和透明度等。公司治理一般用于解决企业中普遍存在的两大代理问题：一类是股东与管理者之间的代理问题；另一类是控股股东与中小股东之间的代理问题。而关于环境信息披露问题，主要涉及第一类代理问题。原因是环境信息披露是影响企业长期价值实现的问题之一，而公司管理者的行为一般侧重短期效益，不注重收效慢或影响企业短期收益实现的环境绩效及其信息披露情况，只是在法律法规的要求下做出选择性的、有限的披露，于是，可能出现第一类代理问题。而公司的内部治理是以董事会建设为核心的，旨在监督约束管理者以股东利益为重的机制，良好的公司内部治理会促使管理者从企业价值最大化的角度考虑，完善企业信息披露，特别是自愿性信息披露的质量。基于此，我们认为，公司的内部治理完善程度会影响企业低碳行为信息的披露。

假设3：企业内部治理结构越完善，披露低碳行为信息的可能性越大。

（四）高管特征理论

企业具有特定的组织结构，在金字塔的科层结构下，企业高管处于顶端，是企业一切战略决策的发起者，也是主导者。企业高管的行为选择和规划，会通过层级结构的传递，对企业的一切组织生产和管理活动产生影响。而不同的企业高管由于学历、年龄和任职年限等背景不同，他们的前瞻性、对新鲜事物的接受能力、对待风险和变革的态度等会有所不同。卡尔松与卡尔森（Carlsson and Karlsson, 1970）研究表明，年龄大的企业家倾向于采取风险较少的决策（Vroom and Pahl, 1971）；班特尔和杰克逊（Bantel and Jackson, 1993）认为，高管学历越高对公司的战略变化越有利。

低碳时代政府出台了一系列的相关政策与规定，国际上有关气候变化的讨论也是如火如荼，公司面临着许多低碳机遇与挑战，但企业高管需要在纷繁的信息中找到对自己有用的信息，克服不利因素，迅速定位公司自身的发展模式，这就需要具有前瞻性，敢于接受新鲜事物，善于适应时代变化的变革公司。另外，由于我国碳税、碳交易还没有强制实施，企业实施低碳战略的前景还不是十分明朗，具有一定风险。低碳对企业未来竞争性的影响到底多大，取决于企业高管自身对低碳的认识和解释。因此，不同特质的企业高管在同样的低碳政策背景下，对于是否实施低碳行为，是否披露低碳行为信息等问题，可能会有不同的企业规划和选择。我们把企业高管的前瞻性、变革性和冒险精神等素质，称之为企业家特质，则可以得到下列假设。

假设4：企业高管的企业家特质越明显，低碳披露行为信息的可能性越大。

二、研究设计

（一）基于PSM的配对样本选取

PSM是倾向得分配对法（propensity score matching）的简称，最早由罗森鲍姆和罗宾（Rosenbaum and Rubin, 1983）提出，基本思想是，在评价一项政策或行为的效果时，要尽可能找到与处理组相似的控制组，以有效降低样本选择的偏误。在我们研究中，由于侧重研究企业"是否"进行低碳行为信息披露的研究，我们需要在第三章披露低碳行为信息样本（处理组）的基础上，寻找相应的配对样本（对照组），即未披露低碳行为信息的样本。为了降低价值相关性研究中容易出现的样本自选择偏误问题，我们采用按公司特征变量计算的倾向得分即 PS 值来进行配对（Cheng, 2003；Li, 2006），这种配对方法不同于传统对公司会计特征逐一配对的方法，能够通过对一些公司特征因素的控制，降低甚至排除这些因素对企业价值相关性的影响，较好地解决变量的内生性问题。根据我们的研究，倾向得分（PS 值）是选定公司特征变量 X 后，公司披露低碳行为信息的概率：

$$P(X) = Pr[D = 1 \mid X]$$

其中：D——虚拟变量，如果公司披露低碳行为信息取 1 否则取 0；

X——公司特征变量。

我们在计算倾向得分的过程中，采用 Logistic 模型来估计（Dehejia and Wahba, 2002），步骤如下。

1. 选择特征变量，并基于 Logistic 模型估计公司特征变量的参数：

$$p(X) = Pr[D = 1 \mid X_i] = \frac{\exp(\beta_i X_i)}{1 + \exp(\beta_i X_i)}$$

其中，特征变量 X 是我们想要控制的能够同时影响"公司低碳行为信息披露"与"企业价值"的混杂因素，我们在前人研究的基础上，考虑公司的规模、盈利能力、偿债能力等因素，既有可能影响公司的低碳行为信息披露决策，也有可能影响价值相关性。于是我们选择前一年的公司规模、行业、资产收益率、负债水平等作为特征变量。其中，规模取前一年年末总资产的自然对数；行业划分除了制造业采用原证监会二级行业分类外，其他行业采用原证监会一级行业分类标准；资产收益率取前一年的息税前利润总额/资产总额；负债水平取前一年的负债总额/资产总额。

2. 计算 PS 值。

在求得模型的公司特征变量的参数值后，根据每个样本公司的特征变量值计算其披露低碳行为信息的概率值，得到 PS 值。

3. 配对过程。

对每一个披露低碳行为信息的公司，根据同年中未披露低碳行为信息的公司 PS 值进行配对，匹配方法有三种，最近邻匹配（K-nearest neighbors matching）半径匹配（padius matching）和核匹配（kemel matching）。我们选择最近邻匹配方法，即选择 PS 值最接近的公司作为配对样本。

4. 检验过程。

检验我们选定的特征变量的均值在披露公司与配对公司之间的差异，

如果差异不显著，表示配对成功；如果均值差异显著，则返回步骤1，重新调整或优化模型的函数形式，再次完成配对过程，直至披露低碳行为信息的公司与配对公司之间的特征变量不存在显著性差异为止。

（二）研究样本与数据来源

研究样本由两部分组成，一种是披露低碳行为信息的样本。在第一节716个披露低碳行为信息的样本中，考虑到有些样本是同一家公司在同一年的多次披露样本，而这里需要的样本是一家公司一年一个样本即可，于是我们删除在某一家公司同一年出现两次（含）以上的披露样本，得到466个低碳行为信息披露样本。另一种是未披露低碳行为信息的配对样本。采用PSM倾向得分配对方法，对466个样本进行一对一配对，共得到932个样本，删除财务数据缺失的样本，最终得到814个有效样本。① 我们对所有变量进行了1%的缩尾处理，使用的统计软件为Stata10.0。

（三）模型设定与变量定义

我们选用Logit模型，检验上述因素对企业披露低碳行为信息的可能性影响，为了进一步检验上述因素对企业低碳行为信息披露质量的影响，我们建立了有序的多元回归模型。为了控制被解释变量与解释变量之间"互为因果"的内生性问题，我们采用了滞后值的分析方法，所有解释变量均取上一期数据。变量名称的含义说明如表8-8所示。

$$LogitP = \partial_0 + \sum_i \beta_i Pulic\_pressure_i + \sum_j \varphi_j Social\_reputation_j$$
$$+ \sum_k \gamma_k Inside\_governance_k + \sum_m \eta_m Manager\_background_k + \varepsilon$$
(8-1)

$$lcarbon2 = \partial_0 + \sum_i \beta_i Pulic\_pressure_i + \sum_j \varphi_j Social\_reputation_j$$
$$+ \sum_k \gamma_k Inside\_governance_k + \sum_m \eta_m Manager\_background_k + \varepsilon$$
(8-2)

---

① 数据来源：CSMAR数据库。

表8-8　　　　　　　　　变量名称与含义说明

类别	变量名称	缩写	变量含义
因变量	是否披露低碳信息	lcarbon1	企业披露低碳信息取1，否则取0
	信息披露质量评分	lcarbon2	信息披露质量＝披露行为个数＋披露显著性得分＋披露形式得分＋披露渠道得分，根据得分情况，分为优、中、劣、差四个等级，得分区间分别为[5,10] [3,5] [1,3] [0,1]
制度压力（public pressure）	地方政府监管力度	regu	取低碳行为监管力度与环境信息披露监管力度的平均数。前者借鉴傅京燕和李丽莎（2010）的做法，用地区工业三废去除率水平衡量，后者借鉴沈洪涛和冯杰（2012），根据公众环境研究中心与自然资源保护委员会联合研发的"中国污染源监管信息公开指数"来衡量
	社区公众环境问题关注度	public	选取31个省级地区公众环境投诉数量的自然对数衡量
	出口外销压力	export	用企业产品出口外销比例来衡量
	国有股比重	state	用国有股比重衡量
社会声誉（social reputation）	公司经营年龄	age	披露年份与公司成立年份之差
	是否聘请四大事务所	big4	企业是普华永道、安永、毕马威或德勤事务所审计四大事务所审计取1，否则取0
内部治理（inside governance）	股权集中度	herfi5	用前5大股东持股比例的平方和衡量
	两职合一	sep	董事长和总经理两职分离取1，否则取0
	董事会规模	board	用董事会人数多少衡量
	独立董事比例	indir	取独立董事人数/董事会董事总人数之比
高管特征（manager background）	高管学历	gedu	用企业法人代表——董事长的学历表示，博士、硕士、本科、大专、中专、中学及以下，分别赋值6~1
	高管任期年限	gtime	董事长任期年限＝披露年份－上任年份
	高管年龄	gage	董事长年龄＝披露年份－出生年份

三、实证结果分析

（一）描述性统计结果分析

表8-9报告了变量的描述性统计结果。全部样本数为814个，披露

低碳信息变量（lcarbon1）均值为 0.568，表明披露了低碳行为信息的样本占 56.8%；由披露质量变量（lcarbon2）可知，披露等级平均为劣，低碳信息披露质量偏低。由四个制度压力变量可知：地方政府环境监管力度（regu）均值为 0.485，还不足 0.5，监管力度整体偏低；社区公众环境投诉数量（public）均值为 3.622，分布在 2~5 之间；出口外销比例（export）均值为 4.383，标准差为 7.565，样本企业面临的出口压力差距较大；国有股（state）比例均值为 0.208，最高为 0.576。由企业社会声誉的代理变量可知：公司经营年龄（age）平均为 12 年，最小值为 7 年，最大值为 18 年；经过四大审计（big4）的报表占 9.68%。由内部治理变量可知：前五大股东持有股权的比例的平方和（herfi5）均值为 0.18；董事长与总经理两职分离（sep）的样本占 86.4%；董事会规模（board）平均为 9 人左右，最少为 4 人，最多为 18 人；独立董事比例（indir）均值为 0.359，中位数为 0.333，2013 年刚刚达到证监会要求的"独立董事比例达到 1/3"[①] 的要求。由公司高管特征可知：样本公司董事长的受教育水平（gedu）普遍为本科或硕士；任职时间（gtime）均值为 2.853；平均年龄（gage）为 51 岁。

表 8-9   变量描述性统计结果

变量	样本数	均值	标准差	最小值	中位数	最大值
lcarbon1	814	0.568	0.496	0	1	1
lcarbon2	814	1.069	1.102	0	1	3
regu	814	0.485	0.110	0.256	0.498	0.700
public	814	3.622	0.830	2.197	3.807	4.905
export	814	4.383	7.565	0	0	21.58
state	814	0.208	0.225	0	0.117	0.576
age	814	12.38	3.574	7	12	18
big4	814	0.096	0.295	0	0	1
herfi5	814	0.180	0.113	0.040	0.153	0.390
sep	814	0.864	0.342	0	1	1

① 中国证监会发布《关于在上市公司建立独立董事制度的指导意见》中规定，上市公司董事会成员中应当至少包括 1/3 的独立董事。

续表

变量	样本数	均值	标准差	最小值	中位数	最大值
board	814	9.511	2.053	4	9	18
indir	814	0.359	0.035	0.333	0.333	0.429
gedu	814	3.423	0.739	2	3	5
gtime	814	2.853	0.469	1.350	3.042	3.044
gage	814	51.08	6.232	41	51	63

(二) 相关系数分析

表 8-10 报告了低碳行为信息披露变量与其他变量之间的相关系数。在制度压力方面，政府监管力度 (regu)、社区公众关注度 (public)、产品出口压力 (export) 和国有股比重 (state) 等与企业低碳行为信息披露的可能性 (lcarbon1) 显著正相关，初步表明，来自政府监管部门、社区公众、产品出口压力与国有股比重对企业是否披露低碳行为信息有重要影响。在社会声誉方面，经营年限 (age) 和是否为四大事务所审计 (big4) 均与企业披露低碳行为信息可能性显著正相关，表明企业的社会声誉越好，企业选择披露低碳行为信息的动机越强。

在内部治理方面，除了两职分离变量 (sep) 外，股权集中度 (herfi5)、董事会规模 (board) 和独立董事比例 (indir) 与企业低碳行为信息披露选择显著正相关，这表明我国股权集中度的提高、董事规模的增大和独立董事比例提高有利于企业低碳信息的披露。在高管特征方面，董事长的受教育水平 (gedu) 与低碳行为信息披露的可能性 (lcarbon1) 显著正相关，任职年限 (gtime) 与低碳行为信息披露 (lcarbon1) 显著负相关，而年龄特征 (gage) 与低碳行为变量 (lcarbon1) 关系不显著，这可以说明高管背景特征会影响企业的低碳行为信息披露情况。总的来说，相关系数分析表明，假设1、假设2、假设3和假设4初步得到验证，企业面临的低碳制度压力、社会声誉大小、内部治理状况和高管特征等因素是造成企业低碳行为信息披露差异的原因。

表8-10 变量相关系数表

系数	lcarbon1	regu	public	export	state	age	big4	herfi5	sep	board	indir	gedu	gtime	gage
lcarbon1	1.000	0.100**	0.092**	0.078**	0.038*	0.046**	0.072**	0.030*	0.007	0.173***	0.103***	0.293***	-0.009*	-0.027
regu	0.089**	1.000	0.102***	0.078*	-0.137***	0.031	0.145***	-0.031	-0.049	-0.023	-0.028	0.016	-0.015	0.144***
public	0.085***	0.113***	1.000	0.060*	-0.009	0.014	0.064*	-0.012	-0.059	-0.045	-0.009	-0.128***	0.069	0.058
export	0.052*	0.080**	0.067*	1.000	-0.217***	0.019	-0.096***	-0.101***	-0.007	-0.076	-0.040*	0.005	0.012*	0.094**
state	0.041*	-0.114**	-0.012	-0.165***	1.000	-0.275***	0.090***	0.400***	0.084*	0.160***	-0.002	0.031	0.020	-0.038
age	0.051**	0.037	0.007	0.020	-0.288***	1.000	-0.019	-0.311***	-0.070*	-0.035	-0.154***	0.003	0.004	0.052*
big4	0.067***	0.142***	0.061*	-0.087*	0.082**	-0.031	1.000	0.231***	0.038	0.101***	-0.008	0.003	-0.036	0.022
herfi5	0.033*	-0.016	0.009	-0.140***	0.474***	-0.293***	0.237***	1.000	0.141***	0.021	0.124***	-0.062	-0.012	-0.018
sep	0.009	-0.042	-0.056	-0.005	0.079**	-0.068*	0.038	0.126***	1.000	0.062	-0.049	0.011	0.001	-0.001
board	0.197***	-0.044	-0.051	-0.078**	0.136***	-0.028	0.130***	-0.003	0.059	1.000	-0.215***	0.089	-0.052	-0.031
indir	0.156***	-0.012	0.002	-0.085**	0.006	-0.130***	0.012	0.185***	-0.043	-0.276***	1.000	-0.106*	0.030	0.028
gedu	0.276***	0.017	-0.116**	-0.035	0.044	0.007	0.007·	-0.041	0.017	0.088**	-0.117**	1.000	-0.009	-0.120**
gtime	-0.018*	0.051	0.051	0.081**	0.016	-0.054	-0.010	0.006	-0.021	-0.045	0.03	-0.033	1.000	0.137***
gage	-0.034	0.138***	0.052	0.087**	-0.040	0.063*	0.018	-0.027	-0.002	-0.019	0.026	-0.134***	0.090	1.000

注: ***, **, *分别表示在1%, 5%, 10%的水平上显著, 左下角为Pearson相关系数, 右上角为Spearman秩相关系数。

（三）单变量检验分析

表 8-11 报告了单变量差异检验结果。从制度变量来看，披露样本组的地方政府环境监管力度（regu）、社区公众环境关注度（public）、产品出口比重（export）、国有股权比重（state）等变量的均值显著高于未披露样本组的变量值，显著性水平从 1% 到 5% 不等，验证了假设 1，即企业面临的制度压力越大，披露低碳行为信息的可能性越高。从社会声誉变量来看，披露样本组的经营年限（age）和四大审计情况（big4）等变量均值显著高于未披露样本组的变量均值，显著性水平从 5% 到 10% 不等，验证了假设 2，即企业社会声誉越高，披露低碳行为信息的可能性越高。从内部治理变量来看，除了两职分离指标（sep）不显著外，披露样本组的股权集中度（herfi5）、董事会规模（board）和独立董事（indir）等变量均值显著更高，验证了假设 3，即企业内部治理会影响企业低碳行为信息披露的可能性。从高管特征变量来看，除了高管年龄（gage）外，披露样本组的高管学历显著更高，高管任职年限显著更低，验证了假设 4，即企业高管的背景特征会影响企业披露低碳行为信息的可能性。

表 8-11　　　　　　　　　单变量差异检验结果

类别	变量	未披露样本组			披露样本组			t 检验	Z 检验
		均值	中位数	标准差	均值	中位数	标准差		
制度压力	regu	0.473	0.474	0.097	0.493	0.523	0.117	2.455***	2.833***
	public	3.540	3.737	0.836	3.683	3.871	0.821	2.341***	2.703***
	export	4.976	0	0.474	6.022	0	0.588	1.699**	2.162**
	state	0.206	0.087	0.011	0.225	0.148	0.013	1.789**	1.678**
社会声誉	age	12.15	12	0.171	12.55	13	0.233	1.432**	1.655*
	big4	0.081	0	0.013	0.118	0	0.017	1.7388**	1.737*
内部治理	herfi5	0.180	0.152	0.005	0.197	0.155	0.007	1.579**	1.998**
	sep	0.860	1	0.019	0.866	1	0.016	0.242	0.243
	board	9.052	9	0.106	9.855	9	0.100	5.405***	4.879***
	indi	0.356	0.333	0.001	0.368	0.333	0.002	4.383***	2.986***

续表

类别	变量	未披露样本组			披露样本组			t检验	Z检验
		均值	中位数	标准差	均值	中位数	标准差		
高管特征	gedu	3.189	3	0.566	3.601	4	0.798	7.438***	7.675***
	gtime	2.866	3.041	0.619	2.781	3.041	0.839	-1.601*	-1.908*
	gage	51.83	51.25	6.206	50.11	51.25	6.252	-0.926	-0.499

注：***，**，*分别表示在1%、5%、10%的水平上显著；t检验为单侧t检验；z检验为 Mann – Whitney 非参数检验。

（四）多元回归结果分析

为了进一步检验研究假设，考察在其他变量不变情况下的制度压力、社会声誉、内部控制和高管特征变量对企业低碳行为信息披露的影响，我们按照模型 8 – 1、模型 8 – 2 进行了多元回归分析。在回归过程中，为了提高结果的稳健性，考虑到被动低碳行为可能是政府强制披露所致，我们还分别对删减被动低碳行为信息样本（89 个）后的样本进行了回归。

表 8 – 12 报告了企业低碳行为信息披露的驱动因素的多元回归结果。我们发现：不论是 Logit 回归还是 Ologit 回归，也不论是就全样本的回归，还是对删减被动低碳行为信息后的样本的回归，制度压力变量中政府环境监管力度（regu）、社区公众关注度（public）、产品出口比例（export）、国有股企业（state）都是企业低碳信息披露的增函数，在 1% ~ 10% 水平上显著。由此，假设 1 进一步得到证实，企业受到的制度压力越大，企业低碳行为披露的可能性与披露水平越高。社会声誉变量的两个代理变量中经营年限（age）和是否四大审计（big4）均与低碳信息披露概率和披露质量显著正相关，研究假设 2 得到支持。表明企业选择披露低碳行为信息的重要原因之一是维护社会声誉，树立良好的社会形象。

在内部治理代理变量中，董事长和总经理两职分离（sep）结果不显著，股权集中度（herfi5）、董事会规模（board）和独立董事（indir）均正向显著相关，研究假设 3 基本得到支持。分析董事长与总经理两职分离（sep）变量不显著的原因，我们认为，研究样本中两职分离的样本为 86.4%，接近 90%，而两职合一的样本仅为 13.6%。由于大部分样本已经两职分离，造成该变量不是影响低碳行为信息披露的主要因素，于是解释能力下降，系数不显著。但整体而言，我们可以认为，内部治理好的公司，披露低碳行为信息的概率和质量更高。

在高管特征的三个变量中，高管学历（gedu）和高管任职年限（gtime）的系数显著，且符号与预期相同，也就是说，学历高、任职年限短的高管披露低碳行为信息的可能性更大，在研究样本中，高管的年龄本身还不足以影响高管对新鲜事物的接受能力和资源整合能力等，对企业低碳行为的实施及其信息披露没有形成显著差异。由研究样本描述性统计结果可知，研究样本中高管年龄最小值为41岁，最大也仅为63岁，高管还没有年长到影响一个人思维和决策的岁数。

表8-12 企业低碳行为信息披露驱动因素的多元回归结果

类型	变量	预期符号	Logit 模型		Ologit 模型	
			全样本	删减被动样本	全样本	删减被动样本
制度变量	regu	+	1.969*** (2.48)	2.012** (2.40)	1.144* (1.90)	1.489** (2.14)
	public	+	0.320*** (3.10)	0.319*** (2.99)	0.246*** (2.93)	0.254*** (2.83)
	export	+	0.025*** (2.99)	0.019** (2.24)	0.019** (2.32)	0.014* (1.77)
	state	+	0.793* (1.82)	1.184*** (2.71)	0.659* (1.79)	1.065*** (2.85)
社会声誉	age	+	0.093*** (3.72)	0.072*** (3.02)	0.056*** (2.70)	0.043* (1.95)
	big4	+	1.574*** (4.99)	1.437*** (4.64)	1.129*** (3.99)	1.074*** (3.73)
内部治理	herfi5	+	2.241** (2.38)	0.811* (2.22)	1.981** (2.54)	0.629* (1.84)
	sep	+	0.164 (0.66)	0.223 (0.87)	0.183 (0.82)	0.233 (1.04)

续表

类型	变量	预期符号	Logit 模型		Ologit 模型	
			全样本	删减被动样本	全样本	删减被动样本
内部治理	board	+	0.168*** (3.73)	0.147*** (3.08)	0.088*** (2.66)	0.108*** (2.90)
	indir	+	8.827*** (4.20)	6.229*** (2.84)	6.012*** (4.90)	4.986*** (3.71)
高管特征	gedu	+	0.890*** (6.67)	0.848*** (6.28)	0.580*** (2.89)	0.920*** (4.95)
	gtime	−	−0.540* (−1.80)	−0.093** (−2.19)	−0.362* (−1.78)	−0.125** (−2.14)
	gage	−	−0.022 (1.59)	−0.026 (1.30)	−0.018 (1.36)	−0.034 (−1.39)
C			11.210*** (4.99)	11.411*** (4.81)	8.669*** (4.74)	9.311*** (4.77)
N			814	725	814	725
pseudo_R2			0.110	0.145	0.097	0.097
VIF			4.78	4.45	4.49	4.43

注：***，**，*分别表示系数在1%，5%，10%水平上显著。

总之，我们的研究假设得到了验证。也就是说，企业低碳行为信息披露是企业在诸多影响因素的作用下的行为选择，这些影响因素可以概括为四大类：制度压力、社会声誉、内部治理和高管特征。企业受到的制度压力，特别是来自政府监管部门、社区公众、出口压力能够有效解释企业低碳信息披露的概率和水平；企业对社会声誉的维护也是影响企业低碳信息披露的概率和水平的重要因素，经营年限越长，长期聘请四大事务所审计，企业建立的社会声誉越好，企业越会选择披露低碳行为信息，并提高披露质量；企业自身的内部治理水平也会影响企业低碳信息披露情况，股权集中度高、董事会规模大和独立董事比例高的公司更易监督管理层，降低股东与管理者之间的代理成本，促使管理层注重企业长远发展，实施低碳行为并披露低碳行为信息；企业高管对于低碳的看法会直接影响企业的低碳行为及其信息披露状况，而高管对低碳的看法受到自身背景特征的影响，学历较高、任职年限短的高管倾向于具有前瞻性和改革精神，企业实施低碳行为并披露低碳行为信息的可能性更高。

第三节 企业低碳行为信息披露的价值相关性研究

我国企业低碳行为信息披露对企业价值的影响到底如何，有待于实证检验。借鉴弗朗西和施佩尔（Francie and Schipper，1999）对会计盈余价值相关性的解释，我们用低碳行为信息与公司股价收益率或股价水平之间的统计上的相关性来衡量价值相关性，一方面，采用事件研究法考察短时窗口下低碳行为公告的信息含量；另一方面，利用奥尔森估价模型考察长时窗口下低碳行为信息的价值相关性。短时窗口下对低碳行为信息含量的研究，可以直接考察其与股票收益率之间的因果性，但同时对研究样本要求比较苛刻，需要控制公司同时发布的其他信息，以检验所关注的信息是否具有增量的信息含量。而长时窗口下对低碳行为价值相关性的研究，更注重关联性，对研究样本要求也较为宽松。霍尔特豪森和沃茨（Holthausen and Watts，2001）认为，信息含量研究是价值相关性研究的一个分支，于是我们同时用短窗口的事件研究法和长窗口的奥尔森估价模型来研究低碳行为信息的价值相关性。

一、基于事件研究法的市场反应检验

事件研究法由鲍尔和布朗（Ball and Brown，1968）提出以及法玛（Fama，1969）等开创，用于检验某一特定事件发生前后的价格变化或价格对其披露信息的反应程度。基于信息观，公司公布的一项信息是否具有信息含量，要看该信息是否能够改变人们的预期，并改变人们的投资决策行为，如果预期和行为改变，则信号具有信息含量；反之，信号则不具有信息含量。信息观下的信息含量的研究对样本要求比较高，我们选用低碳行为信息公布后的样本股票的异常收益，来衡量市场对于该事件或其信息披露的反应。

（一）研究假设的提出

企业低碳行为信息披露具有现金流量效应和折现率效应，能够降低投资者与企业之间的信息不对称，改变投资者对企业预期价值的评价。对投资者来说，企业真实的碳管理绩效是不可观测的，他们只能通过企业披露

的低碳行为信息来了解企业面临的气候风险和机遇、潜在的低碳诉讼与管制风险、未来低碳竞争力情况等信息。而企业低碳行为信息的披露是企业担负社会责任的态度的传递，是企业已经把碳减排纳入其长期战略规划的一种"承诺"，是积极配合政府监管部门号召的态度表达，是可以降低企业未来环境诉讼与处罚损失的一种信号。因此，从信息披露的视角来看，企业低碳行为信息是一个利好信号，会引起资本市场的正面反应。

当然，企业低碳行为信息对企业价值的提升需要政府政策支持、信贷政策、技术研发和消费者偏好等系列环境的配合，我国政府在这些环境的营造上已经取得了很大成效。一方面，我国政府对企业低碳的财政补助、奖励和激励力度都比较大，一定程度上可以补偿企业实施低碳行为对资源的额外消耗，碳排放交易试点工作的开展也为企业的节能减排行为提供了获得额外收益的途径。另一方面，我国绿色信贷政策、政府绿色采购政策、清洁发展机制和低碳技术研发等工作，都在有条不紊地进行着。尽管上述条件在实施中还存在一些不足和问题，可能影响企业低碳行为的价值实现过程，但考虑到我国政府营造的低碳政策大环境，我们预计企业低碳行为信息披露是利好消息，会引起投资者的正面反应。

假设1a：企业低碳行为信息的披露会引发资本市场出现正面反应。

不同企业低碳行为信息披露的内容可能会不同，有的是被动低碳行为信息，有的是主动低碳行为信息。由于被动低碳行为是企业在政府强制性政策命令下的被动应对，如果企业没有遵守，会面临政府严厉的管制压力，比如吊销排污许可证、无法获得银行新增授信支持、撤回安全生产许可、吊销工商营业执照等，在该种情形下，我们可以认为企业被动低碳行为是企业不得已而为之，并非企业对低碳问题的主动应对。而企业的主动低碳行为是企业积极应对气候变化、未雨绸缪的表现，是企业"低碳"声誉的信号来源，也是企业低碳先发竞争优势形成的根本。于是，我们认为，低碳行为信息披露引发的市场反应，在被动行为信息与主动行为信息之间会有所不同。

假设1b：相对于被动低碳行为，企业主动低碳行为信息的披露会引发更大的市场反应。

不同行业的能源成本、面临的环境潜在负债和管制风险是不同的。研究表明，环境敏感行业相对于非环境敏感行业，面临着更高的环境诉讼风险和监管风险，其化石能源成本比重也比较大。因此，采取低碳行为获得的监管风险下降、能源使用效率提高、化石能源依赖度的降低以及低碳声誉信号效应和行业先发竞争优势等好处,在环境敏感行业中体现更为明显。因此,披露同样的低碳行为信息,由于所处行业不同,引发的市场反应也能不同。我们预计:

假设1c:相对于非环境敏感行业,环境敏感行业的低碳行为信息的披露会引发更大的市场反应。

企业低碳行为信息的披露渠道多种多样,有专门的低碳行为报道,也有顺带提及的董事会决议报告、对外投资公告等,这造成低碳行为信息披露的受关注程度不同,可以预计信息越容易引起投资者关注,引发的市场反应也越大。可以预计,采用专门的低碳行为报道的低碳行为信息更容易引起人们的关注,而通过其他披露渠道披露的低碳行为信息所引起的关注要稍低一些。因此,我们预计:

假设1d:相对于非专门披露,专门披露的低碳行为信息会引发更大的市场反应。

(二) 研究设计

1. 样本与数据来源。

我们采用了事件研究法,验证企业低碳行为信息的市场反应。该方法对研究样本要求较高,需要保证低碳行为信息样本"干净",我们对样本的选择也较为严格,遵循以下原则:一是取低碳行为信息的首次公布样本,如果公司对某项低碳行为信息进行连续、多次披露,则我们取第一次披露作为研究样本;二是取仅披露了低碳行为信息的公告,如果公司在一项公告中同时披露了低碳行为信息和其他行为信息,则不纳入研究样本;三是公司在低碳行为信息公告日,如果同时公告了其他可能影响股价变动的重大事件,比如年报、季报等公告,则也不纳入研究样本。

遵循上述三点原则,我们对第一章检索到的716个披露低碳行为信息的样本进行了筛选,最终得到254个符合条件的样本,再删除财务数据缺失样本的36个,最终事件研究法样本为218个。数据来源为CSMAR数据库。我们对所有变量做了1%的缩尾处理,所用统计软件为Stata10.0。

2. 变量选择与模型设定。

事件日为低碳行为信息公告日期,事件窗口取四个,分别为 $[0, 1]$ $[-1, 1]$ $[-2, 2]$ 和 $[-4, 4]$,估计窗口取事件日之前的 $[-200, -30]$,共171个交易日,预期收益率的计算采用单因素市场模型,事件窗口的累计超常收益率用CAR表示。CAR计算过程如下:首先,采用估计窗口数据，估算下列单因素市场模型的回归系数，其中，$R_{i,t}$ 表示考虑现金红利再投资的日个股回报率，$R_{m,t}$ 表示考虑现金红利再投资的、按流通市值加权平均的日市场回报率：

$$R_{i,t} = \alpha_i + \beta_i R_{m,t} + \varepsilon_{i,t}$$

其次，利用上述模型得到的回归系数 $\hat{\alpha}_i$ 和 $\hat{\beta}_i$，计算事件窗口的超常收益率（AR）：

$$AR_{i,t} = R_{i,t} - (\hat{\alpha}_i + \hat{\beta}_i R_{m,t})$$

最后，计算事件窗口的累计超常收益率（CAR）：

$$CAR_{T_{1i}, T_{2i}} = \sum_{t=T_{1i}}^{T_{2i}} AR_{i,t}$$

为了考察低碳行为类型、行业类型和披露渠道差异的影响，采用分组的方法对比 CAR 的大小，并通过建立截面回归模型进一步研究。模型中涉及的相关变量的含义如表 8-13 所示。

$$CAR_{i,t} = \beta_0 + \beta_1 proactive_{i,t} + \beta_2 sind_{i,t} + \beta_3 piqu_{i,t} + \beta_4 heat_{i,t} + \beta_5 size_{i,t-1}$$
$$+ \beta_6 \Delta roe_{i,t} + \beta_7 leve_{i,t-1} + \beta_8 mb_{i,t-1} + \varepsilon_{i,t}$$

表 8-13　　　　　　　　事件研究法涉及的相关变量含义

变量名称	变量名	变量含义
累计超常收益率	CAR	预期收益率采用单因素市场模型计算得到，事件日为低碳行为信息公告日期，事件窗口取四个，分别为 [0, 1]、[-1, 1]、[-2, 2] 和 [-4, 4]
主动低碳行为	proactive	虚拟变量，披露主动低碳行为信息时取 1，否则取 0
环境敏感行业	sind	同表 8-1，取采掘业 B、水电煤业 C1、纺织服装皮毛业 C3、金属非金属业 C4、石化塑胶业 C6、食品饮料业 C8、生物医药业 D 和造纸印刷业 E 为环境敏感行业，其他 14 个行业为非环境敏感行业。当企业为环境敏感行业时取 1，否则取 0
专门披露渠道	piqu	虚拟变量，通过专门的披露渠道披露低碳行为信息时取 1，否则取 0
社会对低碳问题的关注热度	heat	用企业低碳行为信息宣告年份，用"中国经济新闻库"搜索到的与"全球变暖""低碳""节能减排"等相关报道数量的自然对数衡量
公告字数	length	用企业公告低碳行为信息的公告的长度，即总字数的自然对数表示

续表

变量名称	变量名	变量含义
企业规模	size	用企业资产总额的自然对数表示
未预期盈余	Δroe	取公告日期所在季度为 t, 则用企业 (t 季度净利润 − t − 1 季度净利润)/t − 1 季度净资产表示
负债能力	leve	用企业负债总额与权益总额之比表示
成长能力	mb	用企业的权益市值与权益账面价值的比值表示

(三) 实证结果分析

1. 描述性结果分析。

表 8 − 14 报告了变量的描述性统计结果。累计超常收益率 (CAR) 在事件期与之后 1 天、前后 1 天、前后 2 天和前后 4 天均值分别为 0.002、0.005、0.007 和 0.006，初步判断企业低碳行为信息公告的市场反应为正。主动低碳行为 (proactive)、环境敏感行业 (sind) 和披露渠道 (piqu) 的均值分别是 0.736、0.747 和 0.691，表明在 218 个样本中，披露主动低碳行为信息样本为 160 个，环境敏感行业样本为 162 个，通过专门渠道披露低碳行为信息的样本为 150 个。社会对低碳问题关注度 (heat) 的均值为 8.775，表明"中国经济新闻库"可搜索到"气候变化"相关新闻报道每年平均为 6470 篇，最小值 (最大值) 为 4.771 (9.229); length 的均值为 6.714，最小值和最大值分别为 5.384 和 11.13，表明企业低碳行为信息公告的字数平均为 1650 字，最短的为 218 字左右，最长的为 68506 字左右。由样本企业规模 (asset)、未预期盈余 (Δroe)、负债水平 (leve) 和成长性 (mb) 四个指标来看，公司规模标准差较小，各企业规模差距不大，未预期盈余和负债水平标准差较大，表明样本企业之间差距较大，从成长性看，均值为 2.4 左右，样本公司具有一定的成长潜力。

表 8 − 14　　　　变量的描述性统计结果

变量	样本量	均值	标准差	最小值	中位数	最大值
CAR[0, 1]	218	0.002	0.031	− 0.057	− 0.001	0.058
CAR[− 1, 1]	218	0.005	0.036	− 0.067	0.001	0.076
CAR[− 2, 2]	218	0.007	0.046	− 0.088	0.007	0.090

续表

变量	样本量	均值	标准差	最小值	中位数	最大值
CAR[-4, 4]	218	0.006	0.053	-0.088	0.003	0.108
proactive	218	0.736	0.442	0	1	1
sind	218	0.747	0.436	0	1	1
piqu	218	0.691	0.463	0	1	1
heat	218	8.775	1.025	4.771	9.115	9.229
length	218	6.714	0.863	5.384	6.572	11.13
asset	218	22.22	1.109	20.19	22.06	24.18
Δroe	218	-0.006	0.102	-0.215	0.017	0.200
leve	218	1.652	1.192	0.118	1.372	4.691
mb	218	2.392	1.710	0.798	1.766	7.218

2. 相关系数分析。

表 8-15 报告了主要变量之间的相关系数。主动低碳行为信息（proactive）与 CAR[-1, 1]、CAR[-2, 2] 的 Pearson 和 Spearman 相关系数均不显著，初步表明主动低碳行为信息披露的市场反应并不显著高于被动低碳行为，或者说投资者对主动和被动低碳行为信息并未进行区分，初步推论假设 1b 不成立；而环境敏感行业（sind）和 CAR[-1, 1] 的 pearson 和 spearman 相关系数分别达到 0.1598 和 0.1356，且在 5% 的水平上显著，初步表明环境敏感行业披露低碳行为信息的市场反应更大，支持了假设 1c；披露渠道（piqu）与 CAR[-1, 1] 的相关系数在 5% 的水平上显著正相关，表明专门报道的低碳行为信息更容易引起市场较大的反应，初步支持了假设 1d。

表 8-15　　　　　　　　主要变量的相关系数表

变量	CAR[-1, 1]	CAR[-2, 2]	proactive	sind	piqu	heat	length
CAR[-1, 1]	1	0.772***	0.065	0.135**	0.149**	0.289**	-0.110
CAR[-2, 2]	0.805***	1	0.058	0.131*	0.135*	0.300**	-0.042*
proactive	0.056	0.035	1	-0.172*	-0.014	-0.004	-0.097
sind	0.159**	0.132*	-0.172**	1	-0.025	-0.051	-0.140*

续表

变量	CAR[-1,1]	CAR[-2,2]	proactive	sind	piqu	heat	length
piqu	0.186**	0.154**	-0.014	-0.025	1	0.173*	-0.094
heat	0.216**	0.239***	-0.066	-0.027	0.022	1	-0.051
length	-0.163**	-0.117	-0.053	-0.134*	-0.099	-0.178*	1

注：***，**，*分别表示在1%，5%，10%的水平上显著，左下角为Pearson相关系数，右上角为Spearman秩相关系数。

3. 均值差额检验。

表8-16报告了不同类别、行业与披露渠道的低碳行为信息披露的市场反应的均值检验结果。由全样本组可知，除了CAR[0,1]之外的其他事件窗口的CAR均显著为正，支持假设1a，即低碳行为信息宣告会引起资本市场出现正面反应；从不同类别的低碳行为信息的CAR差额检验结果得知，主动低碳行为信息披露的市场反应虽然高于被动低碳行为信息样本组，但统计上并不显著，不支持假设1b，表明我国投资者并没有给予主动低碳行为信息更大的市场反应，投资者目前并不认为主动低碳行为更加有利于股东价值的提高；从行业类别差异差额检验可知，环境敏感行业组的低碳行为信息披露市场反应显著高于非环境敏感组，显著性水平从1%~10%不等，支持了假设1c，表明投资者对环境敏感行业的低碳行为信息披露给予了更大的市场反应；从披露渠道差异的差额检验结果可知，专门披露的低碳行为样本组的市场反应显著高于非专门披露的样本组，支持了假设1d，表明企业专门披露的低碳行为信息更能引起市场的关注，引起股市较大的反应。

表8-16　不同类别、行业与披露渠道的低碳行为信息披露市场反应的均值检验结果

全样本	分组情况	样本量	CAR[0,1]	CAR[-1,1]	CAR[-2,2]	CAR[-4,4]
		218	0.002	0.005**	0.007**	0.006*
低碳行为信息分类差异检验	被动行为样本组	58	0.001	0.001	0.004	-0.007
	主动行为样本组	160	0.003	0.006	0.008	0.008
	差值t检验	98	0.002	0.005	0.004	0.015

续表

全样本	分组情况	样本量	CAR [0, 1]	CAR [-1, 1]	CAR [-2, 2]	CAR [-4, 4]
		218	0.002	0.005**	0.007**	0.006*
行业环境敏感分类差异检验	非环境敏感组 环境敏感组	56 162	-0.007 0.005	-0.005 0.008	-0.002 0.011	-0.004 0.010
	差值 t 检验	106	0.012***	0.013**	0.013*	0.014*
披露渠道分类差异检验	非专门披露组 专门披露组	68 150	-0.004 0.004	-0.005 0.009	-0.002 0.012	0.004 0.008
	差值 t 检验	82	0.008**	0.014***	0.014**	0.004

注：***，**，*分别表示在1%，5%，10%的水平上显著。

4. 截面回归结果。

表 8-17 报告了企业低碳行为信息宣告市场反应的截面回归结果。因变量分别为 CAR[-1, 1] 和 CAR[-2, 2]，回归（1）和回归（4）的自变量均为主动低碳行为变量（proactive），由回归结果看出，两个回归系数都不显著，表明主动低碳行为信息披露对 CAR 的影响不显著，假设 1b 进一步未得到验证。而回归（2）和回归（5）的自变量均为 sind，系数为正，且均在 5% 的水平上显著，表明环境敏感行业的 CAR 显著更大一些，进一步支持假设 1c。回归（3）和回归（6）的自变量均为 piqu，系数为正，且均在 5% 的水平上显著，表明专门披露的低碳行为信息的 CAR 更大一些，进一步支持假设 1d。从控制变量可知，社会对低碳问题的关注度（heat）、企业低碳信息公告的长度（length）、未预期盈余（Δroe）和企业成长性（mb）对 CAR 影响显著。从回归系数看，heat、Δroe 和 mb 与市场反应 CAR 成正比，而 length 与 CAR 成反比，这说明提高社会对低碳关注度和公司成长性有利于增强市场反应。未预期盈余越大，股价市场反应越大，而过长的报道可能由于重要消息的分散而不利于增强市场反应。

表 8-17　企业低碳行为市场反应的截面回归结果

变量	回归（1） CAR[-1, 1]	回归（2） CAR[-1, 1]	回归（3） CAR[-1, 1]	回归（4） CAR[-2, 2]	回归（5） CAR[-2, 2]	回归（6） CAR[-2, 2]
proactive	0.006 (1.19)	—	—	0.007 (0.95)	—	—

续表

变量	回归（1） CAR[-1,1]	回归（2） CAR[-1,1]	回归（3） CAR[-1,1]	回归（4） CAR[-2,2]	回归（5） CAR[-2,2]	回归（6） CAR[-2,2]
sind	—	0.014** (1.99)	—	—	0.013** (2.12)	—
piqu	—	—	0.013** (2.23)	—	—	0.016** (2.09)
heat	0.008** (2.36)	0.008** (2.14)	0.008** (2.29)	0.013** (2.19)	0.013** (2.43)	0.013*** (3.81)
length	-0.006** (-2.04)	-0.005* (-1.84)	-0.006* (-1.97)	-0.005* (-1.86)	-0.004* (-1.95)	-0.004* (-1.96)
asset	-0.005* (-1.86)	-0.005 (-1.52)	-0.005* (-1.67)	-0.004 (-1.19)	-0.004* (-1.82)	-0.004 (-1.03)
Δroe	0.007 (0.30)	0.016** (2.12)	0.015* (1.87)	0.036 (1.28)	0.045** (2.23)	0.046 (1.60)
leve	0.001 (0.41)	-0.001 (-0.31)	0.001 (0.50)	0.004 (1.16)	0.002 (0.65)	0.004 (1.24)
mb	-0.004* (-1.81)	-0.002 (-1.18)	-0.003 (-1.77)	-0.005* (-1.93)	-0.004 (-1.37)	-0.005* (-1.91)
N	218	218	218	218	218	218
F	2.64**	3.21***	3.46***	2.50**	2.98***	3.26***
Adj. R2 VIF	0.0550 2.30	0.0723 2.20	0.0770 2.50	0.0566 2.20	0.0651 2.30	0.0764 2.40

注：***，**，*分别表示系数在1%，5%，10%水平上显著。

总之，假设1a、假设1c和假设1d得到支持。表明投资者对企业低碳行为信息的披露给予了显著的正面反应，对环境敏感行业和专门披露的低碳行为信息给予了更大的市场反应。但假设1b并未得到支持，表明投资者对主动低碳行为并未给予更大的市场反应。分析原因，可能是由于我国未来的低碳政策尚不明朗，在是否强制实行碳交易或碳税政策，是否会根据行业领先者的产品碳排放标准来设定行业限额等问题上有待落实，在一定程度上影响了企业主动低碳行为信息与企业价值之间的相关性。也可能是我国当前消费者的低碳消费意识并不高，造成企业主动低碳行为信息的声誉信号价值下降，影响了企业主动实施低碳行为信息与企业价值的相关性。

二、基于奥尔森（Ohlson）模型的股价影响检验

1995年奥尔森在论文《股价估值中的盈利、账面价值和股息》中提出了奥尔森模型体系。该模型的假设有三：假设1是股票价格等于其未来期望股息的贴现值；假设2是会计数据和股息符合干净盈余关系（clean surplus relation，CSR），即公司资产负债表中账面价值的变化与利润表中的当期盈余与股利之差的数额相等，也就是说，公司全部的与股利无关的资产或负债的变化都必须通过利润表反映出来；假设3是超常收益等于当期盈余减去按照公司期初账面价值计算的无风险收益额，超常收益是随机变量，其时间序列运动满足线性自回归关系。

在三个假设条件下，奥尔森（Ohlson）得出会计估价模型，认为公司市场价值等于账面价值加上由当期非正常盈余计量的盈利能力和其他信息引起的对未来盈利能力的预测的修正。而其他信息是可能影响公司未来非正常盈利能力的信息，如企业的创新能力、企业的环境信息等。奥尔森（Ohlson）估价模型强调了公司的财务信息和非财务信息均可用于企业价值的估价模型，因此，我们研究公司账面价值和净利润之外，"其他信息"对股价的影响，而我们的"其他信息"就是公司低碳行为信息。

（一）研究假设的提出

基于利益相关者理论与资源基础理论，企业低碳行为信息可以传递公司"低碳"信号，增强绿色消费者的忠诚度，提高公司销售量，引发所在行业成本结构的改变，使该企业相对于同行业竞争对手获得先发竞争优势。企业低碳行为信息的披露表明企业遵从了当前的环境管制，可以带来成本优势、绿色声誉机制和先动优势等，最终形成企业的低碳竞争力。而低碳竞争力是未来日益严格的低碳管制下企业竞争优势的源泉之一，能改进企业未来的经营绩效。而没有披露低碳行为信息的企业则意味其当前不关心气候变化，缺乏低碳应对战略，未来可能需要承担较高的诉讼成本和监管损失，相当于企业一项未入账的环境负债，降低了公司未来的盈利能力。基于此，我们认为：

假设2a：企业低碳行为信息的披露对投资者而言具有增量价值，与企业价值正相关。

我们认为，同假设1b、假设1c和假设1d一样，企业低碳行为信息披

露的信息增量价值在低碳行为类别、行业类别和披露渠道上会有所不同。并提出下列假设：

假设2b：相对于被动低碳行为信息，企业主动低碳行为信息的增量价值更大，与企业价值的相关性更大。

假设2c：相对于非环境敏感行业，环境敏感行业的低碳行为信息的增量价值更大，与企业价值的相关性更大。

假设2d：相对于非专门披露渠道，专门披露的低碳行为信息的增量价值更大，与企业价值的相关性更大。

(二) 研究设计

1. 样本与数据来源。

奥尔森估价模型的样本不必保证低碳行为样本的"干净"，为了研究低碳行为信息的增量价值，我们还需要选取相应的未披露低碳行为信息的公司作为对照样本。样本筛选过程与第二节的PSM配对法一致，共包括466个披露低碳行为信息样本和466个未披露低碳行为信息的对照样本。在搜集相关财务指标的过程中，删除财务数据缺失的样本，最终得到奥尔森研究样本814个。数据来源为CSMAR数据库。我们对所有变量做了1%的缩尾处理，所用统计软件为Stata10.0。

2. 变量设定与模型选择。

借鉴拉尔斯和亨利克（Lars and Henrik，2005）等对奥尔森（Ohlson）模型变形如下：

$$MV_{i,t} + DI_{i,t} = \beta_0 + \beta_1 BV_{i,t-1} + \beta_2 NI_{i,t} + \beta_3 v_{i,t} + e_{i,t}$$

考虑公司规模的影响，并用"公司采取了低碳行为"替代其他信息变量 $v_{i,t}$ 得到以下公示：

$$\frac{MV_{i,t} + DI_{i,t}}{BV_{i,t-1}} = \beta_0 \frac{1}{BV_{i,t-1}} + \beta_1 + \beta_2 \frac{NI_{i,t}}{BV_{i,t-1}} + \beta_3 lcarbon_{i,t} + e_{i,t} \qquad (8-3)$$

如果上述 *lcarbon* 的系数显著为正，则表明假设2a成立。对于假设2b的检验，只是仅对披露低碳行为信息的466个样本进行回归即可。对于假设2c的检验，我们采用引入交叉变量。对于假设2d的检验，同样对披露了低碳行为信息的466个样本进行回归。公式中涉及的变量含义如表8-18所示。

$$\frac{MV_{i,t} + DI_{i,t}}{BV_{i,t-1}} = \beta_0 \frac{1}{BV_{i,t-1}} + \beta_1 + \beta_2 \frac{NI_{i,t}}{BV_{i,t-1}} + \beta_3 \text{proactive}_{i,t} + e_{i,t} \qquad (8-4)$$

$$\frac{MV_{i,t}+DI_{i,t}}{BV_{i,t-1}}=\beta_0\frac{1}{BV_{i,t-1}}+\beta_1+\beta_2\frac{NI_{i,t}}{BV_{i,t-1}}+\beta_3 lcarbon_{i,t}$$
$$+\beta_4(lcarbon_{i,t}\times sind_{i,t})+\beta_5 sind_{i,t}+e_{i,t} \quad (8-5)$$
$$\frac{MV_{i,t}+DI_{i,t}}{BV_{i,t-1}}=\beta_0\frac{1}{BV_{i,t-1}}+\beta_1+\beta_2\frac{NI_{i,t}}{BV_{i,t-1}}+\beta_3 piqu_{i,t}+e_{i,t} \quad (8-6)$$

表 8-18　　奥尔森（Ohlson）模型涉及的相关变量的含义

类别	变量	变量名	变量含义
因变量	权益市场价值	$MV_{i,t}+DI_{i,t}$	$MV_{i,t}$ 是 i 公司 t 年股权的市场价值，$DI_{i,t}$ 是 i 公司 t 年的股利，由于年报公布日期为下年度的 4 个月内，我们以下年度 4 月份的最后一个交易日的股票收盘价为基础来计算 $MV_{i,t}$
自变量	权益账面价值	$BV_{i,t-1}$	是 i 公司 t 年年初时点的股权账面价值
	净利润	$NI_{i,t}$	是公司 i 在 t 年的净利润
	低碳行为信息	lcarbon	虚拟变量，披露了低碳行为信息时取 1，否则取 0
	主动低碳行为	proactive	同表 8-13
调节变量	环境敏感行业	sind	同表 8-13
	披露渠道	piqu	同表 8-13

（三）实证结果分析

1. 描述性统计结果分析。

表 8-19 报告了变量的描述性统计结果。可以看出，平均而言，公司权益市场价值是账面价值的 2.187 倍；股利发放额度平均为账面价值的 0.2%，股利支付水平偏低；而公司的资产净利率平均为 3.7%，盈利能力偏低。披露低碳行为信息（lcarbon）和环境敏感行业（sind）变量的均值分别为 0.574 和 0.686，这表明我们在进行 Ohlson 模型回归的 814 个样本中，披露低碳行为信息的样本占 57.4%，处于环境敏感行业的样本占 68.6%。而主动低碳行为信息（proactive）和披露渠道（piqu）的均值表明，在 456 个披露了低碳行为信息的样本中，大多数样本是披露的主动低碳行为信息，占比为 86%，而采取专门报道渠道来披露低碳行为信息的样本占 30.5%。

表 8-19　　　　　　　　变量的描述性统计结果

变量	样本数	均值	标准差	最小值	中位数	最大值
MV/BV	814	2.187	3.355	0.127	1.436	51.68
DI/BV	814	0.002	0.009	0	0	0.116
NI/BV	814	0.037	0.106	-0.759	0.032	0.989
lcarbon	814	0.574	0.495	0	1	1
proactive	456	0.860	0.348	0	1	1
sind	814	0.686	0.465	0	1	1
piqu	456	0.305	0.461	0	0	1

2. 相关系数分析。

表 8-20 报告了主要变量之间的相关系数。从长期的股价影响来看，披露低碳行为信息变量（lcarbon）与企业股权市场价值之间的相关系数至少在 5% 的水平上显著，表明企业低碳行为信息具有增量价值，与企业股权价值正相关，初步支持假设 2a，即企业低碳行为信息具有增量机制，与企业价值正相关；从主动低碳行为信息（proactive）、环境敏感行业（sind）和披露渠道（piqu）与股权市场价值之间的关系看，除了主动低碳行为信息变量不显著外，其他两个变量均在 5% 的水平上显著正相关，表明假设 2b 未得到支持，主动低碳行为信息的披露的价值相关性并不显著高于被动低碳行为信息；而环境敏感行业的低碳行为信息的价值相关性更大，初步支持假设 2c；专门披露的低碳行为信息的价值相关性更强，假设 2d 也得到初步支持。

表 8-20　　　　　　　　主要变量的相关系数

变量	(MV+DI)/BV	1/BV	NI/BV	lcarbon	proactive	sind	pi qu
(MV+DI)/BV	1	0.551*	0.474*	0.087**	0.138	0.121**	0.250**
1/BV	0.624***	1	0.098*	-0.167**	0.089*	-0.216**	0.071
NI/BV	0.329***	-0.072*	1	0.010	0.180*	-0.149*	0.005
lcarbon	0.040***	-0.194**	0.023	1	—	0.046	—
proactive	0.008	0.064	0.157**		1	-0.195*	-0.170*
sind	0.101**	-0.059*	-0.073*	0.046	-0.193**	1	-0.001
piqu	0.078**	0.037	0.009	—	-0.180**	-0.004	1

注：***，**，*分别表示在 1%，5%，10% 的水平上显著，左下角为 Pearson 相关系数，右上角为 Spearman 秩相关系数。

3. 多元回归结果分析。

表8-21报告了低碳行为信息相关性的Ohlson模型回归结果。因变量均为$(MV_{i,t}+DI_{i,t})/BV_{i,t-1}$，四个回归式均表明公司账面净资产和公司净利润两个变量与企业价值之间具有显著的相关性。模型（8-3）中披露低碳行为信息变量（lcarbon）的系数为正，并在1%的水平上显著，表明企业低碳行为信息具有增量价值，有利于企业价值的提高，进一步支持了假设2a；模型（8-4）考察了企业主动低碳行为信息的价值相关性，发现主动低碳行为信息变量（proactive）的系数0.006并不显著，表明企业披露的主动低碳行为信息并未比被动低碳行为信息具有更大的价值相关性，假设2b未得到支持；模型（8-5）考察了环境敏感行业低碳行为信息的价值相关性，交叉项（lcarbon×sind）的系数为0.378在1%的水平上显著为正，表明环境敏感行业披露的低碳行为信息更具有价值相关性，验证了假设2c；模型（8-6）考察了低碳行为信息披露渠道的影响，系数为0.230在5%的水平上显著，假设2d得到验证，表明企业专门披露的低碳行为信息的价值相关性更强。

表8-21　　低碳行为信息价值相关性的Ohlson模型回归结果

变量	模型（8-3）	模型（8-4）	模型（8-5）	模型（8-6）
$1/BV_{i,t-1}$	1976522 *** （12.31）	1729233 *** （14.19）	1996461 *** （27.25）	1721691 *** （14.19）
$NI_{i,t}/BV_{i,t-1}$	9.844 *** （8.22）	11.091 *** （13.58）	10.055 *** （16.01）	11.093 *** （13.80）
lcarbon	0.345 *** （3.13）	—	0.149 （0.76）	—
proactive	—	0.006 （0.03）	—	—
lcarbon×sind	—	—	0378 *** （2.69）	—
piqu	—	—	—	0.230 ** （1.85）
sind	—	—	0.235 （1.33）	—
C	0.392 *** （3.68）	0.748 *** （4.68）	0.213 （1.37）	0.722 *** （7.93）

续表

变量	模型 (8-3)	模型 (8-4)	模型 (8-5)	模型 (8-6)
N	814	456	814	456
F	85.59***	145.09***	186.83***	147.11***
Adj. R^2	0.541	0.495	0.547	0.498
VIF	1.03	1.03	2.42	1.01

注释：***，**，*分别表示系数在1%，5%，10%水平上显著。

研究结论表明，假设2a、假设2c和假设2d得到验证。表明企业低碳行为信息具有价值相关性，有利于企业价值的提高，且环境敏感行业和专门披露的低碳行为信息的价值相关性更强。而假设2b未得到验证，侧面反映了企业主动实施并披露低碳行为的动力不足，政府需要进一步营造低碳政策环境，提高企业主动低碳行为信息的价值相关性。

可见我国企业低碳行为信息是具有正的价值相关性的，投资者普遍认为，披露的低碳行为有利于股东价值的提高，这与我国政府制定的低碳补贴、奖励及其他激励措施是分不开的，我国政府在一定程度上营造了一个低碳与股东价值双赢的局面。但是我国政府营造的低碳环境还不足以激发企业积极主动实施低碳行为，且环境敏感行业是化石燃料的依赖主体，受到的低碳政策的监管压力更大，低碳行为所带来的成本节约也更为明显。另外，企业披露信息的渠道会影响信息的受关注度，进而影响其信息增量价值。该结论也为企业披露低碳行为信息提供了参考依据。

第九章

研究结论与政策建议

从1992年签署《联合国气候变化框架公约》、1997年签订《京都议定书》、2005年《京都议定书》的生效,到2007年达成巴厘岛线图,2009年召开哥本哈根会议,等等,气候变化问题正在受到全世界前所未有的高度关注。"低碳"已经成为当下的流行语和全球热词,中国作为世界上最大的碳排放国,在"共同但有区别的责任"原则下,势必倡导低碳发展模式。低碳转型成为企业面临的不可避免的选择,既然别无选择,就应该迎头而上,积极应对。

第一节 研究结论

本书通过对碳锁定危害的阐述,总结了国际上低碳经济发展先行者的经验,分析了我国近年来低碳经济发展的态势,介绍了碳排放交易市场机制的运行情况,并从微观角度论述了碳会计、碳审计以及碳信息披露的学术前沿,主要研究结论如下方面。

一、发展低碳理性之举:需要打破"碳锁定"魔咒

我国长期粗放的经济增长方式导致我国表现出明显的"碳锁定"效应,表现为过度依赖高碳能源,并高度依赖高碳产业,是名副其实的能源消耗和碳排放大国。我国高碳行业主要集中在交通运输业、建筑业、发电、工业等领域,这与我国长期的碳基技术锁定与制度锁定有关。"碳锁定"不仅危机我国能源安全,破坏生态环境,还会阻碍技术发展,"碳锁定"是追求经济发展、社会进步的产物,"碳锁定"效应也将随煤炭等化

石能源持续高消耗而越发严重。借鉴丹麦和英国等西方发达国家在"碳解锁"方面的历史经验，结合我国碳排放领域的重点，在低碳经济发展的过程中，可以从技术解锁、制度解锁和征收碳税三个方面综合考虑"碳解锁"策略：具体而言，加大低碳技术投入力度；以产业结构调整促技术发展；发挥法律的强制作用；发挥市场的调节作用；通过碳税传播"低碳"信号；通过碳税促进新能源开发应用；通过碳税为"碳解锁"筹集资金。

二、他山之石可以攻玉：碳金融的国际经验与启示

碳金融是碳与金融联姻的产物，降低碳金融是指各种降低温室气体排放的金融制度设计和金融交易活动的总和。《联合国气候变化框架公约》和《京都议定书》是与碳金融相关的两个重要合约。而碳减排交易机制是碳金融的核心。作为新兴的商品市场，碳排放交易市场在2005年《京都议定书》签署之后获得了快速发展。碳排放权交易的主要原理在于企业间通过市场手段进行排放权交换以平衡各自的排放量，从而达到以低成本控制排放总量。碳排放交易的有效运行，需要解决配额如何分配的问题，从全球范围内碳排放交易市场的制度设计来看，碳交易市场中企业获取配额的方式主要有三种：免费分配法、拍卖法和固定价格购买法。考虑到全球各地区要承担的减排责任和具体情况不同，目前全球碳排放市场以区域市场为主，尚未形成全球统一的交易体系。

本书在收集相关资料的基础上，分别借鉴了英国碳排放交易体系、欧盟碳排放交易体系、美国碳排放交易体系、澳大利亚碳排放交易体系和日本碳排放交易体系等的运作机制，包括市场类型、总量设定依据、初始配额分配、交易产品种类、交易对象等内容，得出下列启示：分阶段逐步建立碳排放权交易市场；建立健全相关法律法规，保证碳排放交易市场的合法运作；加强能力建设；配额分配方式要向拍卖方式过渡；国家统一市场与地方独立管理的协调平衡；在各省之间实行共同但有区别原则；应逐步与国际市场相对接。

三、我国行为态势分析：低碳经济发展的措施与成效

我国作为一个负责任的大国，在低碳征程中从来没有停止过前进的步伐。政府层面的低碳措施体现在碳管制、碳财税政策、碳金融市场等方

面,也取得了系列成就。2011年10月,国家发改委批准北京、天津、上海、重庆、湖北、广东以及深圳七个省市开展碳交易试点工作,推动区域碳交易制度建设;我国相关部门一直在为建立全国碳排放权交易市场做积极的准备,总结碳排放权交易试点省市的经验,研究制定了《碳排放权交易总量确定和配额分配机制方案》及其他配套细则,确定碳排放权交易覆盖范围等。当前我国碳排放交易制度具有采用总量控制与配额交易原则、覆盖高耗能、高排放企业、市场交易为主,政府适当调节为辅等特征。另外,中国积极参与清洁发展机制项目,这些行动对中国提高应对气候变化意识与能力、募集低碳发展资金、发展低碳技术、加强国际气候合作以及推动国内自愿碳减排等方面发挥了积极作用。

本书还梳理了我国的低碳财税政策,具体内容有:其一,财政支出政策,包括中央预算内投资、风力发电设备产业化专项资金、实施"金太阳"工程财政补贴、节能与新能源汽车示范推广财政补助资金、"节能产品惠民工程"财政补贴、国家财政支持实施"太阳能屋顶计划"、秸秆能源化利用补助资金、再生节能建筑材料生产利用财政补助、节能技术改造财政奖励资金、中央财政主要污染物减排专项资金、合同能源管理项目财政奖励资金、淘汰落后产能财政奖励资金、政府采购环境标志产品制度等;其二,税收政策,包括资源税等与低碳相关的税种、矿产资源补偿费、排污费等政策。

尽管取得了系列成就,本书认为,我国正处在一个相对较低水平的经济高速增长阶段,能源消费过多依赖煤炭资源,科技创新能力相对薄弱,国际技术贸易壁垒有所强化,低碳经济的法律法规不够健全、碳交易市场亟待完善、外部压力和挑战增强,我国实现低碳经济转型任重而道远。

四、我国碳排放交易机制:发展的历程与实践

近年来,中国也出台了一系列的政策对碳金融各方面进行支持,旨在经济发展和碳减排中找到合理的平衡点。中国的碳交易市场建设包括两条主线:第一条主线为碳交易试点,第二条主线为CDM交易体系和自愿减排交易体系的构建。自1990年起,我国决定在全国16个城市试点推行"大气污染物排放许可证制度",到2011年国家发改委成立全国七个省市作为全国的碳排放交易试点,到2015年1月《碳排放权交易管理暂行办法》开始实施,我国碳交易市场运行逐渐步入正轨。中国的CDM市场经

历了一定的发展历程：2005年国内首个CDM项目——内蒙古辉腾锡勒风电场项目获得国家批准，标志着国内CDM市场的正式启动。

在低碳经济下，建立碳排放权交易市场是顺应时代潮流的需要，是消除减排压力的必然选择，是实现供给侧改革、实现高质量增长的需要，是建设我国生态文明的重要保障，是取得国际碳金融竞争话语权的重要手段，因此，本书认为，我国应该结合现状和实际国情，充分考虑碳排放权交易制度构建的复杂性和系统性，在遵循规律原则、政府引导原则、循序渐进原则、统筹协调原则的基础上，建立碳交易市场需要经历从初级到高级，从局部到整体，从自愿市场到强制市场，从部分试点到全国推广的发展历程。具体而言，我国碳交易制度构建可分三个阶段进行：第一阶段，用10年左右的时间，积极试点国内区域性碳交易市场；第二阶段，再用10年左右的时间，建设全国范围内的碳交易市场，使之初步具备与国际接轨的能力；第三阶段，与全球碳交易市场接轨，积极参与国际碳交易市场规则的制定，推进国内市场与国际市场的对接。

五、碳的核算监督分析：碳会计、碳绩效与碳审计

碳会计是指与碳相关活动的价值量的核算，而碳计量是碳交易的基础，因此，根据企业经济业务的性质，本书认为，碳会计包括碳减排和碳固业务与碳排放权交易业务两方面内容。第一，碳排放和碳固业务是碳排放的物质流核算，包括碳足迹的核算，这是企业碳财务会计的数据来源和核算基础。本书认为，如果碳减排与碳固业务与常规业务完全融合或基本相似，则可能不需要单独进行碳会计确认，可以在常规业务项目中设立碳减排明细分类账，并在财务报表附注中详细解释说明。如果该业务能够与常规业务完全分开，则可以单独设立：碳账户，独立进行碳会计确认，并在财务报表进行披露。第二，碳排放权交易的会计处理，需要解决企业收到政府发放的碳排放权是否需要作为一项资产确认？如果对收到的政府发放配额作为资产确认，如何进行初始计量？如果对收到的政府发放配额进行初始确认和计量，如何进行后续计量等？本书认为，鉴于我国碳排放权处于推行阶段，考虑碳减排权没有固定的物理形态，现阶段应将其作为无形资产进行确认；随着经济的发展，我国碳排放权可以在碳排放交易所进行交易，并且有自己的定价系统，始终以公允价值计量，在这种情况下，可以作为金融资产来进行处理。

碳绩效评价是对企业碳活动的状况、效果以及效率的评价，本书从碳足迹视角、投入产出视角、碳"五力说"视角、平衡积分卡四个视角探讨了碳绩效的评价指标设计与方法。四种方法各有优劣，企业究竟如何进行碳绩效评价，需要结合自身情况，综合考量适合自身的评价方法。

随着人才社会对企业碳排放信息的关注，有效开展碳审计工作意义重大。本书探讨了碳审计主体、内容、目标等内容，并指出我国碳审计研究还仅仅处在理论研究的初期阶段，未形成完善的碳审计框架体系，碳审计实务的发展更是处于空白，我国目前开展碳审计工作还困难重重：尚未形成"三位一体"的联动碳审计体制、碳审计依据欠缺、碳审计专业人才匮乏等。要解决碳审计组织体制不健全、审计依据和人才缺失的问题，有关部门应该积极加强建设，包括建立"三位一体"的分类分层碳审计体制、加强碳审计依据的顶层设计、加强碳审计培训，培养"双复合型"审计人才等。

六、企业碳信息披露实证：现状、影响因素与价值影响

本书基于中国资讯行的"上市公司文献库"，搜索了企业的年终报告、中期报告、董事会决议、公司重大投资公告等文献资料，采用内容分析法对我国上市公司的低碳行为信息披露情况进行了分析，研究发现：（1）我国大多数上市公司缺乏低碳认识，不重视低碳信息的披露；（2）披露了低碳行为信息的公司多处于环境敏感行业，该行业受到的低碳影响比较大，面临的碳管制风险和能源成本较高；（3）企业低碳行为信息披露形式以定性描述为主，低碳行为绩效量化数据，比如碳减排力度、碳排放强度和效率等匮乏；（4）企业低碳行为信息披露渠道多样化，分散于企业的各种公告和报告中，缺乏规范系统性，不利于投资者通过特定渠道直观了解企业低碳行为信息；（5）企业低碳行为信息普遍缺乏第三方的鉴证审计，导致信息真实性难以保证。

本书还从制度监管压力、社会声誉维护、公司内部治理和高管特征四方面检验了影响企业披露低碳行为信息的因素，研究发现：（1）企业受到的制度压力越大，企业披露低碳行为信息的可能性越高。企业受到的制度压力有：政府环境监管压力、社区公众压力、产品出口压力等，在这些制度压力下，企业需要通过低碳行为信息披露进行合法化管理。（2）企业以往的社会声誉越高，企业披露低碳行为信息的可能性越高。社会声誉不是

一成不变的，企业需要不断维护和提升其社会声誉，而低碳行为信息披露是企业维护声誉的表现之一。(3) 企业的内部治理越完善，企业披露低碳行为信息的可能性越高。企业治理结构是企业一切行为的微观基础，良好的内部治理结构能够督促企业管理层从价值最大化角度出发，完善企业信息披露，尤其是自愿性的低碳行为信息披露。(4) 企业高管越具有企业家精神，企业披露低碳行为信息的可能性越高。企业高管位于企业塔形结构的顶端，是企业一切战略决策的发起者与主导者，企业高管对低碳的看法会直接影响企业的低碳行为及其信息的披露情况。

为了对我国制度背景下企业低碳行为信息披露的价值相关性进行实证检验，本书做了大量研究：(1) 借助于事件研究法和Ohlson估价模型，实证检验了我国上市公司低碳行为信息披露的价值相关性，研究发现，我国企业低碳行为信息具有正的价值相关性，投资者普遍认为，披露的低碳行为有利于股东价值的提高，这与我国政府制定的低碳补贴、奖励及其他激励措施是分不开的，我国政府在一定程度上营造了一个低碳与股东价值双赢的局面；(2) 进一步研究发现，主动低碳行为信息并不比被动低碳行为信息的价值相关性更大，表明我国政府营造的低碳环境还不足以激发企业积极主动实施低碳行为；(3) 环境敏感行业的低碳行为信息的价值相关性显著高于非环境敏感行业，原因是环境敏感行业是化石燃料的依赖主体，受到的低碳政策的监管压力更大，低碳行为所带来的成本节约也更为明显；(4) 企业专门报道的低碳行为信息的价值相关性更大，表明企业披露信息的渠道会影响信息的受关注度，进而影响其信息增量价值。

第二节 政策建议

一、对企业的建议

(一) 加强低碳技术研发，转变生产方式

企业要实现可持续发展，必须将低碳技术创新提升到公司发展战略层面上，搭建技术交流平台，参与低碳技术国际合作，加强与科研机构以及科研机构的合作交流，推动低碳技术创新；开展清洁生产，推动清洁能源

的使用；加快技术创新和推广运用，转变生产方式；加强国际合作，实现跨越式发展。为经济社会的可持续发展、资源节约型和环境友好型社会及生态文明建设，做出应有贡献。具体而言有以下几个方面。

第一，成立研发部门，关注相关领域技术前沿。低碳技术将成为企业核心竞争力的来源之一，企业要加强自主创新，注重自身低碳技术的创新和研发，通过掌控核心低碳技术的知识产权走低碳发展之路。技术创新必须以人为本，只有具有创新意识和能力的人才可以将理论转化为技术，而企业家则将技术转化为现实的生产力，所以要快速推动低碳技术创新，关键是开发利用好创新型人才，如核心研发人员、技术操作人员和具有敏锐眼光的企业家。

第二，技术研发模式，采用多元化路子。技术研发模式未必全部自己独自研发，可以采用"技术引进＋消化吸收"模式，积极吸收我国其他企业或创新人才发明的低碳技术，并依据自己的生产特点，予以消化吸收，这样可以节约很大的资金与成本。企业还可以通过横向课题的形式，"产学研"三者共同研发低碳技术，由学校等研究机构独立进行基础研究和前期研究，在评估技术可行性后，企业按需一次性购买相关技术，企业自行进行后续的研发工作，完成技术中间调试、工业化改造和后期的研发推广。这种模式风险较小、见效快、投入少，但是收益也不会太高，适合缺乏技术和资金实力的中小企业。也可以采用产学研双方密切合作，共同建立一个研究机构或签订技术研发协议，合作双方共同密切合作，研发低碳技术，研发的产品以专利、知识产权等形式存在。这可以提升企业低碳技术的研发实力，且可以根据企业的具体情况，量身定做企业所需的低碳技术。

第三，企业低碳转型升级，选用适宜改造模式。低碳技术的应用改造模式有三种：（1）直接淘汰模式，适用于高碳排放低效能企业，这些企业并不注重技术积累和创新，企业生产高耗能高排放，并且低碳技术改造难度大、成本高；（2）改造模式，适用于具有一定低碳技术能力的企业，企业虽然在生产过程中能耗比较高，碳排放严重，但是该类型企业拥有相当水平的低碳技术实力，产业链的某些生产流程或生产线可以进行低碳技术改造，从而实现企业发展低碳化；（3）低碳定位模式，适用于新兴行业的低碳企业。比如信息技术、生物、高端装备制造、新能源、新材料和新能源汽车等，这些行业在初始阶段就定位为低碳模式，其生产过程中碳排放量极低，属于环境友好型，这类企业具备较强的技术研发能力，更具有绿色生命力，代表了未来发展方向，但其技术一般也处于未成熟阶段，技术研发和市场应用需要大量投入和政策支持，且回报周期较长，更需要政府的引导和支持。企业应该根据自身特点，提前选用适宜低碳改造模式。

（二）关注低碳政策法规，充分利用财税和碳交易政策

为了实现低碳转型，我国政府已经出台了一系列政策，既有强制性的，也有激励性的，这些政策的实施和不断出台表明低碳时代的到来不可避免。因此，企业应该抓住时代机遇，随时跟进了解企业的低碳政策，如清洁发展机制、合同能源管理、节能减排项目奖励、绿色信贷政策和生态园建设支持等。从而根据企业自身的特点，实施适合的低碳行为，同时利用国家政策，为企业尽可能地争取资金与技术支持，实现企业长期盈利能力的增强。具体而言有以下几个方面。

第一，关注节能减排相关税种的征收范围，争取税收优惠。我国并没有对节能减排、低碳经济、应对气候变化等开征相应的税种，与促进低碳环保的税收在增值税、消费税、所得税、资源税等税种中零散分布。例如对于增值税，为了鼓励资源的综合利用，对利用煤矸石、油母页岩、煤泥和风力生产的电力以及部分新型墙体材料产品实行按增值税应纳税额减半征收的政策；消费税方面，对烟、鞭炮、焰火、成品油、小汽车、摩托车、木制一次性筷子等商品进行征税；所得税方面，对节能节水、环境保护项目的所得，前3年内免征企业所得税，第4年～第6年减半征收企业所得税，且对新型资源综合利用企业、"三废"利用企业实行免税与减税等优惠税收政策；资源税方面，对天然气、原油、煤炭化石燃料征收资源税，并遵循"普遍征收，级差调节"的原则等，企业要了解这些税收政策，为自身争取税收优惠。

第二，争取低碳政府财政支持，为企业创造良好的经济环境。政府采用财政补贴政策支持可再生能源生产、低碳技术研发和节能产品推广，比如，《节能技术改造奖励资金管理暂行办法》规定，为了促进企业低消耗、低成本、低污染、可持续发展目标的实现，提升产品质量和推进节能减排，降低产品能耗成本，提高公司的竞争力和行业地位，企业节能技术项目改造项目可以获得政府资本金注入、补助或贷款贴息、政府补贴资金量与节能量挂钩，奖励标准为200元/吨标准煤（东部）和250元/吨标准煤（中西部）等财政支持。还有《可再生能源发展专项资金管理暂行办法》规定，对企业投资新能源的行为，专门设立"金太阳"工程财政补贴、

"太阳能屋顶计划"财政补贴、风力发电设备产业化专项资金,这有利于抓住新能源行业的政策机遇,应对未来能源行业可能的变化。2012年8月16日,宁夏建材集团公司在《上海证券报》公布:"获得中央国有资本经营预算节能减排资金拨款6006万元";2010年12月14日,中国冶金科工股份有限公司在《上海证券报》公告:"本公司收到财政部拨付的2010年中央国有资本经营预算节能减排资金人民币33135万元。"

第三,充分利用现有的CDM灵活机制,积极寻求国际碳合作机遇。为了实现低成本减排,2005年生效的《京都议定书》提出了三种减排机制,其中,清洁发展机制(clean development mechannism,CDM)是基于项目的、发达国家与发展中国家合作进行减排的机制。我国作为发展中国家,是CDM项目的主要供给国,我国政府也对CDM国际合作项目持积极支持态度,专门成立了CDM项目管理机构,颁布了《清洁发展机制项目运行管理办法》,鼓励我国符合条件的项目业主积极申请CDM项目。山东民和牧业股份有限公司于2012年2月14日在《上海证券报》公告:"该公司申请的CDM减排项目于2009年4月27日在联合国正式注册成功。开始正式与世界银行进行温室气体减排量交易。2012年2月10日,公司《粪污处理大型沼气工程及资源化利用项目》中CDM减排项目收到了第一年度减排收入62.49万美元,合人民币393.69万元。"柳州化工股份有限公司于2011年12月30日在《上海证券报》公告:"该公司CDM减排项目于2008年5月9日在联合国注册成功,近日获得了联合国CDM理事会核查确认,获得签发的核证减排量为295478吨二氧化碳当量,减排期为2010年10月1日至2011年3月30日,扣除联合国2%适应性收益分配后,可交易的经核证的减排量为289568吨二氧化碳当量,获减排收入为304.05万美元。"此外,还有新疆天富热电公司、武汉凯迪电力股份公司等都是CDM项目的申请公司,这些公司在改善气候环境的同时,也为企业带来了先进的技术和碳减排收益。

(三)加强碳会计核算与审计,为低碳管理提供依据

碳排放权交易是大势所趋,企业节能减排以应对气候变化已是必然。我国的企业在这个宏观政策和经济环境下,开展企业内部的碳资产管理工作变得越来越紧迫,企业无须对其碳排放付费将变得不可能,企业需要考虑投资低碳技术、控制和预防生产过程中的碳排放、碳排放权交易等一系列问题,这些决策和行动要求会计能够对企业碳排放活动加以反映。这就

需要企业做好碳会计工作，实现对碳减排工作的同步核算和监督，会计需要对碳排放权的取得、持有、处置等环节进行分析研究，依照《企业会计准则》的相关指导思想，进行排放权的确认、计量、转换以及列报等会计处理。企业只有及时通过对碳资产数据进行有效的分析和计算，制定出合适的碳资产管理财务核算体系，将成本收益精确和明示，才能促使企业采取合适的减排行动，并管理好自己的碳资产。因此，建立统一的碳资产确认计量与会计处理方法，将节能减排体现在企业的财务报表中，这样一来，节能减排对企业的激励和约束作用会更有效的发挥。我国目前还没有统一的碳会计标准，更没有将碳会计纳入会计准则中。而国际上，随着碳排放交易体系的发展，碳会计也随之处于起步发展中。碳会计作为环境会计的一个分支，交叉融合了会计、生态、环境和资源等多个学科的知识，因此需要跨学科的复合型人才参与其中，企业需要跟上学科前沿，及时关注碳会计的研究动向，培养跨学科复合型人才。

（四）进一步披露企业低碳信息，传递公司低碳信号

企业与利益相关者之间存在信息不对称，只有通过持续不断的信息披露，才能向社会公众传递"公司关心低碳、在为低碳做准备"的信号。具体而言，企业在披露渠道方面，应该尽可能采用专门的披露渠道，对低碳信息进行报道，这样的信息更容易引起投资者的关注；在披露格式上，应该在定性披露的同时，提供量化数据，如能源消耗量、碳减排量、碳绩效等，提高碳信息的质量；在披露内容方面，应该进一步全面化，从低碳认识、低碳行为到低碳绩效，都要进行披露，这样才有利于投资者全面系统了解企业的低碳情况。除了正面的消息，对于潜在的风险和诉讼信息也应当及时披露告知投资者；在信息的鉴证方面，应该聘请社会中介机构加强碳审计，从而提高企业碳信息的可靠性和真实性。

二、对政府的建议

（一）构建激励低碳技术研发的制度，破解"碳锁定"魔咒

低碳技术研发是发展低碳经济的基础和保障，是破解"碳锁定"魔咒的钥匙，这是国际社会的共识。而低碳技术研发是一项基础性工作，具有正外部性，需要国家加大低碳技术研究投入，解决好低碳技术研发问题，

为企业提高能源效率、研发清洁能源和低碳产品提供支撑。当前许多国家都在政策上大力支持低碳技术研发，试图在低碳经济的竞争中获得先行优势。我国政府也应构建有效的制度安排，为技术创新提供足够的激励和孵化的土壤，具体而言：首先，加大对低碳研发的投入，通过财政支出、税收杠杆等手段，改善低碳技术企业的融资渠道，加大低碳技术研发的政策支撑力度；其次，针对低碳研发具有风险性、高投入和周期长的特点，开设与低碳技术相关的学科人员的培训，并对研发人员给予相应补贴；再其次，激发企业低碳技术研发的积极性，鼓励企业加大对技术研发的投入，并与高校、科研机构进行联合研发；最后，通过国际协商和合作机制，促进英国、美国等这些具有成熟的低碳技术的发达国家对我国的技术转让，增强低碳技术的国际引进、消化与再一次创新，最终提高我国的低碳技术水平。

（二）构建低碳绿色金融体系，解决企业低碳资金难题

金融体系的模式和效率决定着一国经济发展的速度和质量。由于企业发展低碳经济的前期需要投入比较高的专属成本，单靠自有资金和国家拨款还远远不够，需要金融机构在资金方面给予支持，以填补企业的资金缺口。尤其是规模相对较小的企业，它们对于成本比较敏感，低碳决策时往往面临着融资困难情况，这就需要政府通过绿色信贷政策和合同能源管理产业发展，解决企业低碳融资问题。具体而言：首先，要使得绿色信贷政策落到实处，银行或金融机构在发放贷款时，要考虑融资企业的环境因素，并按照我国的环境与产业政策，对从事循环经济生产、绿色制造的企业提供贷款扶持，实施优惠性的低利率，而对污染生产和污染企业的新建项目进行贷款额限制并实施惩罚性高利率；其次，进一步丰富绿色金融的工具供给，除了绿色信贷，还应该依托国内现有资本市场体系，尝试开展碳减排项目的信息咨询、与碳排放有关的理财产品、以 CDM 项目预期收益为抵押的贷款和绿色企业债券等相关产品，对企业低碳发展提供金融支持；再其次，发展绿色基金市场，基金管理公司可以考虑设立专门的共同基金，投资于保护生态建设和可持续发展的企业，一定程度上缓解企业低碳发展的资金短缺问题；最后，积极推进合同能源管理项目，提供多种融资模式，方便企业节能项目的融资。例如，天津排放权交易所建立了"保证保险、节能项目保理、收益买断、抵押融资、融资租赁、信托计划"六大类型的合同能源管理融资模式。

（三）借鉴国际成熟经验和启示，完善我国碳交易市场机制

虽然我国初步的碳排放交易市场已经形成，但碳交易市场却是"有价无市"的局面。主要因为我国的碳买卖还处在萌芽状况，国内企业对碳排放交易并不了解，也很少有企业能够从碳交易中获利。要使得碳交易真正开展，我们还需要在碳配额的分配、企业碳减排数据的监测核算、认证规制、第三方资质审核、人才培养等方面加强支撑体系建设。具体而言，首先要尽快建立全国统一的与国际接轨的碳交易市场。当前我国虽然已经在七省市实行碳交易试点，但要及时总结试点工作的经验教训，形成全国统一的碳交易，充分发挥碳交易价格信号的作用，引导企业主动低碳；其次，针对我国碳市场"有价无市"的情况，我国要培育市场参与主体，扩大参与碳交易的企业范围，通过强制性的碳减排要求，促使企业主动参与碳交易；再其次，逐步完善碳市场的监管体系，我国碳交易的试点初期，由发改委负责碳交易的审批与政策制定，之后，随着经验的积累，可以考虑成立一个专业的碳监管机构，负责碳交易规则、监管法规、企业碳排放标准等问题的制定；最后，要加强碳交易定价机制、碳配额的分配、碳排量的监测等方面的管理，为我国企业低碳价值得以实现提供良好的交易平台和制度环境。

（四）系统整合低碳财税政策，促进低碳经济发展

当前我国财税政策在促进节能减排方面成效显著，但政策比较分散，缺乏系统性。例如，财政预算和投入尚未对低碳经济发展足够重视，用于促进低碳经济发展的投入占预算比例较低；促进低碳经济发展的财税政策尚未考虑运用国债、基金、补贴等政策工具；尚未开征与温室气体排放直接相关的碳税，这在一定程度上影响了碳财税的政策效果。建议一方面开征有利于控制气候变化、保护环境的新税种，如碳税、气候变化税以及生态税等；另一方面调整原有税制中不利于节能减排的相关规定。由"谁污染、谁付费"转变观念为"谁低碳、谁受益"，征税的出发点也扩大到促进生产方式、生活方式转向低碳化上来。促进低碳经济发展的财税政策制度建设是一个长期的过程。在此过程中，要组合使用各项政策，保证低碳经济发展战略的顺利实施。同时这些财税政策促进作用的有效发挥还需要包括价格政策、信贷政策、投融资政策、技术和产业政策在内的其他政策措施的配套，在国家低碳经济发展战略的大框架下，统一协调，综合运

用，充分发挥各项政策职能，促进我国低碳经济发展。

(五) 出台碳会计相关准则，规范企业碳信息披露

当前，我国政府并未对强制要求企业进行碳信息披露，但是随着低碳时代的到来，企业的碳信息逐步为投资者所关注，我国政府应从以下几点着手，规范企业碳信息的披露：(1) 建立企业碳信息披露的规范体系。我国政府应尽快出台《碳会计准则》《碳信息披露准则》《碳信息审计与鉴证准则》《碳信息披露框架》等文件，直接指导规范企业进行碳信息披露，把碳信息与传统财务信息相互结合，以提供有价值信息。(2) 加大政府对企业碳信息披露的监管水平。继续完善各项低碳监管制度，提高当地政府的监管水平，增加企业信息披露不充分的政治成本，促使企业提高碳信息的披露质量，为投资者充分了解企业未来面临的潜在风险，发挥资本市场的监督功能提供条件。(3) 统一企业碳信息披露的渠道和形式。建议在企业的社会责任报告中单独设一个板块，披露碳信息，披露内容以企业低碳减排的意识和认识、实施的低碳行为、企业低碳战略规划等内容为主。(4) 分行业规范企业的碳信息披露情况。相较于非环境敏感行业，对环境敏感行业的碳信息披露应做出较为细致和严格的规范，一方面，包括碳核算方法、编制碳减排报告、比较年度间碳排放差异、温室气体直接减排和间接减排的吨数等；另一方面，还要披露企业减排目标、实现减排目标所需的技术投入和低碳行为选择、减排的成本节约额度等信息。

参 考 文 献

［1］曾刚、万志宏：《碳排放权交易：理论及应用研究综述》，载《金融评论》2010 年第 4 期。

［2］陈华、王海燕、陈智：《公司特征与碳信息自愿性披露——基于合法性理论的分析视角》，载《会计与经济研究》2013 年第 4 期。

［3］陈柳钦：《低碳经济：国际发展趋势的思考》，载《环境经济》2010 年第 2 期。

［4］陈柳钦：《低碳经济：一种新的经济发展模式》，载《中南林业科技大学学报》2010 年第 1 期。

［5］陈文颖、吴宗鑫：《碳排放权分配与碳排放权交易》，载《清华大学学报》（自然科学版）1998 年第 12 期。

［6］程炜博：《碳金融市场参与主体和交易客体及其影响因素分析》，吉林大学博士学位论文，2015 年。

［7］杜莉、丁志国、李博：《产业结构调整升级：碳金融交易机制的助推》，载《清华大学学报》2012 年第 5 期。

［8］杜莉、李博：《利用碳金融体系推动产业结构的调整和升级》，载《经济学家》2012 年第 6 期。

［9］方健、徐丽群：《信息共享、碳排放量与碳信息披露质量》，载《审计研究》2012 年第 4 期。

［10］冯楠：《国际碳金融市场运行机制研究》，吉林大学博士学位论文 2016 年。

［11］傅强、李涛：《我国建立碳排放权交易市场的国际借鉴及路径选择》，载《中国科技论坛》2010 年第 9 期。

［12］郭福春：《中国发展低碳经济的金融支持体系研究》，中国金融出版社 2012 年版。

［13］韩坚、周玲霞：《碳金融结构转换与中国低碳经济发展——基于制度创新视角》，载《苏州大学学报》2012 年第 4 期。

[14] 何诚颖、徐清振、陈薇:《碳排放权、碳金融与中国投行的业务创新》,载《证券市场导报》2010年第7期。

[15] 何玉、唐清亮、王开田:《碳信息披露、碳业绩与资本成本》,载《会计研究》2014年第1期。

[16] 贺建刚:《碳信息披露、透明度与管理绩效》,载《财经论丛》2011年第4期。

[17] 胡鞍钢:《全球气候变化与中国绿色发展》,载《科学中国人》2010年第3期。

[18] 贾林娟:《全球低碳经济发展与中国的路径选择》,东北财经大学博士学位论文,2014年。

[19] 交宣:《2014年全国机动车和驾驶人迅猛增长》,载《汽车与安全》2015年第2期。

[20] 荆克迪:《中国碳交易市场的机制设计与国际比较研究》,南开大学博士学位论文,2014年。

[21] 兰草、李锴:《中国碳金融交易体系效率分析》,载《经济学家》2014年第10期。

[22] 冷罗生:《构建中国碳排放权交易机制的法律政策思考》,载《中国地质大学学报》(社会科学版)2010年第10期。

[23] 李宏伟、郭红梅、屈锡华:《"碳锁定"的形成机理与"碳解锁"的模式、治理体系——基于技术体制的视角》,载《研究与发展管理》2013年第6期。

[24] 李胜、陈晓春:《低碳经济:内涵体系与政策创新》,载《科技管理研究》2009年第10期。

[25] 李通:《碳交易市场的国际比较研究》,吉林大学博士学位论文,2012年。

[26] 李艳华:《我国上市公司碳信息披露的现状及建议》,载《商业会计》2013年第18期。

[27] 李阳:《低碳经济框架下碳金融体系运行的机制设计与制度安排》,吉林大学博士学位论文,2013年。

[28] 李国志:《基于技术进步的中国低碳经济研究》,中国时代经济出版社2014年版。

[29] 林立:《低碳经济背景下国际碳金融市场发展及风险研究》,载《当代财经》2012年第2期。

[30] 林永生、王雪磊：《碳金融市场：理论基础、国际经验与中国实践》，载《河北经贸大学学报》2012年第1期。

[31] 刘航：《中国清洁发展机制与碳交易市场框架设计研究》，中国地质大学博士学位论文，2013年。

[32] 刘丽巍、翁清云：《低碳经济视角下的碳金融研究评述》，载《金融发展研究》2010年第8期。

[33] 刘梅：《我国碳金融发展现状与策略文献综述》，载《西南金融》2011年第6期。

[34] 刘书英：《我国低碳经济发展研究》，天津大学博士学位论文，2012年。

[35] 刘彩霞：《企业集团财务控制行为动因、测度及相关分析》，经济科学出版社2009年版。

[36] 刘新宇：《论产业结构低碳化及国际城市比较》，载《生产力研究》2010年第4期。

[37] 刘洪伟等：《我国碳排放权交易的会计研究》，载《商业会计》2015年第4期。

[38] 罗智霞：《碳排放权交易定价研究综述》，载《技术经济与管理研究》2014年第10期。

[39] 骆华、费方域：《国际碳金融市场的发展特征及其对我国的启示》，载《中国科技论坛》2010年第12期。

[40] 穆利萍：《我国企业碳信息披露的现状及改进建议》，载《商业会计》2011年第14期。

[41] 牛晓叶：《企业低碳行为与股东价值关系的实证研究》，载《华东经济管理》2014年第12期。

[42] 牛晓叶：《企业低碳决策是利益驱使亦或制度使然》，载《中国科技论坛》2013年第7期。

[43] 潘家华、郑艳：《基于人际公平的碳排放概念及其理论含义》，载《世界经济与政治》2009年第10期。

[44] 彭娟、熊丹：《碳信息披露对投资者保护影响的实证研究——基于沪深两市2008~2010年上市公司经验数据》，载《上海管理科学》2012年第6期。

[45] 戚啸艳：《上市公司碳信息披露影响因素研究——基于清洁发展机制项目的面板数据分析》，载《学海》2012年第3期。

[46] 齐晔、张希良:《低碳发展蓝皮书:中国低碳发展报告(2015~2016)》,社会科学文献出版社2016年版。

[47] 乔海曙、谭烨、刘小丽:《中国碳金融理论研究的最新进展》,载《金融论坛》2011年第2期。

[48] 屈锡华、杨梅锦、申毛毛:《我国经济发展中的"碳锁定"成因及"解锁"策略》,载《科技管理研究》2013年第7期。

[49] 曲如晓、吴洁:《碳排放权交易的环境效应及对策研究》,载《北京师范大学学报》(社会科学版)2009年第6期。

[50] 盛春光:《中国碳金融市场发展机制研究》,东北林业大学博士学位论文,2013年。

[51] 孙兆东:《中国碳金融交易市场的风险及防控》,吉林大学博士学位论文,2015年。

[52] 谭德明、邹树梁:《碳信息披露国际发展现状及我国碳信息披露框架的构建》,载《统计与决策》2010年第11期。

[53] 万方、杜莉:《欧盟碳排放权交易体系研究》,吉林大学出版社2015年版。

[54] 汪方军、朱莉欣、黄侃:《低碳经济下国家碳排放信息披露系统研究》,载《科学学研究》2011年第4期。

[55] 王定祥、琚丽娟:《碳金融理论研究评述与展望》,载《西部论坛》2013年第1期。

[56] 王军锋、张静雯、刘鑫:《碳排放权交易市场碳配额价格关联机制研究》,载《中国人口·资源与环境》2014年第1期。

[57] 王君彩、牛晓叶:《碳信息披露项目、企业回应动机及其市场反应——基于2008~2011年CDP中国报告的实证研究》,载《中央财经大学学报》2013年第1期。

[58] 王扬雷:《碳金融交易市场的效率及其溢出效应研究》,吉林大学博士学位论文,2016年。

[59] 王遥、刘倩:《碳金融市场:全球形势发展前景及中国战略》,载《国际金融研究》2010年第9期。

[60] 王遥、王文涛:《碳金融市场的风险识别和监管体系设计》,载《中国人口、资源与环境》2014年第3期。

[61] 王宇、李季:《碳金融:应对气候变化的金融创新机制》,载《中国经济时报》2008年10月5日。

[62] 王陟昀：《碳排放权交易模式比较研究与中国碳排放权市场设计》，中南大学博士学位论文，2012年。

[63] 王仲兵、靳晓超：《碳信息披露与企业价值相关性研究》，载《宏观经济研究》2013年第1期。

[64] 吴敬琏、厉以宁、郑永年：《读懂供给侧改革供给侧改革引领"十三五"》，中信出版社2016年版。

[65] 吴玉宇：《我国碳金融发展及碳金融机制创新策略》，载《上海金融》2009年第10期。

[66] 谢良安：《企业碳信息披露路径的分析比较》，载《财会月刊》2013年第6期。

[67] 许崇正、李从刚：《碳金融本土化与中国碳金融体系的构建》，载《国外社会科学》2015年第3期。

[68] 宣晓伟、张浩：《碳排放权配额分配的国际经验及启示》，载《中国人口资源与环境》2013年第12期。

[69] 闫海洲、张明珅：《从碳市场定价权缺失看碳金融发展支持》，载《浙江金融》2012年第4期。

[70] 杨大光、刘嘉夫：《中国碳金融对产业结构和能源消费结构的影响——基于CDM视角的实证研究》，载《吉林大学社会科学学报》2012年第5期。

[71] 尹惠斌：《我国碳金融发展的国际比较及战略路径选择》，载《统计与决策》2011年第10期。

[72] 张彩平、肖序：《国际碳信息披露及其对我国的启示》，载《财务与金融》2010年第3期。

[73] 王爱国：《国外的碳审计及其对我国的启示》，载《审计研究》2012年第5期。

[74] 王爱国：《碳绩效的内涵及综合评价指标体系构建》，载《财务与会计》2014年第5期。

[75] 张传国、陈晓庆：《国外碳金融研究的新进展》，载《审计与经济研究》2011年第5期。

[76] 张凤元：《低碳经济下环境会计信息披露问题研究》，载《中国农业会计》2012年第3期。

[77] 张巧良：《碳排放会计处理及信息披露差异化研究》，载《当代财经》2010年第4期。

［78］张善明：《中国碳金融市场发展研究》，武汉大学博士学位论文，2012年。

［79］张晓艳：《国际碳金融市场发展对我国的启示及借鉴》，载《经济问题》2012年第2期。

［80］张云：《国际碳排放交易与中国排放权出口规模管理》，华东师范大学博士学位论文，2013年。

［81］赵捧莲：《国际碳交易定价机制及中国碳排放权价格研究》，华东师范大学博士学位论文，2012年。

［82］赵平飞：《欧盟排放权交易体制下碳金融资产定价研究》，成都理工大学硕士学位论文，2011年。

［83］周健：《我国低碳经济与碳金融研究综述》，载《财经科学》2010年第5期。

［84］周鹏、周德群、袁虎：《低碳发展政策：国际经验与中国策略》，经济科学出版社2012年版。

［85］周志方：《论国际碳会计的最新发展及启示》，载《山东财政学院学报》2009年第6期。

［86］庄贵阳：《中国经济低碳发展的途径与潜力分析》，载《国际技术经济研究》2005年第8期。

［87］邹亚生、孙佳：《论我国碳排放权交易市场机制选择》，载《国际贸易问题》2011年第7期。

［88］Bebbington, J., Larrinaga, C. and Moneva, J. M., Corporate Social Reporting and Reputation Risk Management. *Accounting, Auditing & Accountability Journal*, Vol. 21, No. 3, March 2003, pp. 337 – 361.

［89］Capros P., Mantzos L., The Economic Effects of Industry-level Emission Trading To Reduce Greenhouse Gases. *Report to DG Environment*, Vol. 10, No. 5, April 2000, pp. 121 – 128.

［90］Clarkson, P. M., Y. Li, And G. D. Richardson, The Market Valuation of Environmental Expenditures by Pulp And Paper Companies. *The Accounting Review*, Vol. 79, No. 2, Feb 2004, pp. 329 – 353.

［91］Dhaliwal, D., O. Z. Li, A. Tsang, And Y. G. Yang, Voluntary Nonfinancial Disclosure And Preprint The Cost of Equity Capital: The Initiation of Corporate Social Responsibility Reporting. *The Accounting Review*, Vol. 86, No. 1, Jan 2011, pp. 59 – 100.

[92] Ella Mae Matsumura, Rachna Prakash, Sandra C. Vera – Munoz, Firm – Value Effects of Carbon Emissions and Carbon Disclosures. *The Accounting Review*, Vol. 48, No. 1, Jan 2013, pp. 78 – 89.

[93] Harmes A., The Limits of Carbon Disclosure: Theorizing the Business Case for Investor Environmentalism. *Global Environmental Politics*, Vol. 11, No. 2, Feb 2011, pp. 98 – 119.

[94] Hesse A., Climate And Corporations – Right Answersor Wrong Questions? Carbon Disclosure Project Data – Validation. *Analysis, Improvements*, Vol. 45, No. 5, Feb 2006, pp. 118 – 130.

[95] Kainuma M, Matsuoka Y, Morita T, et al., Analysis of Post – Kyoto Scenarios: the Asian – Pacific Integrated Model. *The Energy Journal*, March 1999, pp. 207 – 220.

[96] Kolk A., Levy D., Pinkse J., Corporate Responses In An Emerging Climate Regime: The Institutionalization and Commensuration of Carbon Disclosure. *European Accounting Review*, Vol. 17, No. 4, Feb 2008, pp. 719 – 745.

[97] Ratnatunga, J., An Inconvenient Truth about Accounting. *Journal of Applied Management Accounting Research*, Vol. 51, No. 1, Jan 2007, pp. 1 – 20.

[98] Stanny E., Ely K., Corporate Environmental Disclosures about The Effects of Climate Change. *Corporate Social Responsibility and Environmental Management*, Vol. 15, No. 6, June 2008, pp. 338 – 348.

[99] Unruh, G. C., Escaping Carbon Lock-in. *Energy Policy*, Vol. 30, No. 4, April 2002, pp. 317 – 325.

后　　记

　　组织实施对碳主题的研究，既是近年来科研关注焦点话题的自然延伸，也是身处发展模式"巨变"带来五味杂陈式冲击之后的理性思考。《中国低碳经济的体制机制研究》就是为了表达我们对新常态格局下低碳经济发展模式的逻辑理解，是基于一个现实问题的经济学、管理学视角数年功夫之观察与思考而进行的研究与写作使命。

　　本书最初是在我主持的横向课题"碳会计研究"的基础上开始研究的，如何对低碳经济发展领域的相关主题找准一个着力点，作为一个项目组思索了好长时间。我们当初围绕研究提纲反复讨论，对视角、对焦点、对篇章，都曾经数易其稿，最后，我们敲定的各章能够触击的火花点依次是"开场白""技术点""先哲怎么说？""他人怎么做？""中国启动的初步行动怎么样？""中国下一步如何深化？""核算与监督如何走？""统计实证检验了？""最后提炼出啥结论"等，由此确定专著沿着"导论—技术特征—文献理论—国际经验—中国行动—管理完善—核算监督—中国实证—研究结论"的九段式逻辑架构来推进整个研究与写作工作。基于发挥集体智慧结晶的指导思想，我们有分有合，融合精品。

　　本书撰稿由我主持，王保平、牛晓叶大力协助（包括总纂、反复多次修改、申报科研资助等）。参加撰稿的有：王君彩、王保平（博士后）、牛晓叶（博士）、张娟（博士）、潘前进（博士后）、赵洁（博士）、冯琳（博士）、张怀志（博士）、刘婷（博士生）、张建华（博士后）。其间讨论数次堪称不少，其间的沟通也彼此共同获益。可以说，我们研究与写作的根本动力来自类似于"雾霾"对我们过往模式的"教训"和自然永恒相比之下的原始感受。这种普遍存在于人类的原始感受，相信是推动人类进步的永恒原动力。经过前后两年多的努力，完成了这一本书的写作，这无疑是一件让人欣慰的事。一想到这一点，所有在写作中的困难、肢体的酸痛都会情不自禁地被这一理想的冲动所克服。此外，在本书的研究和写作过程中，中央财经大学会计学院、科研处，首都钢铁集团、山东福山电力集团等领导和有关同志，以及经济科学出版社给予大力支持，在此一并致谢！

"碳"元素对经济发展、对人类幸福的正能量与负能量，是一个需要辩证认识的问题。低碳是一种未来经济发展的历史必然，对与低碳经济相关的体制机制研究也是一个我们集体意识的归属、科学思想的依托和创新精神的家园，是自然对人类的约定，也是自然与人类共同的邀约。包括碳技术在内的科学技术将引领人类走向幸福存在的彼岸，这既有硬的新技术，也有软的新机制，这就是我们写作本书的信条。说了这么多，尽管我很想把最好的体制机制观点与文字奉献给大家，也很努力地去做了，但由于是对那些纷繁复杂的变化故事的衍说，由于我们自己才识有限，难免有理解偏差之处，还希望各位读者不吝赐教。

中央财经大学　王君彩
2018 年 10 月 16 日于北京